Caliope
editorial

120 BUENAS RAZONES PARA DUDAR

(POPURRÍ DE CITAS Y REFLEXIONES)

Luciano Marolo

120 buenas razones
para dudar

(Popurrí de citas y reflexiones)

Primera edición: junio de 2017

©Editorial Calíope
©Luciano Marolo
©120 buenas razones para dudar
©Portada de: Alexandra Osbourne Artworks

ISBN: 978-84-946735-0-4
ISBN Digital: 978-84-946735-1-1
Depósito Legal: M-14321-2017

Grupo Editorial Max Estrella
Calle Fernández de la Hoz, 76
28003 Madrid

Editorial Calíope
editorial@editorialcaliope.com
www.editorialcaliope.com

Me puse a considerar
todas las violaciones perpetradas bajo el Sol:
Vi llorar a los oprimidos, sin nada que los consolase;
la violencia de sus verdugos, sin nadie que los vengase.
Felicité a los muertos, que ya perecieron,
más que a los vivos, que todavía existen.
Y más feliz que ambos el que aún no ha existido,
pues no ha visto las barbaridades
que se cometen bajo el Sol.

(Eclesiastés 4, 1-2-3)
BIBLIA DE JERUSALÉN

INTRODUCCIÓN CORTA

Y SUFICIENTE

Salta a la vista que el texto de este ensayo no fue dividido en verdaderos capítulos, ni siquiera en verdaderos versículos como a mí me habría gustado, sino en secciones. El uso del versículo, aunque no está restringido a la Biblia y al Corán, no aparece a menudo en la literatura seglar. Según el Diccionario esencial de la lengua española, un versículo es *cada una de las divisiones breves de los capítulos de algunos libros.* Así que no reemplaza los capítulos; todo lo que puede hacer es dividirlos.

Entonces, ¿por qué no haber dividido simplemente todo mi texto en pequeños capítulos? Porque algunos no tendrían más de dos o tres líneas, lo que desde luego sería ridículo. Finalmente, opté por repartirlo en 120 secciones, ya que no importa que una sección de cualquier cosa sea diminuta y su vecina enorme. Cada una de las secciones lleva un título. Esta fragmentación y la abundancia de títulos, aunque puedan parecer innecesarias, son en realidad de gran utilidad para encontrar algún dato que se quiera volver a ver. A los lectores que prefieran un texto muy compacto, aconsejo el libro de **Fernando Vallejo** La puta de Babilonia. No tiene capítulos…Mejor dicho: toda la obra no es más que un único capítulo. Es original, pero molesto para el lector que quiera releer un pasaje que le pareció interesante y que no recuerda bien.

La "sección" es agradablemente versátil. Puede ser de una sola frase no necesariamente muy larga, o abarcar varias páginas. ¿Y por qué diablos tiene que haber en mi ensayo secciones cortitas y seccio-nes muy largas, aunque no lo bastante para que se puedan considerar como capítulos? Se podría sospechar que en el caso de las más cortas yo mismo me quedé corto… Esto no lo niego, pero el verdadero mo-tivo es que no me gusta la uniformidad, puesto que a la larga puede resultar aburrida, tanto para quien se arriesga a escribir algo como para quien tenga la cortesía de intentar leerlo.

Quizá algunos se pregunten por qué, cuando tenga que nombrar varias veces a la misma persona, a menudo la llamo familiarmente por su nombre de pila. Es para que se sepa que dicha persona, cuyas opiniones o creencias en este caso para mí no importan, me inspira simpatía y confianza. Dicho con palabras más comunes, es una liber-tad que me tomo con la gente que me cae bien...

Me queda explicar brevemente por qué en mi texto las palabras "santo", su apócope "san" y sus sinónimos aparecen aprisionados en-tre un par de paréntesis. Es simplemente una manera de señalar mi aversión incurable por esta forma de distinción sin renunciar a utili-zarla. No cabe la menor duda de que muchos de los santos y santas que realmente existieron eran muy buenas personas, pero se canoni-zaron también a algunos papas sádicos, incestuosos e incluso crimi-nales. Y me dan náuseas los odiosos tándems "Santa Inquisición", "Santo Oficio" y "guerra santa".

Para que todo quede bien claro, las citas, los comentarios de otras personas y los fragmentos de texto tomados de libros y revistas o sacados de Internet están en *cursiva*, pero no necesariamente entre comillas.

Los nombres de las personas físicas aparecen **en negrita**, al menos cuando se citan por primera vez. Los personajes ficticios y los seres conceptuales no han sido juzgados dignos de tal consideración.

Los títulos de los libros citados están <u>subrayados.</u>

Mis propios textos y comentarios se identifican por no estar se-ñalados por ningún signo particular (salvo en caso de equivocación).

La fuente de lo que se cita aparece normalmente en letra más fina (cuerpo 10). Cuando falta —lo que excepcionalmente puede ocurrir—, es porque no pude recordarla ni conseguí recuperarla. En tal caso se trata casi siempre del nutrido blog de "Sin dioses (recopilador) 10-jul-2015)

El concepto de culpa, acuñado en el siglo XIV a.C.
en el Egipto de Akenatón, fue asumido por los hebreos
y se introdujo en el cristianismo por medio del Antiguo Testamento.

KARLHEINZ DESCHNER

1 - Vías de escape

Aunque nací en una familia católica, dejé abruptamente de creer que Dios era bueno cuando mi madre me llevó por primera vez a misa. Quedé entonces aterrorizado al ver los catorce mugrientos cuadros representando las estaciones del *vía crucis*, que afeaban las paredes interiores ya muy deslucidas de nuestra vieja iglesia. Aquel mismo día comprendí por qué mi madre no me había traído antes a la iglesia, y empecé a dudar de que tanta crueldad pudiera haber sido necesaria, como me había asegurado ella, para nuestra salvación. También el espectáculo de un hombre casi desnudo y clavado en una gran cruz de madera fue para mí, al principio, demoledor. Luego aquella manera de representar al querido "hijo de Dios" me pareció improcedente, grotesca y lamentable.

Debía de tener entonces menos de cinco años y creía todavía en Papá Noel y en *la petite souris* (el equivalente francés del ratoncito Pérez). Es que ellos no eran, como Dios, crueles y espantosos, sino todo lo contrario, y yo no tenía ningún motivo para apartarlos en seguida de mi vida. Fue así cómo, siendo todavía un niño muy pequeño, di mi primer paso por el camino que me iba a llevar poco a poco hasta el rechazo total y definitivo de la religión. Pero esto, no me atreví a decírselo en seguida a mi madre. Además, los adultos habrían podido presionarme hasta conseguir que cambiara mi punto de vista sobre el asunto, lo que por fortuna no sucedió.

El segundo y penúltimo paso llegó algunos años después, cuando me hice con un viejo panfleto ilustrado, que enseñaba lo que les ocurría a los pecadores que fallecían sin haberse antes arrepentido. El mismísimo diablo se los llevaba, aguijoneándoles las posaderas con un descomunal tridente, hasta el infierno donde sus ayudantes los iban a asar poco a poco y durante toda la eternidad. Entre los condenados que retuvieron mi atención había un ateo —este no podía faltar—, un comunista, un blasfemo, un librepensador... Que yo recuerde no había ni judío ni musulmán, pero si un apóstata. La palabra era para mí desconocida, hasta que la encontré en el diccionario nuevo que me había regalado mi abuela María. Ella no iba a misa y se burlaba de la santurronería de mi madre, su hija mayor.

Como yo no creía en el diablo, no llegaron a asustarme ni el texto ni las imágenes del librito. Su autor era un sacerdote al que no faltaba cierto sentido del humor. Seguramente lo ideó para infundir o reavivar en sus feligreses el miedo al infierno y el subsecuente deseo de congraciarse con Dios siendo generoso con su Iglesia.

Fue entonces cuando tomé la decisión de renegar en secreto de todo lo que me habían enseñado sobre la religión católica, y de intentar averiguar lo que opinaban al respecto las personas adultas no católicas, e incluso no religiosas.

El tercero y último paso me lo facilitó sin quererlo mi madre. Me colocó, como estudiante interno, en un instituto católico de enseñanza secundaria que no tenía nada que envidiar a un auténtico seminario. Aunque ella no me lo dijo, supe por otras personas que acariciaba la esperanza de que tal vez me dejara tentar por el sacerdocio. Pero su elección resultó ser radicalmente contraproducente... En aquel establecimiento nunca estuve a gusto, pero tuve algunos buenos y muy espabilados amigos, que me enseñaron muchas cosas, en especial a desconfiar de las religiones y de los religiosos; y también algunos trucos que me permitieron adquirir una inmunidad total e imborrable contra cualquier intento de adoctrinamiento religioso. Además, aprovechaba las vacaciones para leer a escondidas los pasajes del Antiguo Testamento que no se incluían en los cursos de "instrucción" religiosa. En esos textos, ahora al alcance de cualquier mente curiosa, encontré tanta sinrazón y tanta crueldad que no tardé en comprender por qué llegaban siempre a las aulas después de haber sido podados, filtrados y manipulados.

Me agrada sobremanera poder incluir en esta primera sección la historia de la vía de emancipación seguida por otra persona, resumida y contada por ella misma;

Creciendo gradualmente, pero no con menos intensidad, fue la repugnancia que desde pequeña sentí hacia la religión cristiana. Cuando era joven, la Pascua era para mí un período del año que me horrorizaba. Durante los días que lo precedían, quería esconderme. Evitaba las revistas y escritos de la Iglesia y cualquier fuente que contuviera ilustraciones, dibujos e historias sobre la crucifixión, y aún hoy no puedo soportar ver la imagen de un crucifijo.

¿Por qué es aceptable exponer la representación gráfica de un hombre sufriendo. clavado a *una cruz, muchas veces de tamaño natural, de donde es difícil apartar la mirada? Pocos podrían tolerar la representación de una figura retorciéndose en una silla eléctrica, o colgado de una soga, pero no hay quien pueda evitar mirar al símbolo de tortura cristiano. Tomada prestada del paganismo, la cruz adorna cuellos, paredes, campanarios, torres, carteles y anuncios. Viola en todo caso nuestra sensibilidad. En la Escuela Superior Católica de una ciudad principal del estado de Missouri destaca en su entrada una cruz enorme, con un cristo de aluminio de diez pies (casi 3 metros) de alto fijado en ella. Rodeado de enormes ventanales, es lo primero que observan los estudiantes que entran en el edificio. Los transeúntes tampoco pueden evitar mirar la macabra escena de la ejecución.* (**Ruth Hurmence Green** (1915-1981), La guía bíblica del escéptico).

2 - Truco mágico

En todos los tiempos y por toda la Tierra, algunos individuos listos y sin demasiados escrúpulos han usado para manipular a su antojo la mente de los demás una palabra prodigiosa: "dios". Y eso sigue funcionando bastante bien en el presente.

3 - Buena noticia

En su libro Perder la fe en la fe, **Dan Barker** se queja: ¿*Dónde estaban los librepensadores cuando los necesité? ¿Por qué nadie me interceptó cuando era un joven que se preparaba para el ministerio? ¿Dónde estaba el consejero escolar, maestro, humanista, ateo, vecino racionalista al que necesitaba oír? El librepensamiento es crucial. El librepensamiento necesita hacerse público.*

Esto era lo que yo también necesitaba cuando mi madre quiso contagiarme su fe. Si la iglesia hubiera sido moderna, sin aquellas horribles imágenes sobrevivientes del medievo, con un Cristo menos feo, decentemente vestido y atado (pero no clavado) a una bonita cruz de caoba pulida, corría yo el riesgo de encontrarme en un seminario de verdad antes de haber podido hacerme una idea clara de lo que eran en realidad la religión y la Biblia.

Dan Barker (1949), pianista y escritor estadounidense, es también un antiguo evangelista ahora ateo declarado y militante.

En mi caso —escribe—, la Biblia se hizo pedazos no por un ataque bien asestado contra las escrituras, sino porque abracé una forma nueva y mejor de pensar, un marco racional para mi mente, un amor por la verdad. Tuve que renacer como librepensador.

La verdad no demanda creencias. Los científicos no unen sus manos cada domingo cantando. Si lo hicieran, pensaríamos que están bastante inseguros de ellos. ¡Sí, la gravedad es real! Creo en mi corazón que lo que sube tiene que bajar. ¡Amen!

El hecho de que no hay un dictador universal, ni una culpa cósmica, ni un infierno... El hecho de que los seres humanos poseemos potencial para el bien... El hecho de que se puede compartir verdaderamente amor entre pares que se autorrespetan y tienen ambos pies en la tierra... El hecho de que la razón humana es capaz... El hecho de que la integridad intelectual acarrea la única paz mental honesta... El hecho de que no hay un Dios... Todo esto es verdaderamente una buena noticia.

Y para despedirme de Dan con una sonrisa, agrego esta frase suya, tomada del mismo libro: *Tengo un amigo que dice que si tomásemos a todos los predicadores del mundo y los pusiéramos formando una línea, sería una buena idea dejarlos así.*

Dan Barker no es ninguna excepción. Según NoticiaCristiana.com, "Un pastor holandés asegura que no hay vida después de la muerte". *El reverendo Klaas Hendrikse afirma que no hay vida más allá de la muerte, así que ofrece poca esperanza para sus feligreses, pero sí les insta a que aprovechen lo más que puedan la vida en la Tierra porque probablemente será la única que tengan.[...] "Personalmente no tengo talento para creer en la vida después de la muerte. No, para mí nuestra vida, nuestra tarea, está antes de la muerte"*, dice en uno de sus mensajes. *La posición teológica de Klaas Hendrikse ha causado enojo en muchas iglesias cristianas y más aún cuando este pastor holandés afirmó que tampoco cree que Dios exista como una cosa sobrenatural.[...] Hendrikse describe el recuento bíblico de la vida de Jesús como una historia mitológica sobre un hombre que muy bien pudo no existir, aun cuando sea una fuente valiosa de sabiduría sobre cómo llevar una buena vida.* Una fuente muy valiosa, eso sí, ya que según los cuatro Evangelios canónicos, durante unos tres años él y sus doce discípulos se las apañaron para vivir sin tener que trabajar, después de haber abandonado sus respectivas ocupaciones para seguir a Jesús. Unos eran pescadores, otros agricultores, había un recaudador de impuestos y quizá también algunos cacos de poca monta. Con Cristo encontraron casi siempre cobijo gratis, buena compañía y buena comida, a menudo a expensas de los admiradores y admiradoras del líder. Si este hubiera escrito un libro, lo que no hizo, seguro que habría sido un "tratado de gorronería". Klaas sí escribió uno, "Creer en un Dios no existente", que hasta ahora no parece estar a la venta en las grandes librerías que he podido consultar. Desde luego entre sus feligreses hubo protestas y propuestas de expulsión. *Sin embargo, en una reunión especial de la iglesia se decidió que sus puntos de vista estaban tan extendidos entre otros pensadores eclesiales que no se le podía señalar de forma individual.* NoticiaCristiiana.com, viernes 2 de diciembre de 2016. Es que según una encuesta de una entidad no religiosa de Ámsterdam, uno de cada seis pastores de la Iglesia protestante holandesa sería ateo, librepensador o agnóstico.

4 - Si soy cura, es gracias a Darwin

Durante una de mis estancias en África, invité a cenar a un sacerdote católico —uno de los que se suelen llamar *pères blancs* (padres blancos)—, entonces de tránsito por la ciudad de Gao, y cuyo nombre no recuerdo ni me interesa recordar. De sobremesa me dijo que sin **Darwin** y su teoría de la Evolución, habría renunciado al sacerdocio. Como su caso me pareció interesante, le rogué que se explicara, lo que hizo de buena gana. *Me preguntaba —me dijo— por qué y cómo Dios había creado tantas plantas y tantos animales a la vez, y pensé que la Biblia y la Igle-*

sia nos estaban engañando. Iba a rogar a mis padres que me sacaran del seminario cuando un pariente mío me prestó <u>El origen de las especies</u>, del naturalista inglés Charles Darwin. Además, me reveló que el mismo papa había declarado que se podía aceptar los descubrimientos comprobados de la ciencia, lo que mis profesores del seminario habían olvidado de señalarme... Entonces todo se hizo muy claro: Dios creó la vida, y también la Evolución, que luego se encargó del resto del trabajo, poco a poco, hasta que al cabo de muchos millones de años llegó a producir seres tan complejos e inteligentes como usted y como yo.

5 - Mala sorpresa

Los musulmanes no creen en el pecado original y afirman con razón que nadie debe pagar

por las tonterías que hacen los demás. Por lo tanto no necesitan a un redentor para acceder a su paraíso. Pero ellos, a diferencia de la mayoría de los católicos, tienen prisa por llegar a ese lugar encantador, y algunos no dudan en saltarse las etapas, sin sospechar que no podrán disfrutar de las famosas vírgenes del edén islámico si llegan ahí con un cuerpo destrozado o quemado...

Los escasos cristianos que todavía creen en la resurrección de la carne no tienen este problema, y suelen esperar con mucha paciencia que les llegue la hora. Pero tienen otro: el hecho de que en el paraíso cristiano no hay vírgenes. Tan solo está La Virgen, un personaje enigmático que murió hace casi dos milenios, *sin dolor y de amor* según (san) Francisco de Sales y otros mariólogos, y cuya "asunción" directa al cielo es dogma de fe desde el primero de diciembre de 1950, porque así lo decidió el papa Pío XII.

6 - El Dios más longevo

Los animales no necesitan creer en un creador; la mayoría de los humanos, sí. Y como a ese creador no lo encontraron en ninguna parte, ellos mismos lo crearon. Así de sencillo.

Imaginar, crear y entronizar a un dios completamente nuevo o fabricado a partir de creencias y divinidades antiguas puede ser fácil, en especial si lo apoyan hordas de fanáticos y bien armados guerreros. Eliminarlo luego del país, del lugar y de la cabeza de sus adoradores es harina de otro costal. El dios de los judíos, de los cristianos y de los musulmanes, que pudo nacer en el desierto del Sinaí hace menos de 3.000 años, ha llegado hasta nosotros. Aunque los cristianos lo dividieron en tres dispares "personas", y después de haber sufrido alguna que otra alteración de menos calado, todavía goza de buena salud. Acerca de ese dios manipulado, soporte de las Iglesias ortodoxa, católica romana y reformadas, **Walter Broad** (1900-1984) escribió: *Me sorprende que la creencia en la existencia de Dios sea todavía tan fácilmente aceptada cuando vivimos en una época de viajes espaciales y mapeos genéticos. Cuando uno piensa en lo avanzado de la tecnología moderna (y en la inteligencia y sabiduría que se requirió para haberla engendrado) es difícil de entender cómo semejante mito ha podido sobrevivir en la mente de seres que han más que demostrado su capacidad de razonar. Cualquiera podría pensar que los hechos son tan evidentes que la idea de un Dios antropomorfo y antropocéntrico debería estar extinta desde hace ya mucho tiempo. Seguramente las próximas generaciones compartirán este asombro cuando el problema haya sido ya resuelto y Dios ocupe el lugar que le corresponde en los museos y en el reino de la fantasía.* (Ateísmo Brillante, Septiembre de 2014).

Me gusta mucho lo que pensó y expuso Walter. Yo no lo habría hecho mejor. Sin embargo y por desgracia, no puedo compartir su optimismo en cuanto a su pronóstico de que dentro de algunas generaciones los verdaderos creyentes se habrán extinguido. Es de prever y de esperar que su número siga reduciéndose poco a poco, pero el proceso de emancipación será lento y largo. Ya había empezado con los grandes pensadores de la antigua Grecia, pero llegaron los romanos, que a los griegos les robaron sus buenas ideas, y luego la Iglesia, que impidió que se pudieran aprovechar...

7 - Lógica asiática

El Dalai Lama (1935) dijo al menos en una ocasión: *Debemos investigar y luego aceptar los resultados. Si no resisten ante los experimentos, las mismísimas palabras de Buda deben ser rechazadas.* (taringa.net frases racionalistas).

Eso es precisamente lo que hacen las sectas y las religiones, pero invirtiendo el proceso: ellas se aferran a sus insensatas creencias y rechazan con recelo los experimentos.

El Dalai Lama es, como yo, un librepensador, aunque él quizá no lo admitiría. Dijo también, hace poco: *Hay días en que pienso que sería mejor si no existieran las religiones. En mi opinión, la gente puede vivir sin la religión, pero no puede prescindir de los valores internos, sin ética.* (Leído en la revista "Selecciones" de julio de 2015. Entrevista de Franz Alt).

Naturalmente que si las religiones dejaran de existir todo en nuestra Tierra funcionaría mucho mejor, siempre y cuando no se instaurara en su lugar ideologías también intolerantes, arrogantes y destructoras.

8 - Salpicaduras

Ser librepensador te permite pensar sin trabas espirituales y cambiar de opinión cuando notas que estás equivocado. Te permite también decir lo que piensas e implica que tú debes escuchar la opinión de los demás. Hace tan solo unos pocos siglos, esto no se podía hacer sin jugarse el pellejo. Por fortuna ahora la verdad ha dejado de ser *un ácido corrosivo que salpica casi siempre al que lo maneja,* como señaló a principios del siglo pasado **Santiago Ramón y Cajal** (1852-1934), uno de los dos españoles hasta ahora ganadores del premio Nobel de Medicina y Fisiología.

Otra sentencia de Santiago, que me encanta y podría tener algo que ver con el propósito de este ensayo, es la siguiente: *Nada me inspira más veneración y asombro que un anciano que sabe cambiar de opinión.* (Fuente de ambas citas: tinet.cat/icarril/frases/ramon-y-cajal htm).

9 - Peligro

Jorge Mario Bergolio (1936) alias Francisco dijo: *Los sacerdotes son como los aviones: son noticia cuando caen.* (elmundo.es/internacional/2015/).

Por fin los católicos tienen un papa con sentido del humor... Se cree que dijo también, quizá con un atisbo de envidia en la voz: *Duele ver a una monja o a un cura con el último modelo de coche.* ob. cit.

Acerca de Francisco un amigo mío todavía más escéptico que yo, si cabe, me preguntó:

—¿Es posible que el papa actual no crea en Dios?

—Es más bien probable —opiné yo—, como muchos de sus predecesores es un hombre inteligente y culto. No puede de ninguna manera ignorar que el triunvirato de dispares divinidades que sostiene la Iglesia católica es obra estrictamente humana. Una obra que dista mucho de ser perfecta y por lo tanto no lleva ni se merece el "sello de Dios".

—Si lo sabe ¿por qué no lo dice?

—Porque es una persona honrada, que no traicionaría a los fieles que le admiran y confían en él, ni a los cardenales que le han elegido. Además, sabe muy bien que si lo hiciera, y quizá incluso antes de que tuviera tiempo de hacerlo, Dios le castigaría con un paro cardíaco u otra letal calamidad... Luego se elegiría, para reemplazarle, al más conservador de los cardenales disponibles.

10 - Somos fósiles vivos

Todo ser vivo es también un fósil. Dentro de él, todo el camino hacia la estructura microscópica de sus proteínas conserva las huellas y hasta los estigmas de su ascendencia. (akifrases.com/frase/122311).

¿No es esto un magnífico atajo para mostrar, en sentido inverso y en acelerado, el camino recorrido por la imparable Evolución desde el nacimiento de la vida hasta nosotros los humanos?

Esta aserción la debemos al biólogo francés **Jacques Monod** (1910-1976), Nobel de medicina y fisiología y autor de El azar y la necesidad, un libro que en su tiempo causó mucho revuelo y dolores de cabeza entre los creacionistas.

11 - Coincidencia

La religión no puede y no debe ser reemplazada por el ateísmo. La religión tiene que irse lejos y no ser reemplazada por nada. El ateísmo no es una religión. Es la ausencia de religión, y eso es una cosa maravillosa. (Ateísmoparacristianos blogspot.com/2014/05/frases-ateas).

El autor de este también maravilloso pensamiento es el famoso ilusionista estadounidense **Penn Jillette** (1955). Otra buena idea de Penn, que me gustó también bastante, es esta: *Los personajes y acontecimientos descritos en la Biblia son ficticios. Cualquier parecido con personas reales, vivas o muertas, es pura coincidencia.* ob. cit.

Y ahora, la última, y también en mi opinión la más interesante, puesto que refleja casi exactamente lo que pienso y digo yo: *Hagas lo que hagas, nunca leas la Biblia como código moral. Ella defiende los prejuicios, la crueldad, la superstición y el asesinato. Léela porque necesitamos más ateos. Y nada te llevará hasta allí más rápido que el leer la maldita Biblia.* ob. cit. Este es el mejor consejo que se pueda regalar a un amigo creyente insatisfecho de su religión y deseoso de encontrar una salida. Es también lo que deberían hacer los padres, antes de tomar la decisión de inculcar a sus retoños sus propias convicciones y fantasías. Y para ganar tiempo se puede leer con especial atención los primeros libros del Antiguo Testamento hasta llegar a "los Jueces", detenerse ahí para reflexionar y luego optar entre continuar leyendo o prescindir de todo el resto.

Junto a su adlátere Teller y su camarada James Randi, Penn Jillette es capaz de desacreditar a cualquier gurú que levite o doble cucharas, reescenificar a cualquier milagro, dejar en evidencia cualquier caso de explotación cruel por parte de curanderos y abochornar a cualquier zahorí, astrólogo, echador de cartas o espiritista. En la mejor tradición de Harry Houdini, Penn pone sus poderes al servicio de la razón y el humanismo. (**Christopher Hitchens**, en Dios no existe).

12 - Equivocación

En el Génesis, se cuenta que Dios creó al hombre y a la mujer. Esta afirmación en sí no tiene nada de censurable. Lo que no se puede admitir, es cuándo y cómo se cree que los creó. Pues, en vez de comenzar por el primer escalón del proceso, el Creador prefirió saltar directamente al último, lo que podría explicar por qué luego sus criaturas no le parecieron perfectas y proyectó eliminarlas. Como Venus y Minerva, Adán y Eva nacieron adultos, al menos físicamente: *En-*

tonces *Yahvé Dios formó al hombre con polvo del suelo, e insufló en sus narices aliento de vida, y resultó el hombre un ser viviente.* (Gén 2,7) Biblia de Jerusalén.

Luego, sin solicitar la ayuda de nadie, Dios se puso una bata de cirujano, anestesió al hombre recién creado, le hizo una gran incisión en el pecho y le sacó una costilla: *Yahvé Dios hizo caer un profundo sueño sobre el hombre, que se durmió. Y le quitó una de las costillas, rellenando el vacío con carne. De la costilla que Yahvé Dios había tomado del hombre formó una mujer...*(Gen 2, 21 y 22) misma Biblia.

Un verdadero Dios nunca habría hecho tal cosa. Crear al hombre e intentar fabricarle una compañera como se narra habría sido no solo absurdo, sino también fisiológicamente imposible. Veremos más adelante por qué. Seguro que un verdadero Dios habría creado primero la vida, concediéndole todos los millones de milenios necesarios para que pudiera desarrollarse tranquila y cabalmente, hasta llegar a nosotros, los seres humanos. Al fin y al cabo, Él tenía por delante (y supongo que también por detrás) toda la eternidad. ¿Por qué, entonces, iba a darse tanta prisa como se dice en las Escrituras, corriendo así el riesgo de que el resultado fuera una chapuza?

13 - Adicción

Para **Henry M. Morris** (1918-2006), *La evolución era la raíz del ateísmo, el comunismo, el nazismo, el conductismo, el racismo, el imperialismo económico, el militarismo, el libertinismo, el anarquismo, y de todo tipo de sistemas de creencias y prácticas anticristianas. (The remarkable birth of planet)*, sindioses.org (recopilador) 10-jul-2015.

¡Vaya sarta de estupideces! El ateísmo tiene una sola raíz: la religión. Una raíz con innumerables ramificaciones. Si se suprimiera de una vez todos los dioses, todas las religiones y todos los religiosos, se borraría al mismo tiempo el ateísmo, del mismo modo que si se eliminara la guerra, la palabra "paz" caería en desuso.

Michael J. Buckley (1931), un profesor de teología, no dudó en implicar las religiones en el origen del ateísmo: *Las iglesias fueron el caldo de cultivo. Las religiones organizadas escandalizaron y dis-*

gustaron profundamente a la conciencia occidental. Las iglesias y las sectas habían devastado Europa, habían perpetrado masacres, habían exigido la resistencia a la revolución religiosa y habían intentado excomulgar o deponer monarcas. (Fuentes racionalistas memorables). Citado por Sin Dioses (recopilador).

También **Steve Allen** (1921-2000), quien fue un animador y compositor estadounidense, confirma en unas pocas impactantes palabras mi punto de vista sobre el asunto: *No es dureza de corazón o pasiones malignas lo que conduce a ciertos individuos al ateísmo, sino más bien una escrupulosa honestidad intelectual.* Citado por **James A. Haught**, en 2000 años de descubrimiento.

¿Y por qué todavía hoy tanta gente sigue teniendo una opinión negativa del ateísmo y del librepensamiento? Algunos incluso se imaginan que carecemos de las cualidades espirituales a su juicio necesarias para que se pueda llevar una vida plena y feliz. **Richard Dawkins** (1941) recibió una carta de un médico obsesionado por su idea de que el hecho de no creer en nada sería, según él, la fuente de todos los males. Me tomo la libertad de exponer aquí algunas líneas de aquella carta, que se puede leer, aunque no entera, en el bien conocido libro de Richard El espejismo de Dios:

Si la religión no fuera verdad, sería mejor, mucho, mucho mejor creer en un noble mito como el de Platón si eso le procura paz a nuestra mente mientras dure nuestra existencia. Pero su visión del mundo conduce a la angustia, a la adicción a las drogas, a la violencia, al nihilismo, al hedonismo, a la ciencia frankensteiniana, al infierno en la tierra y a la Tercera Guerra Mundial... Me pregunto cómo de feliz es usted en sus relaciones personales. ¿Está usted divorciado? ¿Es viudo? ¿Gay? Los que son como usted nunca son felices o no se empeñarían en probar con tanto denuedo que no existe la felicidad y que nada tiene significado. Lo que se afirma en esta última frase es una flagrante falsedad: El autor de El espejismo de Dios no "se empeña" en absoluto "en probar que no existe la felicidad", ni tampoco pretende que "nada tiene sentido". Yo apostaría incluso a que piensa, como pienso yo y como dijo el gran ilusionista Penn Jillette, que "la ausencia de religión es algo maravilloso". Lo que verdaderamente no tiene significado es la fea carta de aquel atormentado matasanos. El "Mito de la caverna" de Platón es un bonito e inofensivo cuento alegórico, que cada cual puede interpretar como le convenga. Seguro que él prefiere el engaño de las sombras, en la cueva, a la luz reveladora de la realidad que reina en el exterior. Debería leer detenidamente los seis primeros libros del Antiguo Testamento, el Malleus maleficarum y sobre todo el Juramento de Inducción extrema de la Sociedad de Jesús. Y si con esto todavía sigue sin entender de qué lado están la maldad, la sinrazón, el odio y la incitación a la intolerancia criminal y a la guerra, es que está gravemente enfermo y necesita consultar a un colega psiquiatra. Además de meterse en la vida privada de Richard Dawkins, no duda en hacer alarde de su ignorancia al recomendarle un libro en el que se afirma que el mundo no tiene más de 8.000 años de antigüedad... Richard se pregunta, y yo también: "¿de verdad puede ser médico?"

¿Y por qué los creyentes más dogmáticos se empeñan en considerar a los ateos y a los librepensadores como a unos desgraciados incapaces de llevar una vida normal y feliz? Simplemente porque están equivocados, y no tienen el valor de intentar escapar del estado de discapacidad intelectual y de desinformación en el que han sido sumergidos casi nada más nacer... Además algunos, como ese médico loco, siguen imaginándose que los ateos tampoco pueden ser buenos. Hagamos una comparación:

¿Por qué un ateo haría sufrir o mataría a otra persona?

En tiempo de guerra, para cumplir las órdenes de los superiores; en tiempo de paz para defenderse y evitar ser herido o matado él mismo. Y también para vengarse de una afrenta, para robar y escapar de la policía, o porque es intrínsecamente malo, o quizá porque está loco. He leído hace algunos años, probablemente en la revista Selecciones, que un individuo se divertía, por la noche, torturando y matando a las personas mayores sin techo que dormían en las calles, hasta que la policía lo puso entre rejas. Declaró entonces que lo que hacía era "violencia recreativa"... Ignoro si aquel asesino profesaba algún tipo de religión o de creencia, pero me inclino fuertemente a creerlo.

¿Y qué motivos tendría un creyente normal y corriente para actuar así? Exactamente los mismos que los del ateo, porque es también un ser humano. Pero es un ser humano religioso, y la fe puede incitarle a cometer actos que nunca pasarían por la cabeza de un ateo simplemente porque, para él, no tendrían ningún sentido. Así que el creyente puede hacer sufrir y matar, y efectivamente durante siglos lo hizo y en numerosos países aún sigue haciéndolo, por los fútiles motivos siguientes:

El otro pertenece a una religión que desde pequeño le han enseñado a odiar; o ha dicho por torpeza una palabra que al creyente le pareció ofensiva para su fe; o la víctima era un asqueroso descendiente de los que crucificaron a Jesús; o quizá simplemente un hereje, un apóstata, un infiel o un maldito ateo.

Las excusas son siempre las mismas: Lo que hacemos nos lo manda Dios, o lo exige nuestra fe... A veces quien manda son las (sagradas) autoridades religiosas, y si se ha prestado juramento no hay escapatoria. Fue así como se eliminaron en unos quince siglos a millones de desgraciados de todas las edades y condiciones. En este terreno los creyentes nos ganan en al menos diez mil muertes a una.

Desde 2003 Richard Dawkins es autor de una palabra nueva: "geriniol". Es el nombre de una droga no ficticia, como a menudo se cree, sino muy real aunque no materialmente palpable. Es contagiosa, adictiva y mortífera. Todavía no existe ningún antídoto que pueda con ella. Se transmite principalmente de padres a hijos.

El geriniol es una droga muy potente que actúa de manera directa en el sistema nervioso central, produciendo varios síntomas que en muchos casos revisten carácter antisocial o autodestructivo. Puede modificar permanentemente el cerebro de los niños, y desencadenar trastornos en la edad adulta, algunos tan peligrosos y de tan difícil tratamiento como las ideas delirantes. Los cuatro vuelos funestos del 11 de septiembre de 2001 eran tripis de geriniol: Todos los secuestradores, diecinueve en total, se hallaban simultáneamente bajo los efectos de la droga. Históricamente, cabe achacar al geriniolismo atrocidades como la caza de brujas y las masacres de indios sudamericanos por conquistadores. El geriniol fue el detonante de casi todas las guerras medievales europeas, y más recientemente de las carnicerías que comportó la división del subcontinente indio, así como la de Irlanda. [...]

Lo que me ha hecho escribir este artículo fue ver la sonrisa de felicidad de un hombre, en Bali. Oía estáticamente su condena a muerte por el asesinato de una gran cantidad de turistas inocentes a quienes no conocía y con quienes no tenía ninguna cuenta que ajustar. A algunos, en el tribunal, les impresionó su falta de remordimiento. Lejos de arrepentirse, la reacción del hombre fue de clara euforia. Levantó el puño en el aire, delirantemente feliz de que fueran a "martirizarlo", por usar la jerga de su grupo de adictos. No hay que llevarse a engaño: aquella sonrisa beatífica, aquella dicha absoluta ante la perspectiva de ser fusilado, son las de un drogadicto. Se trata del yonqui arquetípico, que se ha chutado geriniol en estado puro, de alto octanaje, sin refinar ni adulterar. (Texto de Richard Dawkins, tomado del libro de **Christopher Hitchens**: <u>Dios no existe</u>).

El geriniol es una sustancia tan poderosa y dañina que algunos adictos, antes de ser ejecutados por tentativa frustrada de hacerse volar con un grupo de desconocidos, han declarado que una vez muertos les gustaría resucitar y volver a la Tierra. Cuando les preguntaron por qué, respondieron: "Para volver a matar y morir como mártir otra vez"... ¿Es necesario precisar que "geriniol" es un anagrama de "religión"?

14 - El motor de la creación

Por desgracia seguimos ignorando cómo apareció la vida en la Tierra, pero podemos presuponer que se originó a partir de un conglomerado de diversos aminoácidos, que al unirse unos con otros y con elementos recién aparecidos empezaron a producir proteínas, primer paso para llegar a las cuatro famosas bases nitrogenadas que codifican la información almacenada en nuestro ADN. En realidad son cinco, ya que el uracilo ocupa el lugar de la timina en el ARN, que según algunos investigadores podría haber precedido al ADN en la aparición de la vida. Es lo que ellos llaman *La hipótesis del mundo del ARN*.

Para los creacionistas, los seres vivos los creó Dios y punto. Para otra categoría de creyentes, en realidad quien los creó no fue Él: Contrató a un diseñador inteligente, quien se encargó de toda la obra. Este tuvo que idear y fabricar todos los vegetales y los animales que pueblan la superficie de la Tierra, el subsuelo hasta una profundidad de al menos dos kilómetros, la atmosfera y todos los niveles del mar, además de las especies extinguidas y de las que hasta ahora no han sido descubiertas.

Ya que tanto Dios como su diseñador rechazaban terminantemente la idea para ellos demasiado simplista de la Evolución, tuvieron que hacer las bestias, las plantas y las razas humanas tal como las vemos ahora. Menuda tarea la del diseñador... Una tarea que seguramente no pudo llevar a cabo en un año, quizá ni siquiera en un milenio... Tuvo que crear primero los vegetales, porque los animales los necesitan para alimentarse, desde los secoyas y los eucaliptos de más de cien metros de altura hasta los microscópicos mohos y algas unicelulares de unas pocas micras de longitud. Luego tuvo que inventar, labrar e insuflar vida a bichos de todos los tamaños y formas imaginables, desde los virus más diminutos hasta los treinta toneladas de carne y hueso de la ballena azul, pasando por la pareja humana.

Entre todos los seres malignos fabricados por el obediente diseñador para complacer a Dios —o para cumplir con sus órdenes—, destacan el calamitoso bacilo de **Hansen**, padre de la lepra, el de **Koch**, responsable de la tuberculosis, y el de **Yersin**, todavía más mortífero. Su especialidad es la peste bubónica (la muerte negra), que en el siglo XIV mató de una sentada a un tercio de la población de Europa. Dios aceptó —o exigió— que se hiciera una notable cantidad de parásitos especialmente diseñados para chuparnos la sangre, taladrarnos la piel, impedir que nuestras heridas cicatricen, o alimentarse a cuesta de lo que comemos e incluso de nuestros propios tejidos... Y permitió también que se creara aquel gusanito que se instala en los ojos de los niños africanos, dejándolos ciegos. Acerca de este parásito sir **David Attenborough** (1926, como yo) dijo a los creacionistas:*¿Están diciéndome que el Dios en el que ustedes creen, el cual, dicen, es un dios de misericordia, que cuida de cada una de sus criaturas, creó este gusano que no puede vivir en otro lugar que en el globo ocular de un inocente niño?* (monologodejulito.blogspot.com/2015/david-)

Aquellos seres malévolos no fueron creados únicamente para castigarnos a nosotros, pecadores natos e impenitentes, sino también a muchos pacíficos y también inocentes animales, que según las divinas leyes reveladas a Noé deben además ser nuestros esclavos y servirnos de alimento...

Después de aquel monumental despliegue de ingeniería a la vez creadora y destructora, se llegó al séptimo día —o a la séptima etapa— de la creación. Entonces Dios despidió a su diseñador y empezó a descansar, aunque Él no había hecho nada. Al parecer sigue descansando en la actualidad, una ocupación muy aburrida e incluso deprimente, en especial cuando ves extinguirse con el paso de los milenios los animales y las plantas que han sido creados, porque no son capaces de adaptarse a nuevos entornos, ni de sobrevivir a los cambios climáticos y a la destrucción de su hábitat por la más elaborada de las criaturas diseñadas: el ser humano.

¿Y qué se puede deducir de todo eso? Yo diría que el Dios de los creacionistas es tonto, mientras que mi esposa opina que no puede de ninguna manera ser tonto, porque no es real. Pero el asunto no acaba aquí, puesto que hay una tercera posibilidad, que tiene la ventaja insuperable de ser conforme a los hechos hasta ahora observados.

Supongamos, pues, que Dios no es ni tonto ni ignorante, sino más bien sabio y además muy listo. No vaciló en renunciar al diseño cuando se percató de que no era en absoluto inteligente. En vez de crear centenares de millones de seres adultos y listos para reproducirse, ideó una semilla muy sencilla, pero capaz de evolucionar y de extenderse hasta ocupar los rincones más recónditos e inhóspitos de la Tierra y del mar. Para conseguirla hizo aminoácidos, les agregó elementos raros provenientes del espacio y los cocinó muy despacio al calor de nuestro joven Sol y con sus radiaciones haciendo de catalizador, para formar los ladrillos de la vida: las proteínas. Cuando hubo obtenido una célula primitiva, le insertó algo que iba a cumplir la misma función que nuestro moderno código de barras, y que nosotros llamamos ahora ADN. Fue una de sus ocurrencias más grandiosas. A esa primigenia célula le insufló vida y le ordenó: "¡Clónate!" Luego a las células clónicas recién nacidas les dijo: "Creced, evolucionad, multiplicaos, diversificaos y llenad toda la Tierra.". Todos sabemos que fue obedecido.

Como se puede ver, la teoría de la Creación no tiene sentido si no se le asocia el hecho una y otra vez confirmado de la Evolución. Es más razonable admitir que Dios creó el germen de la vida, para observar lo que iba a brotar de él y averiguar cuán grande e interesante se haría. Ese germen, el Creador pudo fabricarlo de igual manera en el espacio, y luego encargar a los cometas y a los meteoritos la tarea de transportar sus descendientes hasta los planetas que cumplieran los requisitos exigidos para su desarrollo. Eso es lo que los científicos que barajan esa posibilidad llaman *Panspermia*.

Ahora bien, no quisiera que me malinterpretaran: Lo que acaban de leer es un cuento, que los creyentes de mente abierta a nuevos horizontes pueden interpretar como una hipótesis. Yo no creo que ningún dios fuera al origen de la vida, pero opino que no sería prudente rechazar por completo este punto de vista, aunque me parezca muy débil. Yo optaría más bien por una quinta fuerza —o una sexta, para los que creen que la quinta ya existe—, desde luego universal y no más divina que la de la gravedad o la del electromagnetismo. Bueno, esto también no es más que especulación. La cruda realidad acerca de la aparición de la vida, si algún día llega a saberse quizá nos sorprenda a todos, escépticos, agnósticos, indecisos, deístas, intolerantes teístas y ateos puros y duros. ¡Ojalá continuara viviendo yo el tiempo suficiente para presenciar tal improbable acontecimiento!

¿Y qué opinan al respecto los científicos? Como único ejemplo, cito aquí al paleontólogo estadounidense **G.G. Simpson** (1902-1984), quien afirmó: *La mayoría de las religiones dogmáticas han mostrado un talento perverso para tomar el lado equivocado de los conceptos más importantes en el universo material, de la estructura del sistema solar al origen del hombre.* (frasesgo.com/autores/frases-de-george-gaylord-simpson/). ¡Nunca mejor dicho!

15 - ¿Cuántos años tiene nuestro mundo?

Para que apareciera la vida, se necesitaba un soporte sólido. Así que Dios creó el universo y la Tierra... ¿Y cuándo ocurrió aquello?

*El obispo **James Ussher** (1581-1656) es recordado por su cuidadoso y preciso cálculo de la edad del mundo. Ussher estudió la cronología disponible en las Sagradas Escrituras así como datos históricos encontrados en documentos (como la destrucción del templo de*

Jerusalén, por ejemplo) de las culturas caldea, persa e incluso romana. Con todos estos datos, Ussher llegó a la conclusión de que Dios creó el mundo en la madrugada del día 23 de octubre del año 4004 antes de Cristo. Y de paso calculó que el diluvio universal ocurrió hacia el año 2359 antes de Cristo. (es.slideshare.net/pauloarieu1/reflexiones-acerca-de-la-fecha-de- creacion-del-universo [Cita tomada, como la siguiente, de un texto de varias páginas]).

Esta opinión de Ussher sobre la edad del mundo, la más conocida y más a menudo citada, demuestra una vez más que partiendo de datos que parecen fiables se puede llegar a conclusiones desmesuradamente equivocadas. La datación por carbono 14 ha revelado que, en algunas regiones de China, la gente utilizaba cacharros de barro para cocinar sus alimentos unos 10.000 años antes de la fecha del comienzo del mundo propuesta por Ussher.

*En 1644, **John Lightfoot**, un estudioso y experto de la lengua hebrea de la Universidad de Cambridge, corrigió la fecha propuesta por Ussher. Lightfoot llegó a la conclusión de que el mundo fue creado en el año 3929 a.C., aunque coincidió con la fecha del día y del mes. También coincidió con la hora, en la madrugada del día 23 de octubre, pero añadió que el hombre fue creado a las nueve de la mañana.* ob. cit.

John Lightfoot (1602-1675) no aportó nada positivo a la conclusión de Ussher. Nos dejó una información ridícula sobre la hora "exacta" a la que fue creado el hombre, pero se olvidó, al menos en los textos consultados y en el que se cita aquí, de mencionar a la mujer. Quizá Lightfoot tenía realmente el "pie ligero", como sugiere su curioso apellido, pero no la cabeza, aunque era indudablemente una persona muy culta.

La creación del mundo, para Ussher, Lightfoot, las religiones y probablemente toda la gente de la época, significaba seguramente la creación simultánea, o sucesiva y en un corto intervalo de tiempo, de la Tierra y de todos los cuerpos celestes visibles que parecían girar alrededor. Se daba entonces a nuestro planeta y a nosotros mismos, sus insaciables parásitos, una importancia descomunal, sin sospechar que no somos más que una ínfima migaja del cosmos. Según los últimos cálculos, nuestra Tierra tendría entre 4.400 y 4.510 millones de años.

En cuanto a la edad aproximada del universo mismo, calculada partiendo de la constante de Hubble o por la observación de las cefeidas y otros astros de aspecto cambiante, sería de entre 12 y 14 mil millones de años, lo que corresponde más o menos a la distancia en años luz de los cuerpos celestes más alejados que se puedan observar desde la Tierra. Recientemente la NASA, olvidándose de la constante de Hubble, hizo con el telescopio espacial también llamado Hubble y otros instrumentos de última generación, observaciones mucho más precisas. El resultado fue que la edad de nuestro universo sería de (casi) exactamente 13700 millones de años. Entre esta cifra, que tal vez aún se pueda afinar, y los ridículos 4004 añitos de Ussher y de Lightfoot, el abismo es astronómico.

No tenemos constancia de que los grandes pensadores y los científicos de la antigüedad se hayan preocupado mucho por determinar la edad del universo, ni que hayan intentado fechar la aparición en la Tierra de la vida, del hombre y de los primeros dioses. Es de suponer que, para ellos, siempre estuvieron aquí.

Queda por desentrañar el proceso que permitió, hace unos 3.500 millones de años, la transformación por etapas de unos elementos insignificantes y lógicamente inútiles en LUCA: *Last Universal Common Ancestor* (El último antepasado común y universal).

Esta hipótesis surge en 1859 cuando Charles Darwin publicó su Origen de las especies, *sosteniendo que habría habido solo un progenitor por todas las formas de vida.* (//es.wikipedia.org/wiki/ultimo.antepasado/comun).

El hecho de que debía existir un solo antepasado universal se hizo patente por primera vez en los años 60, cuando el código genético fue descifrado y se encontró que era universal. ob. cit.

Más recientemente: *Las técnicas de filogenia molecular desarrolladas desde la década de 1970 han permitido corroborar que LUCA realmente existió. Nunca podremos conocer en detalle cómo era este antepasado común porque carecemos de evidencias sobre él, pero podemos inferir muchas de sus propiedades comparando los organismos actuales a nivel molecular, y aplicando la lógica evolutiva. Así sabemos que LUCA era una especie unicelular y sin núcleo definido, que morfológicamente se parecía a los procariotas que conocemos.* (**Carlos Briones**; Orígenes. La vida). Así que, nos guste o no, es probable pero queda por confirmar, que todos los seres vivos descendamos del mismo antepasado. Quizá no todos: los virus y los viroides podrían haber existido antes del "nacimiento" de LUCA y no tener nada que ver con nosotros, excepto para hacernos enfermar e incluso matarnos.

Bajo el bondadoso subtítulo "El discreto encanto de los virus", Carlos señala: *La rabia, la fiebre amarilla y otras enfermedades muy temidas en la época de Pasteur, Darwin y Mendel, eran producidas por un tipo de entidades replicativas desconocidas hasta entonces: los virus (palabra en latín que significa "toxinas" o "veneno").* ob. cit.

16 - Ignorancia

El dogma del pecado original no es solamente injusto, sino también ilógico y absurdo. Es evidente que, antes de haber probado la fruta del árbol del conocimiento del bien y del mal, Adán y Eva no tenían ni idea de lo que era bien y de lo que era mal. ¿Y cómo iban a saber y entender algo para ellos tan trascendental, si ni siquiera se habían dado cuenta de que estaban desnudos?

17 - Reflejo desviado

El ecologista y escritor **Edward Abbey** (1927-1989) nos dejó al fallecer estas cuestionables palabras: *La creencia en lo sobrenatural refleja el fracaso de la imaginación.* (juandavidblanco.com.es/2015/05).

Es cierto que para creer, la imaginación no sirve. Podría más bien estorbar... Pero para lograr que otros crean en un ser invisible, inaudible, indetectable e incomprensible, sí que se necesita una fértil imaginación. Fue el ingrediente que utilizaron los autores anónimos de todos los libros que constituyen la Biblia, para engranar viejas leyendas y profecías con exagerados o manipulados acontecimientos históricos e ideas tomadas de otros cultos.

18 -¡Atención!

El historiador romano **Cayo Suetonio** (70-130) escribió: *En un Estado verdaderamente libre, el pensamiento y la palabra deben ser libres.*

(akifrases.com/autor/cayo-suetonio). Y en la época de Suetonio lo eran, al menos en materia religiosa, hasta que **el emperador Constantino** (272-337) y su (santa) madre **Elena** se hicieron católicos, mientras la religión católica se hacía romana y casi en seguida arremetía contra los populares y tolerantes dioses que el pueblo veneraba sin llegar nunca al fanatismo.

Mitra, la divina mascota de las legiones romanas y su pariente el Sol Invicto, cuya fiesta se celebraba —¡vaya casualidad!— el 25 de diciembre, fueron probablemente entre las primeras víctimas del odio visceral que sentían los católicos hacia los dioses paganos, a pesar de que ellos estaban "en su casa". Es que, como nos recordó hace poco **Richard Dawkins**, *El hombre es el único animal que ama al prójimo como a sí mismo y le corta la garganta si su teología no es ortodoxa. La fe ciega* —dijo también el mismo autor — *puede justificar lo que sea.* (recogido por frases racionales, sindioses.org).

19 - Los malditos

Se suele decir que los ateos pueden ser también terriblemente crueles, y como ejemplos se mencionan a **Hitler** y a **Stalin**. ¡Vaya equivocación! Hitler (1889-1945) estaba convencido de que al aniquilar a los judíos no hacía sino cumplir la voluntad de Dios. Así rezan algunos de los más perversos pensamientos que se le atribuyen:

Soy ahora, como antes, católico, y siempre lo seré. (Ateísmo para cristianos.blogspot.com-2014/frases-celebres-cristianas-adolf-hitler).

Aprendí mucho de la orden de los jesuitas. Hasta ahora nunca ha existido algo tan grande como la organización jerárquica de la Iglesia católica. Yo transferí a mi partido mucho de esta organización. ob. cit.

En cuanto a los judíos, solo estoy siguiendo la misma política que la Iglesia católica ha adoptado por mil quinientos años. ob. cit.

Las escuelas seculares no pueden ser toleradas nunca, porque tales escuelas no tienen instrucción religiosa, y una instrucción moral general sin base religiosa está construida sobre el aire; consecuentemente, todo el entrenamiento del carácter y la religión deben derivarse de la fe... Necesitamos gente creyente... (Discurso durante las negociaciones con el Vaticano en 1933), recogido por Sin Dioses.org (Recopilador).

Ante Dios y el mundo, el más fuerte tiene derecho de hacer prevalecer su voluntad. ob.cit y también (Ateísmo para cristianos). En esta última cita se prescinde de la Iglesia, que tal vez ya no le agradaba tanto, pero no de Dios.

También **Stalin** (1879-1953), tenía una "religión", que nadie podía censurar y quedar con vida: el partido. Tenía también un dios: él mismo. Se le imputan estas palabras: *La educación es un arma cuyo efecto depende de quien la tenga en sus manos y de a quien apunte.* Y aquellas: *La gratitud es una enfermedad que sufren los perros.* (muyhistoria.es/7 frases-famosas-de-josef-stalin).

Como **Mao**, **Pol Pot**, **Kim Jong-il, Ceaucescu** y algunos más, Hitler y Stalin cultivaban el culto a su propia personalidad y lo imponían por las buenas o por las malas a sus súbditos y a los habitantes de los territorios conquistados o anexados.

Este tipo de idolatría imperaba en toda su esplendor cuando falleció Kim Jong-il, en Corea del Norte. Según la prensa extranjera, el acontecimiento dio lugar a insólitas escenas de gran pesar fingido: *La muerte de Kim Jong-il provocó escenas de dolor colectivo en las que se vio a gran cantidad de norcoreanos llorando desconsoladamente. Posteriormente, la cadena de noticias "Russia Today" publicó un artículo diciendo que aquellos que no demostraron suficientes muestras de dolor (en un contexto en el que se informaba que incluso los mismos pájaros lloraban de dolor por la pérdida del líder), se enfrentaban a condenas de hasta seis meses de trabajos correccionales, además de sesiones de escarnio público.* (Wikipedia. org/wiki/kim-jong-il).

Ni Stalin ni Hitler ni Pol Pot recibieron tan espectacular homenaje póstumo. En cuanto a Ceaucescu (1918-1989), el execrado dictador comunista rumano, fue ejecutado junto con su esposa, por genocidio, y ni la gente ni los pájaros lloraron su muerte.

Además de su obsesión por preservar la pureza de la presunta raza alemana, Hitler sentía un odio feroz hacia el pueblo judío, que expresó de forma irracional en las siguientes frases, tomadas de su detestable y aburrido libro <u>Mein Kampf</u> (Mi lucha)*: Si los judíos fuesen los habitantes exclusivos del mundo, no solo morirían ahogados en suciedad y porquería, sino que intentarían exterminarse mutuamente. Y el fundador del cristianismo no mantuvo secreta en absoluto* *su apreciación del pueblo judío. Cuando lo consideró necesario, Él expulsó a esos enemigos de la raza humana fuera del templo de Dios.*

Hitler escribió en su *Mein Kampf* muchas estupideces y estas últimas palabras son una más: Jesús, un auténtico judío, no fundó ni intentó fundar el cristianismo. Tampoco expulsó a los judíos del templo de Dios, porque el templo, recién reconstruido por el "medio judío" **Herodes el Grande**, no pertenecía a Dios, sino a los judíos. Los vendedores ambulantes que se habían instalado en el templo con su mercancía, los productos de la tierra que los habitantes de Jerusalén necesitaban para su subsistencia, quizá ni siquiera eran judíos. Si hay una pizca de verdad histórica en el relato de aquella "hazaña" de Jesús, se debe admitir que un solo hombre no habría podido expulsar a unos mercaderes judíos delante de las narices de otros judíos y judías haciendo sus compras...

Joseph Goebbels (1897-1945), el ministro de propaganda de Hitler, era un experto en el arte de engañar a las masas, como la Iglesia católica, pero él no tuvo la posibilidad de hacerlo durante centenares de años. Solía decir a sus subordinados: *Más vale una mentira que no pueda ser desmentida que una verdad inverosímil.* (wikiquote.org/wiki/mentira/) Y también: *Miente, miente, miente, que algo quedará. Cuanto más grande sea una mentira, más gente la creará.* ob. cit.

Unos tres milenios antes de la aparición de Mein Kampf los que más odiaban eran los hebreos, y los más odiados eran —entre muchos otros— los amalecitas, unos de sus parientes no tan alejados que tuvieron que huir ante las hordas de **Moisés**. También los invasores israelitas creían que eran una raza, cuya pureza querían a toda costa preservar. Cuando el sacerdote **Esdras** regresó del exilio, se lamentó: *Tanto ellos como sus hijos se han casado con las hijas de estos, mezclando así la raza santa con las gentes del país (Esd 9,2).* Al menos Hitler no llegó al extremo de considerar al pueblo alemán como una raza santa, seguramente por miedo al ridículo.

20 - Mutismo

Si de verdad Dios existiera, y si fuera tan inteligente, poderoso y justo como se dice, Él y yo podríamos llegar a ser buenos amigos, porque tendríamos los mismos enemigos. Sí, los mismos: aquellos peligrosos iluminados que lo difaman proclamando que todas las aberraciones de la Biblia son obra suya y, para colmo, enseñan a maldecir, a odiar e incluso a perseguir, torturar y matar a las personas sensatas que no lo creen.

De esta indiferencia, de este sempiterno silencio de Dios, se aprovecharon los jerarcas de Israel, y luego los de la Iglesia romana para echarle encima la responsabilidad de todas sus acciones, tanto las buenas —más bien escasas— como las inútiles, las perversas y las destructoras. Y si no lo hubieran hecho, ¿Qué habría sucedido? La escritora norteamericana **Catherine Fahringer** (1922-2008) tuvo la amabilidad de dejar para la posteridad su opinión al respecto antes de despedirse de la vida. Es para mí un placer incluirla en mi ensayo, pese a que no creo que habríamos ganado tantos años como ella creía: *Estaríamos mil quinientos años más adelantados si no hubiera sido por la Iglesia, arrastrando a la ciencia tomada de sus faldones y quemando a nuestras mejores mentes en la hoguera.* sindioses.org (recopolador 10-jul-2015).

Pensando que a la cita de Catherine no le vendría mal un poco de compañía, le adjunto otra, algo burlona, del austriaco naturalizado irlandés y Nobel de física **Erwin Shrödinger** (1887-1961), recordado y a veces criticado por su experimento con un gato (por fortuna tan inexistente como el mismísimo Dios) encerrado en una caja: *Esclavizadas de la manera más vergonzante durante siglos por la Iglesia, las ciencias naturales han levantado la cabeza y conscientes de su sagrado derecho y de su divina misión, han propinado golpes llenos de odio a su antigua torturadora.* ob.cit.

Rematan esta sección algunas de las acerbas palabras que pronunció el también galardonado con el Nobel de física **Steven Weinberg** (1933), posiblemente durante un dialogo entre científicos y creyentes moderados: *La religión es un insulto a la dignidad humana. Con o sin ella encontramos buena gente haciendo cosas buenas y gente malvada haciendo cosas malas. Pero para que la gente buena haga cosas malvadas, se necesita la religión.* (wikipedia.org/wiki/steven-weinberg).

Esta frase bien conocida, muy difundida y muy discutida, ha sido también objeto de duras críticas, incluso por parte de algunos ateos famosos. He aquí un ejemplo: *El ateo Dennett refutó al ateo Weinberg: No solo la religión lleva a los buenos a hacer cosas malas.* (religionenlibertad.com/el-ateo-dennett-refutó-).

Acerca de la corta oración que encabeza la litigiosa cita, se puede leer: *Esta parte parece una frase inventada y añadida después por alguien que quería más agresividad contra la religión. Lo del "insulto" suena muy fuerte y no es el estilo de Weinberg.* ob. cit. Yo no creo que "lo del insulto a la dignidad humana" sea una falsedad, pero comprendo que para muchos creyentes puede tener una connotación desagradable. Admito que no solo las religiones pueden llevar a la gente buena a portarse mal: también la fe en la causa, el carisma del líder, el engaño, una guerra pueden hacer que una buena persona se metamorfosee en una fiera. No cabe la menor duda de que Steven expuso su idea de forma demasiado restrictiva. Otro científico, que también obtuvo el Nobel y falleció en 2013 a la edad de 93 años, lo hizo mucho mejor. Se recuerda a continuación.

21 - A cada cual su papel

El biólogo francés **François Jacob** (1920-2013), premiado con el Nobel de medicina y fisiología, además de haber descubierto el papel del RNA mensajero en la expresión del código genético, nos dejó su opinión sobre el papel de la religión y de la política en la expresión de la perversidad humana:

Todas las masacres se han realizado en el nombre de una religión verdadera, de un nacionalismo legítimo, de la política idónea, de la ideología justa; en resumen, en el nombre del combate contra la verdad del otro. Recogido por sindioses.org (recopilador).

22 - Los cuatro jinetes

Daniel Dennett (1942), filósofo y escritor estadounidense, especializado en ciencias cognitivas, es también ateo. Según Wikipedia, es uno de los *cuatro jinetes del Nuevo Ateísmo, junto con **Richard Dawkins, Sam Harris y Christopher Hitchens*** (fallecido en 2011 a la edad de 61 años). Yo vería muy bien, en el papel del cuarto jinete sin representación desde la muerte de Christopher, al antiguo pastor evangelista Dan Barker, que fue presentado al lector en la sección nº 3 de este libro.

Las religiones —señala Dennett— *han logrado que sea imposible disentir con ellas de un modo crítico sin ser ofensivo. Juegan la carta de los sentimientos heridos a cada oportunidad.* (ateosylibrepensadores. blogspot.es). Por desgracia, así son las cosas... Daniel se queja: *No hay forma cortés de insinuar a alguien que ha dedicado su vida a una tontería.* ob. cit. ¿Por qué no? Se puede al menos intentarlo, y si no lo entiende queda el recurso de insinuárselo de forma descortés. También habría dicho: *Lo que puedes imaginar depende de lo que sabes.* (wordpress.com/lo-que-sabes-depende-). Exacto, pero a mí me habría gustado que se intercalara *"en gran medida"* entre *"depende"* y *"de lo que sabes"*, porque para algunos lo que pueden imaginar depende más bien de lo que ignoran o de lo que no quieren saber... ¿No es así cómo se inventan los dioses?

Después de haber pasado por un grave problema de salud, Dan escribió: *No hablo en broma cuando digo que tengo que perdonar a los amigos que han dicho que rezaron por mí. He resistido a la tentación de contestar: "Gracias, pero ¿también sacrificaste una cabra?" Me siento igual que si uno de ellos me dijera: "Acabo de pagarle a un médico vudú para que hiciera un conjuro para tu salud". ¡Que manera más crédula de malgastar un dinero que se podía haber gastado en proyectos más importantes! No esperes que sienta gratitud, o tan siquiera indiferencia. Agradezco el cariño y la generosidad que te impulsaban, pero me gustaría que hubieras encontrado una manera más razonable de expresarlos.* (Daniel Dennett, Thank goodness).

23 - En privado y sin contagio

También los ateos engañan y matan —Esto los creyentes no se cansan de repetirlo—, pero tienen menos motivos para actuar mal y no pueden parapetarse detrás de la fe para salirse con la suya cuando lo hacen. Además, se suicidan muchísimo menos y no suelen presionar a otras personas para que hagan igual. Es excepcional que un librepensador que quiera acabar con su vida pida a sus familiares o a sus amigos que lo imiten. Esto sí se hace con demasiada frecuencia en las sectas, donde algunos líderes consiguen que centenares de sus embrutecidos seguidores se maten ellos mismos y todos juntos.

Según las creencias de la "Hermandad de la muerte roja" a finales del siglo pasado en Rusia, el mundo iba a acabarse el 13 de noviembre de 1900, y como llegada la fecha no pasó nada, decidieron morir en la hoguera. Ni cortos ni perezosos, hicieron una gran pira y en ella se arrojaron 862 de sus seguidores. Cuando llegó la policía, ya más de cien estaban completamente carbonizados. Podría poner más ejemplos recientes por el estilo. **Salvador Freixedo**, 17 de diciembre de 2015 (facebook.com/pertmalink php).

Los más mortíferos suicidios colectivos de la época moderna fueron el de Jonestown, en Surinam, y el de Kanunga, en Uganda. La locura religiosa no tiene ni fronteras ni preferencias raciales o étnicas.

Acerca de lo que pasó en Surinam en 1978, algunos opinan que no fue solo un suicidio colectivo, sino también un "homicidio masivo". **Jim Jones** (1931-1978) y los más idiotizados de sus admiradores habrían obligado a los miembros de la secta a beber o inyectarse cianuro, empezando por los indefensos niños. Aunque es difícil de entender cómo pudieron acabar con tanta gente en tan poco tiempo, lo que sí se sabe es que el número de los muertos superó los novecientos. ¿Y por qué aquellas personas, después de haber desperdiciado varios años de su vida en la secta, se dejaron envenenar sin rebelarse o intentar huir? Probablemente porque el adoctrinamiento intenso al que habían sido sometidas les había transformado en zombis. Algunas de las que sí intentaron escapar lo consiguieron. A las otras, seguramente las más numerosas, las mataron.

Tales locuras pueden perpetrarse en cualquier parte del Mundo. A **Joseph Kibweteere** (1932-2000), un político ugandés que había perdido las elecciones, se le ocurrió fundar una secta que llamó "Restauración de los diez mandamientos". El 17 de marzo de 2.000, después de algunos días de rituales y de oraciones, se encerró con todos sus seguidores en una escuela que les servía de sala de reunión. Luego comieron y bebieron, bloquearon puertas y ventanas, se rociaron con gasolina, le prendieron fuego y quedaron todos carbonizados.

Los lugareños contaron que los miembros de aquella secta apenas hablaban. Al parecer tenían miedo de incumplir el mandamiento de *"no mentirás". Dos días antes del macrosuicidio se habían ido congregando en una escuela que los miembros de la secta utilizaban como una iglesia, donde se comieron tres vacas asadas, bebieron setenta cajas de gaseosa, cantaron y rezaron.*

Los días previos al suceso, los seguidores de Kibweteere vendieron todas sus propiedades, siguiendo las recomendaciones de su líder, y recorrieron las aldeas cercanas para despedirse de sus familiares. (Kanunga, el mayor suicidio de la historia [abc.es]).

Las primeras estimaciones sobre la tragedia señalaban unos 230 muertos, pero algunos días después se contaban más de mil, superando así en número de muertes y en grado de sufrimiento físico a la masacre organizada por Jones en Surinam. Entre los cadáveres carbonizados se encontraban los de 80 niños. Varias personas habían sido asesinadas antes del suicidio y tiradas en unas letrinas cavadas en el suelo del local.

El suicidio colectivo de San Diego, en California, fue mucho menos mortífero en cuanto al número de sacrificados, pero todavía más absurdo, si cabe, en cuanto al motivo. Los treinta y nueve seguidores de la secta *Heaven's Gate* (Puerta del Cielo) se imaginaban, de acuerdo con las enseñanzas de su líder, que al morir sus cuerpos se quedarían en la Tierra y sus almas estarían acogidas por los tripulantes de una nave espacial. Los líderes, **Marshall Applewheite** (1931-1997) y su pareja **Bonnie**, afirmaban que nuestros antepasados llegaron hace mucho tiempo con una nave extraterrestre, que de paso los depositó en la Tierra para que la colonizaran... Todos seríamos, pues, los descendientes de aquellos colonos, según los miembros de la secta. Pero ellos creían que habían sido elegidos para volver al espacio —o a su planeta de origen— con una nave cuya llegada fue señalada, también según ellos, por el paso por el cielo californiano del cometa Hale-Bopp.

Los integrantes de esta secta suponían que eran extraterrestres. Entregaron sus pertenencias y los hombres de la secta se dejaron castrar. En vísperas de su suicidio bebieron zumo de limón para purificar su cuerpo [...].

Los 39 cadáveres fueron encontrados el 26 de marzo de 1997 en una localidad del municipio Rancho Santa Fe, al norte de San Diego, en el estado de California. Su muerte la causó una sobredosis del conocido barbitúrico llamado fenobarbital, mezclado con zumo de manzana y vodka. [...] Los medios publicaron un vídeo, en el que aparecieron todos los cadáveres acomodados en literas cubiertas con cobijas púrpuras, y calzados con zapatillas nuevas marca Nike. Todos portaban también equipaje y dinero como "derecho de alquiler" para su cuerpo, que lo contemplaron ellos como "contenedor" para sus almas tipo ovni. (wikipedia.org/wiki/heaven'-gate-secta).

Se supo después que los siete hombres que deseaban ser emasculados tuvieron problemas para encontrar a un cirujano que quisiera atenderlos, aunque la operación fuera bastante sencilla. Se cree que finalmente lo encontraron en Ciudad de México.

24 - ¡No os riáis!

La fe debe sofocar toda razón, sentido común y entendimiento, dijo **Martín Lutero** (1483-1546); y también, en otras ocasión y circunstancia: *Aquel que crea ser cristiano debe arrancarle los ojos a su razón*. Frases recogidas por sindioses.org (recopilador). Eran palabras terribles, pero que al menos tenían el mérito de la sinceridad. Si son verdaderas, se debe reconocer que Lutero no engañó a nadie. Los que lo siguieron sabían en qué se estaban metiendo; salvo los más tontos, desde luego.

Supongo que todo el mundo ha oído hablar de las 95 tesis de Lutero, pero ¿quién se ha fijado en esta? *Es un disparate pensar que las indulgencias del papa sean tan eficaces como para que puedan absolver, para hablar de algo imposible, a un hombre que haya violado a la madre de Dios.* (Tesis n° 75 [fiet.com.ar/articulo/95-tesis.pdf]).

Otra cita de Martín Lutero que incorporo a mi ensayo, cosechada por "Sin Dioses (recopilador)", sí que tiene gracia: *El pecado no puede apartarte de Cristo, ni aunque cometas adulterio cien veces al día y la misma cantidad de asesinatos.*

Por desgracia asesinar a cien personas en un día sí se puede, sobre todo si están agrupadas en un local, en un barco o en un avión. Pero lo de cometer adulterio cien veces seguidas me parece una broma exorbitante. Sin embargo esta cita, y también la alusión a una posible violación de la Virgen, prueban al menos que Lutero poseía algo que nunca tuvo la Iglesia católica romana: el sentido del humor. Lo confirma esta bonita y menos conocida frase suya: *Aquel a quien no le gusta el vino, la mujer ni el canto, será un necio toda su vida.* (frasesypensamiento.com.ar/martin-lutero/) Y ahora, la última: *La razón humana es como subir un borracho a un caballo. Lo subes por un lado y se cae por el otro.* (josuebarrios.com/frases/martin-lutero/. Yo diría más bien: "La razón humana cegada por la fe religiosa es como subir un borracho..."

Liberado de la obligación de quedar soltero impuesta por la Iglesia romana, Lutero se casó con Katharina von Bora, una monja cisterciense que había huido de su convento. Pasó a la religión reformada de su marido y le parió cuatro hijos, desde luego no todos a la vez...

Hablar de Lutero, quien fue el enemigo más eficiente de las indulgencias papales, me recuerda otro nombre: Tetzel. Es el del vendedor ambulante más famoso de dichas indulgencias, al que se asocia un hecho quizá puramente anecdótico, que reportaré aquí confiando únicamente en mi vieja memoria y sin utilizar el ordenador, salvo para luego escribirlo. Tetzel vendía toda clase de indulgencias, siendo muy codiciadas las que se otorgaban de antemano, para pecados que todavía no habían sido cometidos. Eran también las más costosas, lo que las ponía fuera del alcance de la gente pobre. Quien no podía comprar una indulgencia no podía vengarse de una afrenta sin incurrir en el pecado ni escapar al divino castigo, al que a menudo se sumaba otro, terrenal e inmediato.

Cierto día un individuo acomodado y listo compró una indulgencia que le absolvía de un delito que se proponía perpetrar. Tetzel le entregó un resguardo, con el sello papal y la firma del vendedor delegado, en el que se precisaba que el beneficiario podía castigar a su enemigo, pero sin matarlo ni causarle heridas de gravedad.

Con su documento exculpatorio en el bolsillo y con la colaboración de algunos amigos como él enemigos de las indulgencias, nuestro hombre aprovechó uno de los numerosos desplazamientos de Tetzel para raptarlo. Luego lo liberó, pero no sin haberle propinado antes una buena paliza, desde luego sin herirlo gravemente… El agredido denunció al agresor, pero él enseñó a los jueces el documento, y todo lo que pudieron hacer ellos fue burlarse del vendedor de indulgencias: Aquel imbécil había olvidado de mencionar el nombre de la persona que se permitía castigar. Ahora, después de haber echado un vistazo a *Wikipedia,* puedo añadir: **Johann Tetzel** (1465-1519), dominicano.

Deseoso de conocer las tarifas establecidas por el Vaticano para todo tipo de indulgencias, las busqué y no tardé en dar con una lista de delitos tan sorprendente como divertida, de la que presento aquí una pequeña muestra:

El eclesiástico que incurriese en pecado carnal, ya sea con monjas, con primas, sobrinas o ahijadas suyas, en fin, con otra mujer cualquiera, será absuelto mediante el pago de 67 libras, 12 sueldos. (divinoplacebo.com/negocio-del-pecado-indulgencias).

El sacerdote que desflorase a una virgen pagará 2 libras, 8 sueldos. ob. cit. ¡Tan solo dos libras y ocho sueldos! Esto no es ningún castigo, sino más bien un vergonzoso regalo de la Iglesia a sus sacerdotes, y una incitación al abuso sexual y a la violación.

La absolución y la seguridad de no ser perseguidos por los crímenes de rapiña, robo e incendio, costará a los culpables 131 libras, 7 sueldos. ob. cit. Como se puede ver, los ladrones no lo tenían tan fácil que los miembros del clero, pero para salirse con la suya les bastaba con robar más y más a menudo.

El marido que diese malos tratos a su mujer pagará en las cajas de la cancillería 3 libras, 54 sueldos; si la matase, pagará 17 libras, 15 sueldos, y si la hubiera matado para casarse con otra pagará además 32 libras, 9 sueldos. ob. Cit. Esto me parece diabólicamente lógico: cuanto más daño haces a tu esposa, más dinero tienes que desembolsar para ser absuelto...

Por el asesinato de un hermano, una hermana, una madre o un padre, se pagarán 17 libras, 5 sueldos. ob. cit..Al parecer el pago de la cantidad establecida por cualquier tipo de delito, incluyendo el asesinato, dejaba al pecador exculpado de todo pecado a los ojos de la Iglesia, pero es poco probable que quedara también fuera del alcance de la justicia terrenal y de la venganza de las personas perjudicadas o, en el caso de que hubieran sido asesinadas, de sus amigos o de sus familiares.

El que matase a un obispo o a un prelado de jerarquía superior pagará 131 libras, 14 sueldos, 6 dineros. ob. cit..A este debían más bien obsequiarle con una indulgencia gratuita..

La ciudad que quisiera alcanzar para sus habitantes, o bien para sus sacerdotes, frailes o monjas, licencia para comer carne y lácteos en las épocas en que está prohibido pagará 781 libras, 10 sueldos. ob. cit..A este precio, comer carne en tiempo de cuaresma era un lujo que únicamente la gente adinerada y el clero podían permitirse.

Los laicos contrahechos o deformes que quieran recibir órdenes sagradas y beneficios, pagarán a la cancillería apostólica 58 libras, 2 sueldos. ob. cit. ¡Benditos sean los que Dios creó con alguna discapacidad física! Son una buera fuente de ingresos para la Iglesia.

Los eunucos que quisieran entrar en las órdenes, pagarán la cantidad de 310 libras, 15 sueldos. ob. cit. En el Deuteronomio se deja muy claro que " El hombre que tenga los testículos aplastados o el pene mutilado no será admitido en la asamblea de Yahvé" (Deut 23,2), pero, el dinero lo puede todo...

La absolución del simple asesinato cometido en la persona de un laico se fija en 15 libras, 4 sueldos, 3 dineros. Si el asesino hubiese dado muerte a dos o más hombres en el mismo día, pagará como si hubiese asesinado a uno solo. (**Jacopo Fo**. El libro prohibido del cristianismo). En esta gran oferta de mercancía espiritual, de la que en esta sección no aparece mucho más de la mitad, el anuncio que a mi juicio se lleva la palma es este, el último de mi lista. Nos informa que el eslogan "paga uno y llévate dos", muy utilizado en la actualidad para incrementar las ventas, ya se conocía en tiempo de Tetzel y de Lutero. Pero la Iglesia, en ese caso, lo hizo todavía mejor. Propuso a los interesados: "paga para matar a uno y si puedes cárgate a dos o más". El asesino disponía de un solo día para actuar, lo que en la mayoría de los casos era más que suficiente. Aquella increíble oferta entrañaba para el vendedor una ventaja añadida: la posibilidad de generar más demandas, ya que para los parientes y los amigos de los asesinados, aprovecharse también de la oferta era el medio más seguro de acabar con el asesino sin ser castigado por la justicia divina.

Quizá al lector le interesa saber que el Sueldo era una moneda de oro, y el dinero una moneda de plata de mismo peso, pero desde luego no de mismo valor. 240 dineros equivalían a una libra. ¿Y qué sería el valor de una libra expresado, por ejemplo, en nuestros modernos euros? Pues, no he conseguido averiguarlo, pero confío en que muchos lectores más jóvenes y más listos que yo sí lo consigan. Es curioso, para no decir sospechoso, que de todos los precios fijados por el vendedor (la Iglesia) ninguno fuera un número entero de libras. Pudo tratarse de una estrategia del recaudador para cobrar más: decía que no le quedaba suelto y se quedaba con el cambio...

25 - Proselitismo

Por definición el librepensador reivindica el derecho de pensar y de decir lo que piensa con toda libertad, lo que conlleva que los creyentes de cualquier credo tengan el mismo derecho. Pero a algunos esto no les parece suficiente y se dedican con frenesí a tratar de hacer nuevos adeptos, algo que los no creyentes no hacemos.

¿Quién no ha recibido nunca la visita no solicitada de los Testigos de Jehová? ¿Y quién no ha tenido que retirar de debajo del limpiaparabrisas de su vehículo un molesto prospecto de alguna que otra secta?

26 - Diálogo:

Un católico moderado le pregunta a un librepensador:

—¿Crees que si los dioses se hicieran evidentes, la gente dejaría de creer en ellos?

—Ciertamente. Un dios que cualquiera pudiera ver, escuchar y tocar sería rechazado; quizá incluso, en algunos países, detenido y ejecutado por usurpador. Es que un dios sin sus sacerdotes no es creíble, ni siquiera concebible. Pero se puede creer, aceptar y seguir a una persona carismática que se dice enviada por Dios para representarle en la Tierra. Fue así como nacieron muchas de las grandes religiones, y probablemente casi todas las pequeñas, las que se suelen llamar sectas. Si Dios existiera realmente y quisiera instituir una verdadera religión, que tendría necesariamente que ser universal, encontraría insoslayables obstáculos. Debe de ser por este motivo que nunca lo intentó...

—¿Estás bromeando?

—Por supuesto.

—Entonces, ¿qué debemos hacer?

—Yo, nada. Pero tú debes aceptar o rechazar a tu dios sin llegar a saber qué pinta tiene y para qué sirve. Esto es la esencia de toda religión: Creer sin ver, sin saber, sin discutir y sobre todo sin reflexionar demasiado, para así no caer en la trampa del pecado de pensamiento, que para el creyente intransigente no es ninguna broma...

27 - ¡A por ellas!

La Iglesia odia a las mujeres. En los últimos años se han publicado miles de ensayos que documentan la ferocidad de que han sido objeto las mujeres y su cultura. Esos escritos nos dan testimonio de cómo quien practicara la medicina sin ser un médico, quien ayudase en un parto, quien contrastase la autoridad de los curas, era acusado de brujería, y son las mujeres quienes en mayor número fueron procesadas y, por tanto, quemadas en las hogueras. (**Jacopo Fo,** ob. cit.).

Sin embargo, en la breve y curiosa sentencia siguiente, que se atribuye a (san) **Agustín de Hipona** (354-430) no se encuentra ninguna palabra ofensiva o descortés respecto a las personas del otro sexo: *La ignorancia es la madre de la admiración.* (celeberrima.com.es/frase-celebre-de-san-agustin-).

Resulta que esta frasecita de Agustín es de las más acertadas, puesto que durante toda la Edad Media, e incluso antes y un poco después, el pueblo entonces analfabeto admiraba la Biblia simplemente porque los curas le decían que era admirable.

Las chorradas que vienen a continuación tienden a demostrar que si Agustín nos dejó ese dicho jocoso, fue seguramente por descuido o por equivocación. He aquí la primera: *La mujer es un ser inferior y no está hecha a imagen y semejanza de Dios. Corresponde, pues, a la justicia así como al orden natural de la humanidad que las mujeres sirvan a los hombres... El orden justo solo se da cuando el hombre manda y la mujer obedece.* (Ateísmo para cristianos, citas misóginas).

Veamos ahora cómo entendía la familia aquel enloquecido "padre de la Iglesia" —un título que compartía con otros individuos que difícilmente habrían podido ser más injustos que él respecto a nuestras compañeras: *«Por el buen orden de la familia humana, unos han de ser gobernados por otros más sabios que ellos; por ende la mujer, más débil en cuanto a vigor de alma y fuerza corporal, está sujeta por naturaleza al hombre, en quien la razón predomina. El padre tiene que ser más amado que la madre y merece mayor respeto porque su participación en la concepción es activa y la de la madre pasiva y material».* 0b.cit.

«Las mujeres —dijo también Agustín— no deben ser iluminadas ni educadas en forma alguna. De hecho, deberían ser segregadas, ya que son causa de insidiosas e involuntarias erecciones en los santos varones». (mujerpalabra.net/pensamiento/critica)

Si existieran de veras el infierno, el purgatorio y el paraíso, Agustín estaría necesariamente ahora en uno de esos tres lugares. Quizá podría así vislumbrar, desde arriba o desde abajo, lo importante e insustituible que es ahora el papel de la mujer en el mundo moderno occidental. Seguro que se le volatilizaría su orgullo machista al saber que los restos de Marie Curie, una científica ganadora de dos premios Nobel, reposan en un lugar normalmente reservado para los hombres ilustres; y que otra dama, Vos Savant, ha sido durante años la persona más inteligente del mundo, delante de cualquier hombre. El golpe final se le asestaría Elizabeth Jane Holden, Libby para los amigos (1966), la primera mujer obispa de la Iglesia de Inglaterra. Y esto no es más que un primer paso, un ejemplo a seguir para las otras Iglesias Cristianas. Y si a Agustín la vista de tan drástico cambio le deprimiera, podría desplazarse hacia el este para otear lo que pasa en el mundito musulmán, donde se sigue tratando a la mujer como a él le gustaba.

Con lo que viene ahora, se entiende mejor por qué Agustín era tan duro e injusto con las personas del sexo bello: *Nada rebaja tanto a la mente varonil de su altura como acariciar mujeres. Y esos contactos corporales que pertenecen al estado de matrimonio.* ob. cit. Yo diría más bien que nada alegra tanto la mente varonil como acariciar a una mujer guapa y cariñosa, en especial si la amas y si es tu compañera de toda la vida. Agustín debía de ser muy corto de miras, puesto que llegó a decir: *Es Eva, la tentadora, de la que debemos cuidarnos en toda mujer. No alcanzo a ver qué utilidad puede tener la mujer para el hombre, si se excluye la función de concebir niños.* ob. cit.

Es de sospechar que si Agustín de Hipona despreciaba tanto a las mujeres, era porque solo le gustaban las personas de su propio sexo. Quizá prefería acariciar a un "santo varón"; o era un reprimido sexual; o un perfecto idiota. O ambas cosas a la vez...

Este menosprecio que sentían los "padres de la Iglesia" primitiva por las mujeres era contagioso. Ahora habla **Tertuliano** (160-220), dirigiéndose a una imaginaria Eva:

¿Y no sabes tú que eres una Eva? La sentencia de Dios sobre este sexo tuyo vive en esta era: la culpa debe necesariamente vivir también. Tú eres la puerta del demonio; eres la que quebró el sello de aquel árbol prohibido; eres la primera desertora de la ley divina; eres la que convenció a aquél a quien el diablo no fue suficientemente valiente para atacar. Así de fácil destruiste la imagen de Dios, el hombre. A causa de tu deserción, incluso el hijo de Dios tuvo que morir. ob. cit.

Es así como las pequeñas causas producen efectos descomunales. Te comes la mitad de una manzana, de una ciruela o de una uva, y con este acto en apariencia anodino matas al hijo único de Dios. Es como si al encender una cerilla hicieras explotar el Sol. Por fortuna todos los dioses, inventados o supuestamente verdaderos, son por definición inmortales y, además, no suelen mezclar su divina sangre con la —a los ojos de sus sacerdotes siempre impura— de los seres humanos. Esto, algunos lo comprendieron. Pensaron entonces que Jesús debía ser considerado como el hijo adoptivo de Dios. Pero a la Iglesia primitiva esta doctrina le pareció demasiado sencilla y no suficientemente espiritual. Finalmente la rechazó y la declaró herejía, con las más desagradables consecuencias para los que la habían ideado y se empeñaban en querer difundirla.

Las siguientes sibilinas palabras, también atribuidas a Tertuliano, a mi juicio rayan en la blasfemia: *Y el hijo de Dios murió, lo cual es inmediatamente creíble porque es absurdo. Y después de enterrado se levantó de nuevo, lo cual es seguro porque es imposible.* (taringa.net/ posts/offtopic/ 2935797/frases-memorables-de-religiosos).

Las peores estupideces que se dijeron y se escribieron sobre la mujer, las debemos a (santo) **Tomás de Aquino** (1224-1274). He aquí una muestra, que ni siquiera se merece un comentario: *En lo que se refiere a la naturaleza del individuo, la mujer es defectuosa y mal nacida, porque el poder activo de la semilla masculina tiende a la producción de un perfecto parecido en el sexo masculino, mientras que la producción de una mujer proviene de una falta del poder activo.* ob. cit.

Lo que opinaba el tío Tomás acerca de los herejes y propuso que se hiciera con ellos es mucho más palpable, y también compatible con las sanguinarias costumbres de la época: *Con respecto a los herejes... está el pecado por el cual no solo merecen ser separados de la Iglesia por medio de la excomunión, sino del mundo por la muerte.* ob. cit.

¿Y qué se dice acerca de nuestras compañeras en el Nuevo Testamento? Pues, más o menos lo mismo: *La mujer escucha las instrucciones en silencio, con toda sumisión. No permito que la mujer enseñe ni que domine al hombre. Que se mantenga en silencio, porque Adán fue formado primero y Eva en segundo lugar* (1 Timoteo 2, 11-1).

Como hemos visto, los principales "padres" fundadores de la poderosa, opulenta, y agresiva Iglesia Católica nunca destacaron por su inteligencia y su humanismo, sino más bien por su ignorancia, su infundada y detestable misoginia y su incurable estupidez. Sin embargo, muchos de ellos fueron canonizados y sus imágenes y sus reliquias, auténticas o falsificadas, siguen veneradas en muchas regiones de todo el mundo. Ignoro si hubo entre los fundadores del cristianismo excepciones, hombres comprensivos y menos tontos, pero seguramente debió de existir algunos, aunque en aquella turbia época ir a contracorriente debía de ser una aventura muy arriesgada...

28 - ¡Viva Eva!

Regresando al presente, vemos con satisfacción que en muchos países se otorgó por ley a las mujeres el estatus de igualdad con el hombre. Es algo normal, no un favor, ya que mujeres y varones pertenecemos a la misma especie: la de los humanos. Por desgracia en otros lugares, por lo general densamente religiosos, los animales tienen más consideración con sus hembras que los hombres con sus esposas y sus hijas. He aquí un ejemplo:

Taslima Nasrin (1962) es una médica y escritora feminista ben-galí, que se define a sí misma como humanista secular. Desde los años 90 vive oculta y perseguida por los fundamentalistas islámicos, que pusieron precio a su cabeza por pedir la revisión del Corán para poder mejorar la situación de la mujer musulmana.

Entre las seis distinciones que hasta ahora le fueron concedi-das destacan el premio Simone de Beauvoir y el premio Sájarov, de 50.000 euros. (wikipedia.org/wiki/Taslima-Nasrin)

Al texto de Wikipedia, para mí demasiado escueto, añado otro, respetando las preferencias estilísticas del autor: *Taslima Nasreen es una escritora bangladeshí que lleva catorce años en el exilio. Su obra, de corte feminista y trasfondo autobiográfico, le ha valido tantas acusaciones de faltar al Islam como de pornografía, e in-cluso alguna demanda civil por parte de hombres poco satisfechos con la imagen que de ellos se daba en sus libros. Todo comenzó con "Vergüenza", historia de una adolescente hindú violada por un musulmán, basada en los abusos sexuales sufridos por la escrito-ra en carne propia y en su labor ginecológica. Tras abandonar su país para evitar ser arrestada, Nasreen se refugió en la India, de donde también debió huir en 2007 después de que un grupo radical ofreció 500.000 rupias por su cabeza. Hoy día, enferma del cora-zón, reside en un lugar secreto de Europa gracias a la nacionalidad sueca de que disfruta. Es una escritora valiente, que con su gran novela Vergüenza, trasciende lo políticamente correcto y denuncia una situación extrema de intolerancia en Bangladesh, novela que le ha valido el reconocimiento del mundo entero y el destierro de su patria.* (elcomentamierda.blogspot.com).

A finales del siglo XIX, la escritora estadounidense **Lillie Deve-reux Blake** (1833-1913) denunciaba lo ridículo que era seguir cre-yendo, en pleno proceso de resurgimiento de todas las ramas del co-nocimiento, que las mujeres debían pagar por una falta imaginaria, cometida en un jardín que nunca existió, y en una época en la que los mismísimos dioses creían que la Tierra era plana e inmóvil. De todo lo que Lillie escribió y publicó, he recogido la siguiente frase, porque me sirve de puente para pasar de las más ultrajantes e insensatas críti-cas a la más exquisita cortesía: *Con el fin de justificar esta teoría de la* *inferioridad de la mujer en razón de su sexo, que estaba en conflicto con los puntos de vista paganos, se estableció el dogma absurdo de que todas las mujeres deben ser castigadas a causa del pecado de Eva.* (ateosylibrepensadores.blogspot.es).

Y ahora, para sacudirnos de encima los residuos de las estupideces de los misóginos e ignorantes "padrastros" de la Iglesia, inserto aquí dos pequeñas perlas. La primera es una hermosa y astuta demostración de que el mito de la inferioridad de Eva, por haber sido creada después de Adán, no tiene pies ni cabeza... Que juzgue el lector: ***La mujer salió de la costilla del hombre, no de los pies para ser pisoteada, ni de la cabeza para ser superior, sino del lado para ser igual, debajo del brazo para ser protegida, y al lado del corazón para ser amada.***

Creo que ambas citas, dichas con ternura por una voz suave, serían capaces de sacar lágrimas hasta a una cebolla. He aquí la segunda, aún más cortita. ***Cuídate mucho de hacer llorar a una mujer, pues Dios cuenta todas sus lágrimas***. (Fuente de las dos citas: akifrases.con/autor/talmud). ¡Lástima que ese Dios tan bueno no sea real!

Como se puede ver, sorprendentemente esta exquisita prosa proviene del Talmud. Aunque es casi seguro que se trate de una adaptación moderna, no impide que sea a la vez elegante y demoledora para los fanáticos de la superioridad del macho. De hecho, pone patas arriba al odioso dogma de la culpabilidad de Eva en el asunto de la fruta prohibida, que según las Escrituras simboliza el conocimiento del bien y del mal, cuando en realidad delata la necedad y la crueldad del autor del segundo capítulo del Génesis.

Supongamos que la leyenda de la creación, que aparece en aquel segundo capítulo de nuestras Biblias, es un hecho probado e indiscutible. Volveremos luego al primer capítulo para examinar su contenido. Se debe entonces reconocer que Eva, aunque nacida de una costilla de Adán y después de él, era la más inteligente de los dos. Ella no se dejó engañar por el intento de Dios de hacerles creer que morirían si comían la fruta del conocimiento, pero sí comprendió que el diablo, disfrazado de serpiente, quería ayudarlos. Quien mintió fue Dios, y quien dijo la cruda verdad fue Satán. Él no los engañó, puesto que la primera pareja no murió. Al contrario, se liberó al mismo tiempo de su cautividad y de su ignorancia. Pudo salir libre y airosa del jardín, para conocer el mundo y criar una familia. Sin la perspicacia y el coraje de Eva, y si el cuento del Génesis fuera una realidad histórica, ni usted quien está leyendo estas líneas, ni yo quien acabo de escribirlas habríamos nacido.

Y ahora preguntémonos dónde se halla el origen del desprecio y hasta de la repulsión que los (santos) y desalmados varones fundadores del cristianismo sentían por las mujeres. La respuesta está a la vista de cualquier persona curiosa y sensata en el primer libro del Antiguo Testamento, el Génesis. Más exactamente en el segundo capítulo de dicho primer libro llamado Génesis. **En el primer capítulo, no se encuentra una sola palabra que pudiera hacer pensar que Dios consideraba a la mujer inferior al hombre**. En la Biblia de la Conferencia Episcopal Española, "Dios dice": *Hagamos el hombre a nuestra imagen y semejanza; que domine los peces del mar, las aves del cielo, los ganados y los reptiles de la tierra. Y creó Dios al hombre a su imagen, a imagen de Dios lo creó, varón y mujer los creó (Gén 1,26-27)*. Además, para que todo quede bien claro, un poco más abajo una bonita nota de pie de página de la misma Biblia especifica que *varón y mujer poseen la misma dignidad ante Dios*.

Los autores, o quizá más bien los traductores, del mismo capítulo de la Biblia de Jerusalén debían de ser un poquito machistas: Pusieron "macho y hembra los creó" en vez de "varón y mujer", lo que no añade ni resta nada al sentido de la "información". Además, en sus explícitos comentarios de pie de página no se halla ninguna alusión a la pobre mujer creada junto con el hombre, pero sí una acerca de la protección de otra gran obra divina: la recién aparecida Naturaleza. Es mucho mejor que nada... También se señala acertadamente que el segundo relato (escogido por los fundadores de la Iglesia como punto de partida) **no es tan bueno como el primero**: *El optimismo de este relato, frente al pesimismo del siguiente en el mismo libro del Génesis, no invita el ser humano, imagen de Dios, al abuso antiecológico de la naturaleza, sino al cuidado y al uso racional de la misma*. (Nota acerca de Gén 1,10 a 25).

Es muy probable que al autor de estas líneas el medio ambiente le importara un bledo. Yo sospecho que si están ahí es como reclamo, para captar la atención del lector y alejarla del molesto "dato" de que Eva y Adán surgieron al mismo tiempo.

El segundo relato, según la Biblia de Jerusalén lleno de pesimismo, es el que todos conocemos, del que yo diría más bien que está lleno de fantasía y de incongruencias. Sin embargo, es precisamente este que las iglesias cristianas eligieron para su liturgia. En aquel capítulo, que desde luego lleva el número 2, se cuenta que Dios creó primero a Adán (con polvo del suelo), cuando la tierra todavía estaba yerma (Gén 2,7). Luego "plantó" un jardín en el que colocó al hombre para que lo cultivara, seguramente como esclavo y no como jardinero remunerado, puesto que aún no existía el dinero (Gén 2,8). Acto seguido hizo brotar del suelo plantas y árboles —no se le había ocurrido antes de crear el jardín—, incluyendo el árbol del conocimiento con la pérfida trampa de la fruta prohibida (Gén 2,9). Después modeló con tierra todos los animales, lo que pudo tomarle entre algunas horas y algunos siglos, dependiendo de sus habilidades y de la cantidad de animales creados. (Gén 2,19). Finalmente, justo antes de que se acabara el último día laborable, Dios intentó fabricar una compañera para el primer hombre con una costilla de este (Gén 2,21a 24), pero no lo consiguió... Siempre le salían machos... Es que un ser vivo modelado con la carne de otro hereda inevitablemente sus genes y, por ende, tiene siempre el mismo sexo. Desde luego este pequeño detalle no figura en el segundo relato bíblico de la creación; ni en ningún otro capítulo. En cualquier caso Adán, el primer hombre, ya tenía una compañera, Eva, que había sido creada al mismo tiempo que él y por separado, lo que se narra claramente, como hemos visto, en el primer capítulo del Génesis, alevosamente ignorado por la Iglesia...

Si yo fuera creyente, me resistiría a admitir que Dios, el dios del segundo relato, se equivocó, o que era y sigue siendo un ignorante. Opinaría más bien que este cuento de la creación no fue en absoluto "inspirado " por Él, sino tomado de viejas creencias y leyendas transmitidas oralmente durante siglos y recogidas, como todo lo que se relata en los cinco primeros libros del Antiguo Testamento que constituyen el Pentateuco, por algunos eruditos cuando el uso de la escritura empezó a difundirse.

Acabamos de ver que en el primer relato de la creación de la pareja humana, Dios es sabio, razonable, justo y amable. En cambio, en el segundo es inculto, torpe, machista, injusto y cruel. Sin embargo, fue este segundo relato que se eligió como base para edificar una nueva religión, la cual resultó ser una de las más mortíferas jamás inventadas. Pero ¿por qué aquella elección? Sin duda porque a los fundadores les pareció más acorde con sus deficientes capacidades intelectual y moral, y también porque les ofrecía la oportunidad de marginar aún más a las personas del otro sexo.

Para los creacionistas incurables, que siguen creyendo en la veracidad absoluta de las (sagradas) Escrituras, no hay contradicción alguna entre los dos capítulos. En el primero, se anuncia que Dios creó el primer hombre y la primera mujer; en el segundo se revela la técnica utilizada para fabricarlos. Es que el contenido de aquel segundo capítulo, con los cuentos del ingenuo e inviable nacimiento de Eva y de la absurda y trágica broma de la fruta del saber, era una fuente de inspiración muy apetecible para todos los iluminados que soñaban con establecer las bases de una religión nueva. El más escueto texto del primer capítulo. a pesar de ofrecer una visión mucho menos negativa de Dios y una leyenda más ecuánime de la creación, fue deliberadamente desestimado por los padres de la Iglesia, entre otras razones porque ponía a la mujer en pie de igualdad con el hombre.

29 - Ni mejor ni peor

Hemos acabado con las descabelladas opiniones que los fundadores más necios de la Iglesia tenían de la mujer, pero no con Agustín de Hipona. Es que Agustín, como Hitler, odiaba a los judíos y lo proclamaba a los cuatro vientos: *Dos clases de humanos, los cristianos y los judíos. La luz y las tinieblas. Pecadores, homicidas, basura revuelta.* (humorhistorico.trumblr/post/107668936715/dos-clases-de-humanos).

Sin embargo, Jesús y todos sus apóstoles eran judíos. Esto, Agustín no podía ignorarlo. Es cierto que a lo largo de todo el Antiguo Testamento, y según lo que en sus libros se cuenta, los judíos masacraron a un gran número de personas, para sus conquistas y como castigos a los miembros de su propio bando que daban un paso en falso. Luego los que masacraron y arrasaron fueron los cristianos, no porque eran peores que los judíos, sino porque al hacerse romanos se habían vuelto los más fuertes.

30 - El soliloquio de la oración

Para algunos *La oración es el cimiento del edificio espiritual.* (escrivaobras.org/book/camino-capitulo-3.htm). Quien pronunció estas capciosas palabras fue (san) **Josemaría Escrivá de Balaguer** (1902-1997) el ahora fallecido fundador del Opus Dei.

Ya que hoy en día cada cual tiene derecho a opinar sobre lo que dicen los demás, ahora viene lo que pienso yo del asunto: Para mí rezar es como dialogar con alguien que no quiere ni oírte ni hablarte ni verte ni atenderte, porque todo lo que puedes decir o pedir no le interesa en absoluto. Dicho de otra manera, es hablar consigo mismo. Un amigo mío opina y dice que "la oración es un veneno que corroe el entendimiento humano".

"¿Y esto —le pregunté yo una vez— te atreverías a decírselo a un musulmán que vieras preparándose para rezar?" Echó a reír y me respondió: "¡Claro que no! Sería como suicidarme, y yo nunca me suicidaría como hacen ellos, porque sé muy bien lo que nos espera después de la muerte. Cabe en dos cortas palabras: nadie y nada. Y me parece muy bien así, ya que seguir viviendo para siempre en otro mundo entrañaría insostenibles problemas de sobrepoblación, además de ser mortalmente aburrido..."

31 - Lo que el tiempo borra

¿Quién dijo: *A siete años de un suceso, el suceso ya es otro*?

Se cree que fue **Camilo José Cela** (1916-2002), un escritor español bien conocido y con el Nobel de literatura. Esta opinión de Camilo, aun admitiendo que está muy exagerada, adquiere muchísimo peso cuando se aplica a un suceso ocurrido hace más de dos milenios y del que se empezó a hablar unos cincuenta años después.

Cuando murió Jesús, acababa de nacer **Flavio Josefo** (37-110, aproximadamente), el hombre que iba a ser el historiador sin el cual no sabríamos ahora casi nada sobre los más importantes personajes del lugar y de la época, como **Herodes el Grande** y algunos de sus numerosos hijos, **Poncio Pilatos,** para unos un (santo) y para otros la encarnación de la pusilanimidad humana, **Herodes Antipas**, (san) **Juan Bautista** (5-28), **Herodías** (15 a.C.-39) y su hija **Salomé** (14-62), la mujer que al Bautista le hizo perder literalmente la cabeza.

Extrañamente, Josefo no parece haber sido informado de la existencia de un mesías llamado **Jesús**, y no lo menciona en sus obras.

"Esta afirmación es falsa" —protestan los creyentes—, "ya que en uno de los libros de Josefo está el *Testimonio Flaviano"*. En realidad, lo que es falso es aquel controvertido "testimonio". Es un texto de un centenar de palabras, que encaja en el contexto como la manita de un recién nacido en un guante de boxeo. Parece hecho con varias y un tanto dispares interpolaciones, que se añadieron unas a otras. Como se puede constatar, no se menciona en ese texto a ninguno de los apóstoles, ni siquiera a **Pedro**, y tampoco a la madre de Jesús:

Por aquel tiempo existió un hombre sabio, llamado Jesús, si es lícito llamarlo hombre, porque realizó grandes milagros y fue maestro de aquellos hombres que aceptan con placer la verdad. Atrajo a muchos judíos y muchos gentiles. Era el Cristo. Delatado por los principales de los judíos, Pilatos lo condenó a la crucifixión. Aquellos que antes lo habían amado no dejaron de hacerlo, porque se les apareció el tercer día resucitado. Los profetas habían anunciado este y mil otros hechos maravillosos acerca de él. Desde entonces hasta la actualidad existe la agrupación de los cristianos. <u>Antigüedades judías,</u> libro XVIII -3 (se puede descargar rápido y gratis en formato PDF).

En otra mención, más corta y mejor ubicada en el texto, se hace alusión a **Santiago**, uno de los hermanos de Jesús, lo que para el dogma de la virginidad perpetua de **María** es bastante molesto. Todo esto contribuyó a que algunas de las obras de Josefo fueran finalmente incluidas en la lista de los libros prohibidos, lo que tiende a demostrar que ni siquiera en el seno de la Iglesia católica hubo siempre consenso acerca de la autenticidad del Testimonio Flaviano.

32 - Nacimientos milagrosos

Según una de las dos versiones del nacimiento de Venus, aquella diosa que los griegos llamaban Afrodita habría surgido de la espuma que emanaba de los testículos de Urano, que su hijo Cronos había arrojado al mar después de haberlo castrado. Según otra versión, mucho más romántica, Venus era hija de Zeus (el Júpiter de los griegos) y de Dione. Nació en una concha, tal como **Botticelli** imaginó y pintó la escena en su célebre cuadro, cuya copia no falta nunca en un buen diccionario enciclopédico ilustrado.

Otra divinidad femenina, Minerva —para los griegos Palas Atenea, diosa de la sabiduría—, nació de forma todavía más original y, además, mucho más salvaje. Zeus, que después de haber devorado a su primera esposa Metis padecía una insoportable jaqueca, ya que en la Antigüedad también los dioses podían sufrir y caer enfermos, pidió ayuda a Vulcano. El dios de los herreros, siempre complaciente, para aliviar a Zeus le partió el cráneo con un hacha. Entonces, de su cerebro expuesto a la luz del día salió Minerva, ya adulta, decentemente vestida y con todos sus adornos.

Jesús vino al mundo de forma un poco menos estrafalaria. Su feto se desarrolló en el cuerpo de una persona de sexo femenino, que lo parió por la vía normal cuando venció el tiempo prescrito por las leyes de la fisiología. Mas para el viejo cura que oficiaba en la vetusta iglesia de mi niñez, donde se exhibían las imágenes que tanto me disgustaban, no hubo ningún parto. Decía que *Jesús salió del seno de María a través de su cuerpo* (traducción literal). Eso, lo repetía muy a menudo y algunos se lo creían. Aquel sacerdote se llamaba *Tapon* (sin la tilde). Era bajo, gordito, duro de oído y propenso a enfadarse contra los niños que no lograban recitar de corrido los pasajes del catecismo que él juzgaba importantes. A los que había pillado hablando durante la misa, les daba una ligera bofetada en la mejilla más cercana a su mano. Luego quien la había recibido debía presentar humildemente la otra mejilla... Era un gesto simbólico, que tenía el poder de impedir que se prolongara el castigo. Si no se cumplía cabalmente llegaban más tortas, no siempre tan benignas como la primera.

Acerca de la concepción de Jesús, queda un punto neurálgico: ¿Quién le suministró a María el semen necesario para que pudiera quedar embarazada? Según la Iglesia, fue inseminada milagrosamente, pero se barajan otras posibilidades y también algunos nombres. Según un texto judío, el padre biológico de Jesús habría sido un soldado llamado **Pantera**. "Esto es imposible ya que Jesús procede de Dios" protestan algunos, mientras que otros no dudan en citar también como candidato a **Herodes el Grande**. Aunque se cree que los ángeles no tienen sexo, lo que no se puede verificar porque nunca los vemos desnudos, Gabriel, el anunciador de la buena nueva, no deja de ser sospechoso... Según el libro <u>Jesús o el mortal secreto de los templarios</u>, del gran maestro masón francés **Robert Ambelain** (1907-1997), Jesús era hijo del rebelde Judá el Galileo, llamado también Judá de Gamala. Pero en mi opinión el padre más probable y más verosímil de Jesús fue **José**, el carpintero. Al fin y al cabo, según las Escrituras el marido de **María** era él.

Antes de salir del tema, podemos preguntarnos si las tres divinidades a las que se hizo alusión serían fisiológicamente viables. La primera, Venus, sí lo sería, si sus padres fueran reales y si la hubieran concebido y parido como hacemos los humanos.

La segunda, Minerva, habría muerto nada más nacer, porque nuestro ADN lo recibimos de ambos padres y ella no tenía madre. Además, las mitocondrias que los seres vivos tenemos en nuestras células, indispensables para generar energía, tienen su propio ADN y quien lo transmite es la madre. Así que, sin madre no hay mitocondrias, y sin mitocondrias no hay vida posible. Y el hecho de que Zeus se había zampado a la diosa Metis, que por casualidad estaba embarazada, no habría servido para nada, puesto que el ADN no puede ser transmitido por vía digestiva.

Y llegamos a Jesús, el único varón del trío. Él heredó de su madre la mitad de su ADN nuclear y el ADN mitocondrial. De este lado, todo fue normal. Pero ¿quién le transmitió la otra mitad del ADN nuclear, portadora del cromosoma **Y** sin el cual todos seríamos hembras? ¿José, el soldado, un chico listo disfrazado de ángel, Herodes, Judá de Gamala o un joven viandante que pasaba por ahí? Se supone que cada uno de esos hombres poseía los atributos necesarios para engendrar a un hijo sano e incluso robusto y guapo. Los espíritus, aunque fueran santos, así como los ángeles y el mismísimo Dios, carecían de dichos atributos y por lo tanto ninguno de ellos pudo ser padre biológico de un ser humano.

Pasando de la fantasía a la realidad y de los nacimientos "milagrosos" a los nacimientos científicos de última generación, llegamos a Alana, una chica de unos 16 años que fue probablemente la primera persona en el mundo en tener tres progenitores: un padre y dos madres.

Acabamos de ver que un ser humano recibe la vida de la herencia genética conjunta de su padre y de su madre, y que sus células necesitan para funcionar el ADN normal o nuclear de ambos progenitores, al que se añade el ADN mitocondrial proveniente exclusivamente de la madre. Así que el papel de la mujer en la transmisión de la vida no es insignificante, como se imaginaban y proclamaban los ignaros hacedores humanos del cristianismo, sino más bien doblemente importante, puesto que todo ser viviente necesita mitocondrias en sus células para mantenerse vivo. Pero, ¿qué pasa si el ADN mitocondrial de la futura madre es defectuoso y representa un peligro de muerte para el recién nacido? Pues, desde hace poco se puede recurrir a otra mujer, desde luego sana y voluntaria, lo que da lugar al nacimiento de un bebé con tres progenitores: un padre y dos madres...

En el año 2000, Sharon Saarinen, de Westbloomfield (Michigan), dio a luz un bebe sano, una niña, Alana. El ADN nuclear de Alana procedía de su madre, Sharon, y de su padre, Paul, pero su ADN mitocondrial procedía de otra mujer. Desde una perspectiva puramente técnica, Alana tiene tres progenitores biológicos. (**Yuval Noha Harari**, Homo Deus)

Alana es ahora una bonita chica de unos 16 año. Un año después de su nacimiento, este tipo de tratamiento fue prohibido por el gobierno de los Estados Unidos: Ignoro si la prohibición sigue vigente o no. Lo que se sabe de fuente segura, es que se autorizó en el Reino Unido en febrero de 2015, como "la ley de los tres progenitores". Podría existir en la actualidad una veintena de niños y niñas con tres padres.

33 - Los rebeldes

El dogma de la (santísima) Trinidad, la fábula de la redención y el culto a la cruz son unas de las más extravagantes barbaridades jamás producidas por la tortuosa mente humana. Si estos dogmas llegaron a perdurar hasta hoy sin apenas perder fuelle, fue simplemente porque hasta hace poco se solía eliminar a los que osaban dudar de su veracidad... Uno de los más famosos enemigos de la Trinidad fue **Miguel Servet** (1511-1553), del que volveremos a hablar porque tuvo el dudoso privilegio de ser quemado dos veces, la primera en efigie por los católicos romanos y la segunda de verdad por los protestantes del bando de **Calvino** (1509-1564).

Según el dogma de la Redención, Dios, puro espíritu y presunto creador de todo lo que existe, ha existido y queda por existir, engendró a un hijo con la ayuda de otro espíritu y de una chica de la especie humana. Aquel hijo debía sufrir, morir, revivir y en seguida desaparecer, para que así el padre filicida consintiera aplacarse a sí mismo y perdonar a los hombres una falta que no habían cometido... Luego se adoptó, como símbolo de la religión que acababa de nacer, el abominable artilugio que se utilizó para torturar y matar al hijo, y se empezó a colocarlo por todas partes.

La cruz —escribió el exsacerdote y escritor **Salvador Freixedo** (1923)— *es el símbolo del dolor y de la muerte. Y los cristianos, con una ingenuidad de la que es hora que vayan despertando, han plantado ese símbolo en sus vidas y en su cultura, y lo han paseado por todo el mundo con un orgullo suicida.* (Salvador Freixedo, <u>Interpelación a Jesús de Nazaret</u>).

Salvador Freixedo no tuvo, como yo, la suerte de poder escapar de las garras de la religión cuando era adolescente. Él mismo cuenta cómo llegó a liberarse, en un texto publicado en EOC (El Ojo Crítico) nº 55, del que presento aquí algunos fragmentos que me parecen especialmente edificantes: *Entré en el noviciado de los jesuitas de Salamanca en 1939 a los 16 años, con la nula sabiduría de la vida que uno tiene a esa edad. Fui ordenado sacerdote en 1953 en la Universidad* (pontificia) *de Comillas, tras una carrera eclesiástica que duró también 16 años. Y salí de los jesuitas en Nueva York, en 1969, a consecuencia de mi libro titulado "<u>Mi Iglesia duerme</u>" tras treinta años de haber pertenecido a la orden. (Dicho sea de paso, el libro fue prohibido en España por Manuel Fraga cuando era ministro de Información y Turismo, tuve que publicarlo en México. en donde tuvo más de 20 ediciones) [...]. Tengo que confesar con rubor que tardé 48 años en caer en la cuenta de que* *todo el dogma cristiano por el que yo había regido mi vida hasta enton-ces, era un puro mito en nada diferente de los mitos en los que se basan las demás religiones que por milenios han tenido engañados, separa-dos y peleando a todos los pueblos del planeta. Años después escribí otro libro titulado "Por qué agoniza el cristianismo" y posteriormente otro más titulado "Las religiones que nos separan" [...].*

No es fácil la tarea de ser hereje. Lo vemos en los muchos ejemplos que tenemos en la historia de herejes que han acabado convertidos en cenizas debido al fanatismo y a la intolerancia que generalmente ge-neran las ideas religiosas. Y debido también a que las ideas religio-sas que uno recibe en la infancia, casi con la leche materna, empapan el alma de tal manera que luego es muy difícil liberarse de ellas [...]. Ignacio de Loyola dice en sus famosos Ejercicios Espirituales: "El hombre es criado para alabar, hacer reverencia y servir a Dios nues-tro Señor y mediante esto salvar su ánima. Y todas las cosas de sobre la faz de la tierra son creadas para que le ayuden a la consecución de este fin". Esta frase fundamental en toda la ascética jesuítica y en todo el dogma cristiano es absolutamente falsa. Porque el Dios a que se refiere Ignacio de Loyola es por supuesto el dios de la Biblia; el rencoroso y miserable dios del Pentateuco. Y a ese individuo yo me niego a darle ninguna adoración ni servicio [...]. La vida es para que cada humano viva la suya, lo mejor que pueda, evolucionando mental y espiritualmente y disfrutando de todo lo que esté al alcance de sus posibilidades aunque, eso sí, respetando los derechos de los demás. (elojocritico.info/salvador-freixedo-lo-que-yo-creo/).

No cabe la menor duda de que si Salvador hubiera vivido, como Miguel Servet, en el siglo XVI, habría tenido que vérselas con la más detestable de las instituciones jamás creadas por una religión: la as-querosa y mortífera (Santa) Inquisición...

34 - El whisky y la oración

Sir **Alexander Fleming**(1881-1955), codescubridor del primer antibiótico y por eso galardonado con el Nobel, dijo en una ocasión: *Un buen trago de whisky al acostarse no es muy científico, pero ayu-da.* (akifrases.com/frases famosas/468).

¿Y esto qué tiene que ver con el rechazo de la religión? se preguntará el lector. Es que este dicho gracioso del padre de la penicilina me recuerda a una difunta tía mía. Ella opinaba que lo que la ayudaba mejor a conciliar el sueño era una buena oración. Y eso, cuando yo era todavía adolescente, me lo decía a menudo para fastidiarme, porque sabía que al oír la palabra "oración", y peor aún el verbo "rezar", veía desfilar en mi cabeza las horripilantes imágenes que tanto me disgustaban. Lo sabía porque yo había cometido la imprudencia de decírselo.

Al parecer las bebidas espirituosas eran para sir Alexander una obsesión, puesto que también habría dicho: *Si la penicilina puede curar a los enfermos, el vino puede resucitar a los muertos.* (Muy historia).

35 - Maldad intolerable

La tolerancia es un crimen —dijo **Thomas Mann**—, *cuando lo que se tolera es la maldad.* (akifrases.com/autor/thomas-mann). Como corolario añadiría yo que la Iglesia católica ha sido siempre muy tolerante... con sus propios errores. Y también con las orgías sexuales y los asesinatos premeditados de algunos de sus líderes los papas. Thomas Mann (1875-1955) fue un estadounidense de origen alemán, premiado con el Nobel de literatura por haber escrito muy buenos libros, como por ejemplo La montaña mágica. Y es también el autor de las siguientes acertadas palabras sobre lo que Dios no puede ni dar ni inspirar: *Los sentimientos de "amor y temor de Dios" no tienen su origen en Dios, sino en los seres humanos. Son sentimientos de frustración dirigidos por el hombre a un ser imaginario que pretende sea su padre.* ob. cit.

Y una frasecita suya más, aunque no tenga nada que ver con la religión (quizá sí, a veces): *La guerra es una huida cobarde de los problemas de la paz.* ob cit

36 - Saber demasiado es peligroso

El gran **Nelson Mandela** (1918-2013) solía decir: *La educación y la enseñanza son las armas más poderosas que puedes usar para cambiar el mundo.* (aprendiendoparaenseñar.com.

La Iglesia católica siempre ha opinado lo mismo y por eso durante siglos, temerosa de que el mundo cambiara a mejor, impidió que el pueblo tuviera acceso a la enseñanza, salvo la suya, la que se suele llamar "religiosa", siempre pesadamente antiprogresista.

Me quedan por citar dos frases de Nelson, aunque no tengan nada o muy poco que ver con la religión: *Me gustan los amigos que tienen pensamientos independientes porque suelen hacerte ver los problemas desde todos los ángulos.* (Muy historia). Y también muy acertado... ¡Ojalá los creyentes de todas las religiones opinaran lo mismo! A mí me gustó todo lo que hizo y dijo Nelson a lo largo de su larga, complicada y apasionante vida. Ahora viene la última, cortita pero convincente: *El resentimiento es como beber veneno y esperar que mate a tus enemigos.* (lifeder.com/100frases-de-nelson-mandela).

37 - Castiguito original

Jean Paul Sartre (1905-1980) fue un escritor escéptico y un activista político parisino. Premiado con el Nobel de literatura en 1964, lo rechazó... Al morir nos dejó, entre muchas otras, esta cuestionable opinión que en seguida voy a despedazar: *El hombre nace libre, responsable y sin excusas.* (hellodf.com/el-hombre-nace-libre/).

Pues, no. Un animal no domesticado puede nacer libre, pero no un ser humano. Este hablará el idioma de su país, con el acento de su región; sus padres le inculcarán sus creencias y sus prejuicios antes de que su mente sea capaz de discernir la fantasía de la realidad. Si son católicos, lo llevarán a misa; si son musulmanes, a la mezquita; y si son judíos, a la sinagoga... Y si el hijo manifiesta su deseo de alejarse de la religión, se asombrarán, se enfadarán, lo presionarán para que no lo haga y si persiste en su intención lo castigarán, cada cual a su manera y siempre por su propio bien. Creer y escribir que nacemos libres es una grave equivocación; enseñarlo, una falacia... Tampoco somos responsables, como pretendió Sartre, de lo que piensen, crean y decidan enseñarnos nuestros padres, ni de que existan religiones y dogmas que no aportan nada positivo a la sociedad y lo entorpecen todo. Por los mismos motivos, el ser humano que al nacer cae en manos de unos padres, familiares y profesores que solo piensan en inculcarle lo que ellos creen, excusas sí que tiene... A diferencia de Sartre, el médico suizo **Carl Ju**ng (1875-1961) no se equivocó cuando dijo: *Todos nacemos originales y morimos copias.* (sabidurias.com/citas.es/4604/carl...todos-nacemos-originales).

Lástima que Sartre lleve tanto tiempo muerto. Me habría gustado que leyera lo que acabo de escribir, que además de reflejar exactamente lo que pienso es también una vengancita póstuma mía. Es que en 1971 envié a Sartre, y también al ministro del Medio Ambiente, que en aquella época era el señor **Poujol** (siento no poder recordar su nombre de pila), un libro mío, redactado en francés y tratando de la responsabilidad de cada uno en el mantenimiento de la limpieza de nuestro entorno natural. Recibí del ministro una respuesta rápida y amable, de su puño y letra hasta en el sobre. Pero Sartre no tuvo la cortesía de contestarme, ni siquiera para decirme, por ejemplo, que mi estilo no le gustaba o que en mi texto había colocado datos equivocados...

38 - El Sol invicto

Akenaton tenía razón: el Sol era y sigue siendo un dios, puesto que hizo posible la vida en la Tierra. Además es un dios visible, eficiente, imprescindible y justo, del que todos los seres humanos, los animales y los vegetales podemos disfrutar por igual. Fue precisamente lo que causó su rechazo: no necesitaba ni profetas ni sacerdotes.

El culto al Sol no es exento de peligros, porque una vez admitido que es un dios, sí que necesita sacerdotes, y también un ritual lo más complicado posible, de manera que el pueblo no pueda entenderlo perfectamente. Es que, como advirtió el escritor inglés **John Morlay** (1838-1923), *Donde es un deber adorar el sol, es bastante seguro que sea un crimen investigar la ley del calor.* (ateismo.ws [Ateos de México]).

George Carlin (1937-2008), un comediante estadounidense un tanto bromista, adoraba el Sol y nos explica por qué: *A diferencia de algunos dioses que podría mencionar, puedo ver el Sol. Está ahí para mí cada día. Y las cosas que me provee son bastante aparentes todo el tiempo: calor, luz. comida, un día hermoso. No hay misterio, nadie pide dinero, no tengo que vestirme bien, y no hay un despliegue de ostentación aburrido.* (lapulgabionica.wordpress.com2012/george-carlin-)

Me agrada añadir a la mía la cita de George —el hombre que en una ocasión declaró también que *nadar es solo una forma de no ahogarse*. Aunque la suya parece una broma y en la mía yo hablo en serio, ambas se añaden mutuamente peso para recordar a este gran ignorado que es nuestro Sol. A pesar de la deslumbrante evidencia de que sin el Sol no existiríamos, se descartó para colocar en su lugar seres imaginados, que por fortuna no se pueden confundir con ninguna criatura real porque no son ni visibles ni detectables.

¿Y cómo nacieron los otros dioses, los que se esconden y solo sirven para sembrar la discordia entre los hombres? Probablemente de muy diversas formas. La más plausible es que la gente primitiva se asustara ante un fenómeno natural que no entendía. Entonces un sujeto listo proclamaba que esto lo causaba un dios enfadado y que él podía apaciguarlo. Así nacieron y se hicieron fuertes los primeros representantes visibles de los siempre ocultos y necesariamente enigmáticos dioses.

39 - No culpable

Al Dios que apareció con Moisés al comienzo del Éxodo y, según lo que se cuenta, desde arriba gobernó a los hijos de Israel por la voz de sus líderes y de sus profetas a lo largo de casi todos los libros del Antiguo Testamento, se le acusa de ser un déspota orgulloso, cruel, celoso, iracundo injusto y, para colmo, ignorante. Se cree que fomentó la masacre de los primogénitos egipcios; que prometió a los israelitas una tierra ya ocupada por gente pacífica que no se debía expulsar, sino exterminar; que dio a Josué la orden de mutilar indefensos caballos y a Moisés la de empalar a los jefes de tribus, en Peor; y muchas barbaridades más... Además exigía, para aplacar su ira crónica y destructora, sacrificios continuos de reses sin defecto, que se debían achicharrar hasta reducirlas a cenizas, sin provecho para nadie.

Creer que Dios fue responsable de los disparates y de las atrocidades que se narran en la Biblia es un error. Decirlo, proclamarlo y enseñarlo es difamación. Ahora que hemos entrado en el siglo XXI, cada vez más personas saben o intuyen que Dios es inocente, puesto que tiene una coartada innegable: Él nunca estuvo ahí. Es más: Se sospecha que nunca estuvo en ninguna parte.

Los autores de la Biblia no han hecho más que ridiculizar al dios por ellos inventado. Vemos cómo lo difaman, lo envilecen, lo convierten en asesino, en loco de atar. [...] Por otra parte, hay que dar al dios judío la palma del asesinato, pues supera a todos los dioses conocidos en cuanto al arte de organizar masacres. **Maître Simon**, <u>Paseo humorístico a través de las religiones.</u>

Cuando se empezó a redactar los primeros libros del Viejo Testamento, posiblemente bajo el reinado de Josías o quizá todavía más tarde, cuando Esdras hubo regresado del exilio, era fácil matar a una o a varias personas y alegar que Dios lo había ordenado. Se podía incluso cometer un crimen y convencer a la gente de que se trataba de un castigo de Dios llevado a cabo por Él mismo, como en los ejemplos siguientes:

Con el paso del tiempo los hijos de Judá crecieron y él escogió para Er, su hijo mayor, a una mujer llamada Tamar. Er era un chico formal, que no había hecho nada malo. No obstante *desagradaba al Señor, y el Señor lo hizo morir* (Gén 38,7).

Para cumplir con la ley, Onán, el segundo hijo de Judá, aunque todavía muy joven tuvo que casarse con Tamar, la viuda de su hermano supuestamente ejecutado por el Señor. *Pero Onán cuando cohabitaba con la viuda de su hermano, derramaba por tierra para no dejar descendencia a su hermano. Desagradó al Señor lo que hacía y lo hizo morir también* (Gén 38,9).

Así de sencillo. Matas a dos hombres indefensos porque uno no te gusta y el otro se masturba. Luego haces correr la voz de que desagradaron al Señor y que Él los hizo morir. Y eso, ¿quién se lo va a creer? Dios no habría hecho la vista gorda cuando los hermanos de Judá masacraron a mansalva a la gente de Siquén, para después castigar con la muerte a dos muchachos, ambos hijos de Judá, simplemente porque no le caían bien.

Onán, aunque no quiso engendrar a ningún hijo con su cuñada y murió poco después, llegó a ser padre, no de alguien, sino de algo. De él nacieron y perduraron hasta nuestros días las palabras "onanista" y "onanismo".

Otro "crimen disfrazado" ocurrió cuando el rey David decidió que el Arca sería trasladada a Jerusalén. La pusieron en un carro nuevo conducido por Uzá y Ajió. Durante el recorrido, al pasar por un camino en mal estado, el Arca se tambaleó y Uzá la agarró, impidiendo así que cayera al suelo.

Se encendió, entonces, la cólera del Señor contra Uzá, y lo hirió allí mismo por su temeridad. Y allí murió, junto al Arca de Dios (2Sam 6,7).

¿Pero de qué temeridad se está hablando? No hubo ni temeridad, ni intención alguna. Hubo un movimiento brusco, involuntario e incontenible, es decir un puro reflejo del que alguien se aprovechó para cometer un crimen premeditado. Si no hubiera habido baches en el camino, el asesino habría dado un empujón a Uzá para obligarlo a tocar el Arca.

Como faltaba un conductor, David tomó la decisión de dejar el Arca en casa de Obededón, en Gat, una ciudad que había pertenecido a los filisteos. Durante su estancia con la familia Obededón, que duró unos tres meses, con el viento seco que venía del sur pasando por el desierto del Negueb el Arca se cubrió de polvo, y la señora Obededón tuvo que limpiarla varias veces con un paño de lino húmedo. A ella no le pasó nada. Al contrario: *el Señor bendijo a Obededón y a toda su casa* (2Sam 6,11).

También los filisteos, que no eran en absoluto "sacerdotes del Señor", tuvieron que tocar y manipular el Arca repetidas veces, para apoderarse de Ella, llevársela como trofeo de guerra y al cabo de algunos meses devolvérsela en perfecto estado y limpia a los israelitas.

Aunque los filisteos eran los peores enemigos de Israel, ninguno de ellos fue "castigado por su temeridad". Entonces, ¿Quién fue el hijo de puta que apuñaló a Uzá por detrás?

Regresemos ahora hasta el libro de los Números, donde se cuenta que mientras iban caminando hacia el golfo de Acaba, los Israelitas se lamentaban y se quejaban. Todos a Moisés le decían lo mismo: *¿Por qué nos has sacado de Egipto para morir en el desierto? No tenemos ni pan ni agua, y nos da nauseas ese maná sin sustancia* (Núm 21,5).

Moisés y Aarón no sabían qué contestar, pero el Señor oyó las quejas de su querido pueblo escogido. Siempre complaciente, *envió contra el pueblo serpientes abrasadoras, que los mordían y murieron muchos hijos de Israel (Núm 21,6).*

Los sobrevivientes le suplicaron a Moisés para que hiciera algo. Como él no quería perder más hombres porque los necesitaba para sus conquistas en Transjordania, fabricó una serpiente de bronce y la colocó en un lugar elevado. *Cuando una serpiente mordía a alguien, este miraba a la serpiente de bronce y salvaba la vida* (Núm 21,9).

Naturalmente, ningún israelita adulto fue lo bastante estúpido para creer que aquellas serpientes eran un regalo envenenado que Dios les enviaba desde el cielo, como castigo por haber osado quejarse. ¿De dónde las habría sacado? Las serpientes no se crían en las nubes, pero en la arena de los desiertos no demasiado desérticos, con numerosas matas de arbustillos y hierba seca, pueden llegar a ser abundantes. (Comentario tomado de mi libro Sonrisas bíblicas, una parodia del A.T. publicada en Argentina en 2013, y ahora aumentada, revisada, menos bondadosa y lista para ser publicada (o compartida) con el nuevo título Dios no es malo.

Estos tres versículos del Libro bíblico de los Números, aquí contextualizados en un capítulo que en el texto original lleva como título "Ofidios", son una prueba de que el dios que gastó a los israelitas tan diabólica broma no puede ser ni bueno ni justo. También son una evidencia de que los hombres, cuando decidan crear dioses, rara vez resisten a la tentación de hacerlos actuar como actuarían ellos mismos en idénticas circunstancias.

40 - Del bonobo al mitólogo

En la breve presentación de este texto, Christopher Hitchens informa al lector, aunque indirectamente, que el autor ha sido creyente: *Fue un día negro para el cristianismo fundamentalista aquel en que Michael Shermer dejó de intentar creer en lo imposible y se convirtió a la razón.*

El "Génesis según Shermer" arranca justo antes de la aparición de los primeros seres humanos: *Y Dios creó a los póngidos y los homínidos con una similitud genética de 98 por ciento, y a dos de ellos los nombró Adán y Eva. En un capítulo del libro donde Dios explicó cómo hizo todo esto, dijo que creó del polvo a Adán y a Eva al mismo tiempo, pero en otro capítulo dijo que primero creó a Adán y después creó a*

Eva con una de las costillas de Adán. Como esto produjo confusión en el valle de la sombra de la duda, Dios creó a los teólogos para que lo entendiesen. Y distribuyó abundantemente por el suelo dientes, mandíbulas, cráneos y pelvis de fósiles transicionales de criaturas preadamitas. A una, elegida como creación especial, la nombró Lucy; podía caminar erguida como los humanos, pero tenía el cerebro pequeño, como los monos. Y como Dios se dio cuenta de que también esto era confuso, creó a los paleontólogos para que lo entendiesen.

Justo cuando ataba los cabos sueltos de la creación, Dios se dio cuenta de que los descendientes inmediatos de Adán no comprenderían la cosmología inflacionaria, la relatividad general global, la mecánica cuántica, la astrofísica, la bioquímica, la paleontología y la biología evolutiva, de modo que creó los mitos de la creación. Pero había en el mundo tantas historias de la creación, que Dios se dio cuenta de que esto también era confuso, y creó a los antropólogos y a los mitólogos. (**Michael Shermer**, <u>Volviendo sobre el Génesis</u>. Citado por Christopher Hitchens en <u>Dios no existe</u>).

Michael Shermer (1954) es un escritor e historiador estadounidense. Es fundador de la *Skeptics Society* y autor del libro <u>Por qué creemos en cosas raras</u>, que recomiendo aunque por falta de tiempo todavía no lo he leído. Como yo y todas las personas que leyeron la Biblia sin saltarse el primer capítulo, Michael notó y señaló que en el primer relato de la creación Eva y Adán nacen juntos e iguales. Es una lástima que no señaló también que la Iglesia, al decantarse por un relato posterior y, además, maligno, cometió una infamia...

41 - Joya escondida (Charla entre amigos)
—¿Hay algo peor que la Biblia? —pregunta alguien a un compañero suyo, quien ha leído de cabo a rabo el (santo) libro.
—Sí, lo que en ella se cuenta.
—Y ¿hay algo peor que lo que se cuenta en la Biblia?
—Sí, creérselo.
—Y ¿Hay algo peor que creerse lo que se cuenta en la Biblia?
—Sí, odiar a los que no se lo creen.
—Y ¿Hay algo bueno o bonito en la Biblia?

—Sí, desde luego. En el Nuevo Testamento, algunas palabras atribuidas a Jesús tienen sentido. La escena de la mujer adúltera, a la que el hombre sin pecado debía tirar la primera piedra, había sido bien pensada. En cambio, lo de maldecir la higuera porque no llevaba frutas en invierno fue una sonada estupidez; y otra el hecho de sacar demonios de una persona para colocarlos en unos cerdos, que luego acabarían todos en un espectacular suicidio colectivo. Además, aquel presunto "hijo de Dios" creía de veras que los demonios podían establecer su residencia en el cuerpo de los hombres y de los animales...

—¿Y qué opinas tú del "Sermón de la montaña"?

—Es una bonita pieza de literatura bíblica, pero con un trasfondo sospechoso, quizá incluso maquiavélico. Jesús consideraba afortunados —él dijo *bienaventurados*— a los que sufren, lloran, pasan hambre... O son perseguidos, calumniados, explotados, esclavizados, pisoteados... O están enfermos, malheridos, moribundos... Sin embargo son afortunados porque, según la naturaleza y la magnitud de su infortunio, en el Cielo serán consolados, saciados, curados; verán a Dios o serán llamados "hijos de Dios". ¿No es esto una hermosa compensación por toda una vida de pobreza, de miseria y de sufrimiento?

—No, desde luego. Y en el Antiguo Testamento, ¿hay algo bueno?

—Sí, hay algo bueno y bonito, algo que mencioné en otro libro como *una joya depositada entre dos montañas de estiércol*. Es la historia de una viuda y de sus dos nueras, que ilumina algunos versículos de aquella tenebrosa y sanguinaria obra. Rut —en algunas biblias prefieren la ortografía "Ruth"—, como Judit y Ester, tiene su propio "libro", en la Biblia de Jerusalén de tan solo cuatro páginas ocultas entre los Jueces y el Libro Primero de Samuel.

En el pequeño libro de Rut, no hay guerras, no hay masacres, no hay maldad, no hay hipocresía, ni siquiera hay disputas o riñas. La historia se puede resumir en unas pocas palabras: En una época de gran sequía y de hambruna, un matrimonio con dos hijos parte de Belén de Judá para ir a vivir a Moab, al este del mar Muerto. La esposa, Noemí, se queda inesperadamente viuda. Sus hijos se casan con moabitas, pero al cabo de diez años ambos han muerto, probablemente víctimas de la misma enfermedad hereditaria que mató al padre. Entonces Noemí toma la decisión de volver a Belén. Sus dos nueras,

Orfá y Rut, lloran y no quieren separarse de ella. Noemí consigue que Orfá vaya a reunirse con sus padres, pero Rut se obstina en seguirla, y de su obstinación surge lo que yo considero como el único versículo verdaderamente bello y enternecedor de todo el Viejo Testamento. En realidad, son dos y así rezan:

No insistas en que vuelva y te abandone.
iré adonde tú vayas,
viviré donde tú vivas;
tu pueblo será mi pueblo
y tu Dios será mi Dios;
moriré donde tú mueras,
y allí me enterrarán (Rut 1, 16-17).

Esto es lo que se puede leer en la Biblia de la Conferencia Episcopal Española. En la Biblia de Jerusalén, la inversión entre verbos y pronombres resta elegancia a los versos.

—Me gustaría conocer mejor la Biblia, pero es un libro enorme y complicado. ¿Qué me aconsejas para que pueda hacerme una idea general sobre la obra sin tener que leerla toda?

—Al creyente que como tú se encuentra en vías de liberación, le aconsejo que intente leer los seis primeros libros del Antiguo Testamento: Génesis, Éxodo, Levítico, Números, Deuteronomio y Josué. Pero si a ti te queda tiempo, puedes también echar un vistazo a las dos o tres primeras páginas del Libro de Job. En estas páginas se esconde una amistosa plática, en presencia de los hijos de Dios, entre su padre (Dios) y el mismísimo Satán, que regresaba de dar vueltas por la Tierra. Se debe entender, aunque no se especifica, que aquella vuelta al mundo la hicieron juntos, Satán y sus amigos los hijos de Dios, y también que ellos sabían muy bien que la Tierra no era ni plana ni fija. Pero ¡atención! Tú debes asumir el riesgo de perder la fe en el intento.

—Lo asumo. Pero, pareces muy seguro de ti. ¿Crees realmente que va a surtir efecto?

—Sí, porque el texto de estos libros, ingerido por pequeñas dosis diarias y durante todo el tiempo necesario para digerirlo bien, es el antídoto más eficaz contra todo tipo de intoxicación religiosa, aunque no suele surtir efecto en los casos desesperados.

42 - No es justo

La Iglesia se aprovecha cuantiosamente, para sus viajes y su propaganda, de los inventos cuyos autores habría torturado y luego asado con mucho gusto en la hoguera, si por desgracia para ellos hubieran nacido algunos siglos antes.

En nombre de todos los desgraciados que la Iglesia persiguió, torturó y quemó por el crimen de haber descubierto e intentado divulgar algo nuevo que pudiera ayudar al pueblo a vivir mejor, se debería cortar el suministro de electricidad al Vaticano durante al menos una semana. Además, sería preciso prohibir el uso de generadores, baterías, paneles solares, pilas y cualquier otro tipo de artefacto "diabólico" capaz de producir electricidad...Y que ellos se alumbren con velas o se queden en la oscuridad, sin televisión ni ordenadores ni climatización, rezando al Señor para que Él mismo les devuelva la luz.

43 - La tortuga y las sanguijuelas

Los ateos también pueden equivocarse, aunque sin graves consecuencias. No hace falta ser un gran zoólogo para advertir que en la definición de la palabra "apóstata", vista en el Diccionario del diablo, de **Ambrose Bierce** (1842-1914), hay algo muy extraño: *Apóstata: Sanguijuela que tras penetrar en el caparazón de una tortuga y descubrir que hace mucho que está muerta, juzga oportuno adherirse a una nueva tortuga.*

Por supuesto las sanguijuelas no suelen y no pueden penetrar en el caparazón de las tortugas, ni siquiera en la piel humana. Con adherirse a ella y chuparnos la sangre les basta para encontrarse a gusto y no pasar hambre. Ambrose lo hizo mejor con el verbo rezar. Según él: *Es pedir que las leyes del universo sean anuladas en beneficio de un solo peticionario.*

44 - Por defecto

A **Luis Buñuel** (1900-1983) le aburrían los ateos *"porque siempre están hablando de Dios"* —solía decir—. No se había dado cuenta de que ni siquiera hace falta que estén hablando, porque a "Dios" lo tienen en negativo en la palabra "ateo", que significa "sin Dios", o "sin dioses". Yo digo a mis amigos que si soy librepensador, y no ateo, es para no tener que utilizar un término que lleve incluida la palabra que no le gustaba a Bruñel.

Suele ocurrir, aunque no muy a menudo, que alguien no se conforme con mi afirmación o no la tome en serio. Entonces, si tengo ganas de bromear y si me sobra tiempo, le digo que prefiero ser encasillado como "librepensador" para así diferenciarme de las otras personas, puesto que todos, creyentes, agnósticos y escépticos, nos guste o no somos ateos. Como mi interlocutor no lo entiende, se lo explico:

—Como ya he recordado un poco más alto, la palabra "Ateo" no significa "sin religión", ni "sin creer en Dios". Significa literalmente "sin Dios", del mismo modo que áptero significa "sin alas" y "ápodo" sin patas ¿Y quién puede jactarse sin mentir de haber visto a Dios y de ser capaz de describirlo? Haga lo que haga, diga lo que diga y aunque se pase todo el día rezando, el creyente se quedará sin Dios. Será ateo por defecto.

—Quizá, pero puede al menos creer en Él —replica mi interlocutor.

—Sí, puede, pero sin nunca llegar a saber exactamente en qué cree. Puede creer lo que le dice un amigo, aunque sea una mentira; puede creer también que el día siguiente lloverá, porque tanto la lluvia como la mentira son cosas reales, mientras que el dios de los cristianos es por definición inmaterial, inescrutable e incognoscible. Por lo tanto un creyente tan solo puede creer, ciegamente ya que cualquier comprobación es imposible, lo que de niño le han metido en la cabeza sus padres, sus familiares, el cura, el pastor, el imán o cualquier otra respetable y respetada autoridad religiosa.

45 - Carencia irremediable

¿Quién dijo que en el Antiguo Testamento no hay humor?

De **Jesús ben Sira** (siglo I a.C.), el único autor de un libro bíblico que firmó su obra, he recogido esta pequeña perla: *Eunuco empeñado en desflorar a una doncella, así es el que impone la justicia por la fuerza* (Ecl 20,4).

Aunque quizá no lo parezca, esta comparación de ben Sira es muy tonta. Es obvio que si el eunuco no puede desflorar a la chica, es porque le falta el desflorador; pero al juez que impone la justicia por la fuerza, ¿qué le falta?

46 - Mentira sin tapujos

Como todos sabemos, según lo que se cuenta en el <u>Libro de Josué</u> el pueblo hebreo se apoderó de la mayor parte de Cisjordania, "la tierra prometida", después de haber consagrado al exterminio a todos sus ocupantes. Esto significa que se eliminó a los hombres, a las mujeres, a los niños y todos los animales, salvo los que pudieron huir volando, como las palomas que no estaban enjauladas, las golondrinas y los murciélagos. Sin embargo, en al menos una Biblia, al final del último de los comentarios de pie de página del ya citado Libro de Josué, aparecen las siguientes palabras: *Ahí estaba la tierra prometida, entregada por el Señor a Israel, repartida entre las tribus y poseída pacíficamente.* (Biblia de la Conferencia Episcopal Española, edición de 2010). Sí señor, pacíficamente... Increíble ¿verdad?

Esta asombrosa mentira se halla en la página 337 de la Biblia señalada. Aunque según muchos arqueólogos e historiadores modernos no hubo ni éxodo masivo ni aniquilación de los cananeos, para los autores anónimos del Pentateuco sí los hubo. Negarlos después de haberlos narrados con macabros detalles no tiene sentido, a no ser que se trate de un estúpido intento de engañar al creyente confiado.

Es de sospechar, pero difícil de admitir, que el autor anónimo de esta engañosa afirmación nunca se ha tomado la molestia de leer el Libro de Josué. Lo más extraño es que no pretende resumir en unas pocas palabras lo que en ese libro se narra, sino más bien exactamente el contrario. Hagamos un intento de rectificación: "Ahí estaba la tierra codiciada, arrasada y purgada de sus habitantes por Israel, repartida entre las tribus y poseída sangrientamente".

Que el lector curioso lea el Libro de Josué, al menos a partir de **Jos 6,13** (la conquista de Jericó), hasta **Jos 13,1** (reparto de la tierra), y luego decida cuál de las dos versiones le parece más conveniente. Se debe tener en cuenta que el comentario mentiroso citado más alto aparece en la edición de 2010 de la Biblia indicada, y que pudo haber sido modificado o eliminado en ediciones posteriores, y no figurar en ediciones anteriores.

47 - Condenación

Dios, el presunto "padre", en el Nuevo Testamento pasa a un segundo plano. En esa obra toda la atención queda centrada en Jesús, un hombre de carne y hueso... Si este un par de veces dijo que era hijo de Dios —lo que no se puede ni afirmar ni negar—, fue seguramente para bromear o impresionar a sus seguidores. Es que incluso si se admite que existe en algún recóndito lugar del espacio un dios que queda oculto porque no desea que lo conozcamos, no habría podido de ningún modo engendrar a un hombre, ni siquiera con la ayuda de otro espíritu igualmente invisible. Aquello, como ya se ha dicho en otra ocasión, las leyes de la Genética no lo habrían permitido. Además, la existencia de Jesús como personaje histórico nunca ha sido confirmada por los historiadores de la época.

Los judíos esperaban a un líder físico, no a un ser espiritual, y todavía menos a un "hijo de Dios". Para ellos, Jesús era un impostor, que según sus leyes se debía castigar con la muerte. Esto lo proclamó abiertamente el judío y filósofo español **Maimónides** (1135-1204), que tuvo luego que huir de España para ir a vivir en Alejandría. *Describió el castigo del detestable hereje Nazareno como uno de los mayores logros de los padres judíos. Insistía en que jamás se mencionara el nombre de Jesús a menos que fuera acompañado de una maldición, y proclamó que estaba condenado a hervir en heces durante toda la eternidad.* ¡Qué gran católico habría sido Maimónides! Christopher Hitchens, Dios no es bueno.

No obstante, pedir a los romanos que crucificaran a Jesús fue una lamentable equivocación. Si los líderes y los sacerdotes judíos lo hubieran dejado morirse de viejo, la religión católica nunca habría llegado a existir y se habría ahorrado centenares de miles de muertes, la destrucción de irreemplazables obras literarias y arquitectónicas y al menos un milenio y medio de estancamiento cultural.

48 - Locuras

No dejarás con vida a la hechicera (Éxodo 22,17 Biblia de Jerusalén).

Estas siete palabras, casi idénticas en todas las biblias, constituyen por sí solas todo un versículo. Un maldito versículo.

La Inquisición fue creada para combatir las herejías, cuando la Iglesia todavía no se tomaba en serio la existencia de las brujas. Luego se rumoreó que algunas personas, hombres y sobre todo mujeres, abandonaban a Dios para seguir al diablo, mucho más generoso para conceder favores, como la facultad de volar o el poder de vengarse de los enemigos sin tener que acercarse a ellos. Entonces la Iglesia decidió tomar cartas en el asunto: decretó que se debía interpretar literalmente el famoso versículo, instituyó leyes contra la brujería, nombró jueces y... empezó la fiesta.

Entonces apareció el Malleus Maleficarum.

El Malleus Maleficarum (martillo de las brujas) es probablemente el tratado más importante que se haya publicado en el contexto de la persecución de brujas y la historia brujeril del Renacimiento. Es un exhaustivo libro sobre la caza de brujas, que luego de ser publicado primero en Alemania en 1487, tuvo docenas de nuevas ediciones, se difundió por Europa y tuvo un profundo impacto en los juicios contra las brujas en el continente por cerca de 200 años. Esta obra es notoria por su uso en el periodo de la histeria por la caza de brujas, que alcanzó su máxima expresión desde mediados del siglo XVI hasta mediados del XVII. (Wikipedia.org/wiki/malleus-maleficarum).

Los dominicos alemanes **Heinrich Kramer** y **Jacob Sprenger** fueron los autores del Malleus, que gracias al invento de la imprenta por otro alemán, **Gutenberg** (1397-1468), no tardó en difundirse por todo el mundo cristiano. Fue traducido a numerosos idiomas, incluyendo el español. Durante décadas fue uno de los libros más vendidos.

En la introducción, se afirma que las brujas y los brujos son una realidad y que *Mantener la opinión contraria tiene un manifiesto sabor a herejía.*

Se insiste en que lo que busca el demonio en su trato con las brujas y los brujos es pervertirlos y apoderarse de su alma.

Se debate el problema de los íncubos y de los súcubos, unos demonios respectivamente machos y hembras y siempre atractivos, que se unen sexualmente a los humanos. ¿Pueden o no engendrar híbridos? La respuesta no es muy clara. Se opina que podría ocurrir, pero únicamente si esos demonios usaran semen tomado prestado o robado a los hombres. En tal caso, no serían híbridos...

Se enumeran los diferentes tipos de brujería sacando a relucir los datos, considerados muy fiables, que se obtenían de los acusados (y torturados) en los procesos inquisitoriales.

Se explican los métodos utilizados para detectar, enjuiciar, culpabilizar, sentenciar y ejecutar a las personas sospechosas.

Se insiste en que la tortura es normal y necesaria para conseguir que el reo reconozca su falta. Y es aquí donde la más despiadada crueldad bordea la más aplastante lógica, ya que es evidente que si al acusado no le hacen daño, será siempre inocente, mientras que si se le aplica la tortura será culpable en todos los casos. A veces, una ojeada a los espantosos artilugios que entonces se usaban para el oficio bastaba para hacer de un inocente un culpable de cualquier delito.

En el Malleus se sostiene que el rumor público es suficiente para que alguien sea perseguido, apresado y acusado de brujería.

Se advierte que una defensa demasiado sabia del acusado se debe considerar como una señal de que el defensor esta embrujado. Pero se señala que los investigadores están protegidos —¡cómo no!— contra los poderes de las brujas y de los brujos. Finalmente, se recuerda que varios sacerdotes fueron perseguidos por herejía, por haber negado que las brujas pudieran volar y metamorfosearse en un animal, por ejemplo en un gato.

Con el Malleus en mano y con la garantía del aliento del papa, empezaron a surgir inquisidores por toda Europa. Rápidamente se convirtió en un provechoso fraude. Todos los costes de la investigación, juicio y ejecución recaían sobre los acusados o sus familias, hasta las dietas de los detectives privados contratados para espiar a la bruja potencial, el vino para los centinelas, los banquetes para los jueces [...], y los haces de leña, el alquitrán y la cuerda del verdugo. Además, cada miembro del tribunal tenía una gratificación por bruja quemada. El resto de las propiedades de la bruja condenada, si las había. se dividían entre la Iglesia y el Estado. (**Carl Sagan** [1934-1996], <u>El mundo y sus demonios</u>

A continuación viene lo peor, en mi opinión, del <u>Martillo de las brujas</u>:

Los inquisidores son infalibles y puros. Sí, claro, pero si uno de ellos empieza a apiadarse de sus víctimas, pierde su infalibilidad y su pureza. Se vuelve un traidor y un hereje, que se debe procesar y castigar.

La condena es una prueba suficiente de culpabilidad. ¡Vaya mentalidad la de aquellos puñeteros dominicos!

Cualquier cosa que se salga de lo usual resulta sospechosa. Eso podía ser peligroso para quien quisiera fabricar un objeto inusual, a no ser que el inventor alegara que quizá se pudiera utilizar para la tortura...

*Los demonios son ángeles caídos del cielo; no hay dos de la misma especie (*sic).

Entre el demonio y la bruja existe un pacto expreso. Y eso ¿cómo se pudo saber?

El maleficio es causado por el demonio y la bruja, con la permisión divina. Con la permisión de Dios...Entonces ¿dónde está el pecado?

Dios permite, sin quererlo, que el mal exista, para lograr la perfección del universo. ¡Comprenda quien pueda!

Todas las acciones de las brujas, aunque en sí sean buenas, deben ser consideradas malas. Es que la divina injusticia no tiene límites...

Las brujas pueden producir tempestades, herir a los hombres, causar heridas pinchando una imagen, provocar esterilidad, devorar niños... Si hubieran sido tan poderosas y agresivas como se dice, muy pocas habrían acabado en la hoguera. Después de todo debía de ser más fácil escapar de la Inquisición, por ejemplo volando, que provocar una tempestad o herir a una persona pinchando un retrato suyo.

La desaparición del pene como obra de las brujas es una ilusión engañosa. ¿Una ilusión? Entonces, no desaparece...

Los castigos corporales no siguen siempre la culpa, sino que recaen tanto sobre los pecadores como sobre los no pecadores. Esto es verdaderamente increíble. ¡Ojalá hubieran caído más bien sobre los inquisidores y los verdugos!

Y para las personas caritativas, una última advertencia: *Los pasto-res y prelados que no se opongan con todas sus fuerzas a la brujería deben ser juzgados y sancionados como herejes.* (<u>Malleus Maleficarum,</u> edición Orion).

Durante la gran caza *de brujas en Europa, decenas de miles de personas fueron detenidas, interrogadas, sometidas a tortura y mu-chas de ellas ejecutadas con atroces tormentos por delitos inven-tados por sus acusadores y jueces. Lo que sabemos de las brujas medievales y renacentistas es lo que nos relatan las actas de los procesos: una mezcla de alucinaciones y truculencias ordenadas de acuerdo con un guión maniático y reiterativo. Las brujas eran acusadas de dos delitos interrelacionados: la práctica de maleficios y el pacto con el diablo. Este segundo traía aparejado tres actos más que eran considerados pruebas del delito: el vuelo nocturno, el canibalismo y la asistencia a las reuniones demoníacas: llamadas "sabbat", y "aquelarre" en el País Vasco.* (**Manuel Bear**, <u>Las brujas ¡vaya timo!</u> (Ed.Laetoli)

El jesuita y poeta alemán Friedrich von Spee (1591-1635) fue el primer eclesiástico de su tiempo en tener el valor de alzarse contra la Inquisición, en especial la inhumana, estúpida e ineficaz práctica de la tortura. En su libro *Cautio Criminalis* (Prudencia para los inquisi-dores), insiste en que la tortura no es solamente cruel, sino también casi siempre inútil, ya que lo normal es que el acusado no la pueda detener ni con la verdad, ni con mentiras. Y no existen inocentes que no lleguen a declararse culpables para hacer cesar la tortura. El mis-mo von Spee habría dicho, o quizá más bien escrito en su tratado: *Me avergüenza confesar que, sobre todo en Alemania, entre los católicos y entre el pueblo, existen increíbles supersticiones, que inciden más sobre las pobres mujeres. [...] Si un inquisidor tuviese al papa entre manos, con la tortura conseguiría que hasta él confesara ser un bru-jo.* (Jacopo Fo, ob. cit.).

Sin embargo, ningún testigo o acusador llegó a ver a una bruja pactar con el diablo, asistir a un aquelarre, devorar a un recién nacido, irse de paseo por la noche a horcajadas sobre una escoba voladora o matar a alguien clavando alfileres en su efigie. Si estas mujeres hubieran sido capaces de realizar tales hazañas, los inquisidores no lo habrían tenido tan fácil para detenerlas, torturarlas y quemarlas.

Todo había sido estructurado para que no se pudiera de ningún modo detener la maquinaria. Los mismos sacerdotes no podían oponerse sin exponerse a compartir la desdicha de los que quisieran socorrer. Se garantizaba la continuidad de la masacre mediante la tortura, que incitaba a denunciar cómplices. Como un inocente no puede tener cómplices, algunos los buscaban entre sus vecinos que menos les gustaban. Ellos a su vez serían torturados para conseguir más sospechosos de brujería. Era como una cadena sin fin. Cuando se tenía el primer eslabón, los siguientes se enganchaban unos a otros con diabólica facilidad, y la cadena continuaba alargándose e incluso reforzándose cuando se cosechaban varios cómplices a la vez. Y no servía para nada que un denunciador se retractara y dijera que se había equivocado: A él lo castigaban por falso testimonio, y el proceso contra el acusado seguía su curso como si no hubiera pasado nada.

Se implicaban a menudo en los casos de brujería a unos demonios atractivos y cachondos, tan irreales como el mismísimo Dios y sus ángeles, llamados íncubos y súcubos. Los íncubos eran demonios de sexo masculino y con la apariencia de un hombre joven y guapo. El equivalente femenino del íncubo era el súcubo, cuya semejanza con una mujer hermosa era tan perfecta que ningún hombre podía sospechar que se trataba de un demonio disfrazado. Si estos diablillos no se diferenciaban a simple vista de los seres humanos, ¿cómo la gente podía llegar a saber que eran íncubos y súcubos? La verdad es que nadie llegó nunca a saberlo, pero casi todo el mundo lo creía y algunas personas no dudaron en confesar, estimuladas por una sesión de tortura bien conducida, que habían fornicado con uno de ellos.

Ahora los brujos de ambos sexos, los aquelarres, los súcubos y los íncubos han dejado de ser creíbles. Eso nadie lo pone en duda. No obstante se continúa creyendo, a menudo a pies juntillas, en todos los cuentos de autores anónimos que han sido elegidos por la Iglesia para figurar en la Biblia. Entonces, amigos creyentes, ¿por qué no seguir creyendo también en la brujería y en los pactos con el diablo? No es algo más inverosímil que la creación divina del hombre o el amontonamiento en la pequeña arca de Noé de centenares de millones de bichos traídos en unos pocos días de todos los rincones del mundo.

49 - Imposible diluvio

Aunque Noé no habría tenido que cargar ningún pez en su embarcación, ni juguetones delfines, ni peligrosas orcas, ni los sesenta mil kilogramos de una pareja de ballenas azules, su empresa no dejaba de ser monumental, innecesaria, inapropiada para el fin perseguido y, además, radicalmente imposible de llevar a cabo.

Es que Noé no habría podido de ninguna manera reunir todos los animales que vivían en aquella época y siguen viviendo ahora, al menos las especies que todavía no se han extinguido. Pero supongamos que pudo encontrar, atrapar y embarcar una pareja de cada especie de los animales terrestres de un tamaño igual o superior al de un ratón, desde luego con la ayuda de Dios. Entonces, si las especies no recogidas perecieron ahogadas, ¿de dónde provienen los miles de millones de bichos de todos los tamaños que viven ahora con nosotros? ¿Hubo después del diluvio una nueva creación? ¡Desde luego que no! Esta posibilidad no se registró en la Biblia y sacarla a relucir sería una herejía. Pero existen otras, por ejemplo, se podría echar mano a la "teoría" de la Evolución... "¡De esto ni hablar! —gritan los creacionistas—, el Creador nunca contempló esta teoría diabólica". Yo sí, además tengo dos más, ambas susceptibles de dar a la cuestión un poco de empuje: O bien el diluvio tuvo lugar hace muchos millones de años, cuando vivían en la Tierra pocas especies y todas de pequeño tamaño, y, naturalmente, ningún ser humano; o bien debemos admitir que nunca hubo un diluvio universal, ni un hombre capaz de reunir millones de animales en una gran barcaza imposible de construir con los limitados medios de la época.

En realidad, cada uno de ambos postulados se puede considerar exacto, ya que no es excluyente del otro.

En primer lugar, es exacto que en un lejano pasado hubo en nuestro planeta no uno, sino varios "diluvios", todos más o menos cataclísmicos. Llovieron calamidades: cometas con su cargamento de agua de origen cósmico, cenizas volcánicas que oscurecían el cielo y congelaban la superficie de la Tierra, que también tenía que sufrir los estragos causados por lluvias repentinas de asteroides... Uno de estos fenómenos acabó con noventa y cinco por ciento de los seres vivos que entonces poblaban la Tierra. Dios nunca habría obtenido esta puntuación si su proyecto de ahogar a nuestros antepasados hubiera arrancado de verdad.

En segundo lugar, es también exacto que el diluvio bíblico es un cuento de origen estrictamente humano. Lo confirmaría, si fuera necesario, el hecho de que el autor anónimo de la fábula cometió la torpeza de asignar a su héroe Noé una edad no solo imposible, sino también ridícula. Así empieza la historia:

Cuando Noé iba a cumplir seiscientos años, Dios abrió el grifo y entonces: *Reventaron las fuentes del gran abismo y se abrieron las compuertas del cielo, y estuvo lloviendo sobre la tierra cuarenta días y cuarenta noches* (Gén 7,11-12). Luego se cuenta que el mismo día, después de que Dios hubiera abierto las celestiales compuertas, Noe entró en el arca con toda su familia y todos los animales. Desde luego, tuvieron que darse mucha prisa, porque ya había empezado a llover... *Aquel mismo día entró Noé en el arca con sus hijos, Sem, Cam y Jafet, su mujer y sus tres nueras; y con ellos toda clase de fieras, de ganados, de reptiles y de aves, según sus especies. Entraron con Noé en el arca parejas de todas las criaturas con aliento vital; de todas las criaturas entraron macho y hembra, como lo había mandado Dios. Y tras él cerró el Señor la puerta* (Gén 7, 13-16. ¡Qué puerta tan enorme debía de tener el arca, para que tantos animales pudieran entrar en ella en tan poco tiempo!

El diluvio duró cuarenta días sobre la Tierra, el agua creció y levantó el arca, que se alzó por encima de la tierra (Gén 7,17). Esto es lo que se cree, pero la verdad es que el arca de Noé no habría podido zarpar... Ni siquiera flotar "por encima de la tierra". Y el fracaso de la empresa no habría sido imputable a la construcción defectuosa de la nave, sino a la imperdonable ignorancia de Dios...

El autor desconocido de ese cuento del Génesis se equivocó: cuarenta días de lluvia persistente no causarían una inundación capaz de anegar toda la Tierra. Ni siquiera harían subir el nivel del mar en un solo centímetro. Al contrario, lo harían bajar. Es que en la actualidad el agua que cae sobre la Tierra proviene de las reservas que tenemos en la Tierra, no de otro planeta. Para que lloviera sin parar durante cuarenta días, el agua soltada por las nubes tendría que ser compensada continuamente por una intensa evaporación de la del mar, de los lagos, de los ríos, de las marismas y de la tierra empapada. Mientras tanto, el suelo y los cauces resecos de los desiertos se tragarían una enorme cantidad de este insustituible líquido, que tardaría años en reincorporarse al ciclo normal del agua: evaporación, condensación en nubes, precipitaciones y vuelta al mar, directamente o pasando por los ríos y los lagos. Elemental, querido Dios.

Para conseguir más agua, a Yahvé le quedaba la opción de derretir todos los glaciares del mundo. Pero aun así el nivel de los océanos habría quedado muy por debajo de los 5165 metros de la cumbre del monte Ararat, donde algunos testarudos siguen buscando vestigios del arca. Se ha calculado que el agua de los glaciares derretidos generaría una subida del nivel del mar de apenas 75 metros, lo que dejaría mucha tierra elevada y seca para la gente y los animales sobrevivientes.

Y si, a pesar de los pesares, Noé hubiera construido su arca y conseguido embarcar una pareja de cada uno de los animales que él conocía, ¿qué habría pasado con ella? Esto depende del lugar escogido para su construcción. Encontrándose cerca del mar, por ejemplo en una playa, al llegar de tierra adentro la primera ola del "tsunami inverso" causado por la intensa lluvia diluvial, podía ser empujada mar adentro y, con un poco de suerte... llegar a flotar. Construida a varios kilómetros de la costa, propulsada por la gigantesca torrentera habría ido a para también al océano, pero probablemente hecha pedazos y después de haber perdido en camino a todos sus ocupantes. En ambos casos, el arca tenía que acabar en el mar, porque ni siquiera los dioses pueden permitirse el lujo de bromear con la ley de la gravedad. Por la misma razón, lo que no podía hacer era subir volando hasta la cumbre de una gran montaña. A los que sueñan con encontrar algunos trozos de madera que se puedan considerar como vestigios del arca de Noé, me permito dar este consejo: "Olvídense de su equipo de alta montaña y cómprense otro, de buceo..."

50 - Convertirse o morir

Fuera de la Iglesia —proclamó la Iglesia cuando se hizo romana— *no hay salvación*. Y para dar más peso a su afirmación, a los que quisieran salir y a los que no querían entrar los mataba. Lo que no se podía matar, por lo menos se podía maldecir y prohibir, antes de tomar medidas más drásticas, como la aniquilación total. Fue lo que hizo con los juegos olímpicos, por considerarlos "paganos". Luego Olimpia y todos los templos de la región serían saqueados, y muchos de ellos destruidos.

Tuvieron que pasar unos diez y nueve siglos para que por fin resurgieran los juegos olímpicos, en abril de 1896, en Atenas. Desde luego no fue gracias a la dichosa Iglesia católica romana, responsable de su desaparición, sino al empeño y al dinero del barón francés **Pierre de Coubertin** (1863-1937).

51 - Sin remedio

Tarde o temprano los seres humanos nos extinguiremos, y yo apuesto lo que me queda de vida a que junto con nosotros se extinguirán también todos los dioses. Aquello podría incluso ocurrir antes, con tal que nuestra especie perdure algunos milenios más, para que así nuestros descendientes dispongan del tiempo suficiente para pensarlo mejor y erradicarlos ellos mismos.

52 - La fe sí responde

La fe no te da las respuestas, solo detiene las preguntas. (taringa. net/post/ciencia-educacion). Esto lo dijo un personaje bastante enigmático, llamado **Frater Ravus**. ¡Lástima que se equivocó! La fe, a diferencia de la ciencia y de cualquier otra rama del conocimiento, tiene siempre respuesta, verdadera o falsa, para todo.

Lo de detener las preguntas no es tan sencillo y pide una explicación. Nos la da, a su manera... un creyente: *No, no es cierto que la fe detenga las preguntas, sino todo lo contrario. La fe potencia las preguntas, porque si no te preguntas no podrás conocer a Dios.* ob. cit. (Comentario de Eduardo de Miguel a la cita de Ravus). Se puede que esté en lo cierto desde su punto de vista, pero yo pienso que si te preguntas demasiado, puedes caer en la duda, lo que para Eduardo quizá no sería un mal comienzo. Además, hace tan solo algunos siglos hacerse preguntas acerca de Dios no era bien visto por la Iglesia católica. Se debía creer lo que ella enseñaba y nada más. Y también nada menos.

53 - No tan pronto

Durante la etapa primitiva de la evolución espiritual del género humano, la fantasía de los hombres creó dioses a su propia imagen. Blog de Sin dioses (recopilador).

Esta afirmación de **Einstein** (1879-1955) no me parece del todo correcta. **Publio Papinio Estacio** (45-96), que nació casi dos milenios antes que Einstein, se acercó mucho más a la realidad de la época cuando dijo: *El miedo fue lo primero que dio en el mundo nacimiento a los dioses.* (mundifrases.com/frases-de-publio-papinio-estacio).

Cuando los hombres primitivos pudieron hablar y comunicarse, no tuvieron que crearse en seguida dioses, porque ya los tenían, y como no los entendían, les causaban respeto y miedo. Sus dioses eran el Sol, la luna, los volcanes, los rayos, los terremotos, los maremotos, las lluvias torrenciales y sus consecuentes inundaciones... La fantasía llegaría después, mucho después, con dioses por lo general humanoides o con el aspecto de un animal real o fabuloso.

54 - Lógica jesuítica

En una interesante crítica de **J. Monserrat** acerca del libro de **Sam Harris** (1976) El fin de la fe, se hace hincapié en que *la hipótesis de un creador no es descartable.*

Desde luego que no lo es, aunque todo lo que se pueda decir al respecto sea mera especulación. Hasta ahora, no se puede ni confirmar ni ignorar la posible intervención de una fuerza creadora o impulsora en el nacimiento del universo y la aparición de la vida. Lo más probable es que se trate de una fuerza natural espontánea y necesariamente universal. Me parece menos plausible que pudiera ser obra de una potencia consciente, también universal y con poderes ilimitados. Esto es lo que supongo yo, pero no puedo ni quiero afirmarlo.

Sigo leyendo y veo, estupefacto, algunas palabras que me parecen completamente fuera de lugar: *Misterio de la Trinidad, Misterio de la Encarnación, resurrección de Cristo, Misterio de la Eucaristía...* Luego todo se vuelve muy claro cuando me entero de que el señor Monserrat es jesuita. Es que se cree que (san) **Ignacio de Loyola** (1491-1556), el progenitor de la orden de los jesuitas, obsequió a sus seguidores con la siguiente recomendación, que quizá era más bien otro tipo de orden: *Debemos estar siempre dispuestos a creer que lo blanco es negro, si así lo manda la jerarquía de la Santa Madre Iglesia.* Blog de Sin dioses (recopilador) jul-2015.

55 - Adoctrinamiento extremo

Deseoso de incluir en este ensayo algunos datos sobre la Compañía de Jesús, encontré esta curiosa declaración que no era para mí completamente desconocida: *Los católicos podemos mentir y decir que somos protestantes cuando estamos entre los protestantes, o podemos mentir estando entre los huguenotes y decir que somos huguenotes, y si lo deseamos podemos caer tan bajo como para decir que somos judíos mientras estamos entre los judíos, si nuestra mentira beneficia a la Iglesia católica.* (articulosdeapologetica- catolica.blogspot.com).

Curiosamente, esta cita la debo a una entidad religiosa, que al parecer la mencionó para negar su veracidad. Para dar más peso a su afirmación, recordó el famoso eslogan del ministro de la propaganda de Hitler Joseph Goebbels: *Miente, miente... que siempre quedará algo...*

Ahora bien, ¿dónde está la falsedad? ¿en el documento mismo, o en la negación de su veracidad? Sinceramente, no lo sé, y para no mentir ni equivocarme prefiero seguir nadando en la duda. No obstante, me tomo la libertad de citar algunas líneas más sobre el mismo tema, y desde luego con las mismas reservas en cuanto a su autenticidad. Ahora se trata de algo mucho más importante: nada menos que *"El Juramento de Inducción extrema de la Sociedad de Jesús"*. Lo que sigue no es más que un fragmento:

Yo (nombre y apellidos) ahora en presencia del Altísimo Dios, la bienaventurada Virgen María, el bienaventurado Miguel Arcángel, el bienaventurado San Juan Bautista, los Santos Apóstoles San Pedro y San Pablo y todos los santos y ángeles del cielo...prometo y declaro, que no tendré opinión o voluntad propia, o cualquier reserva mental, aun como un muerto o cadáver, sino que sin vacilar, obedeceré todos y cada uno de los mandatos que pueda recibir de mis superiores en la Milicia del papa y de Jesucristo...Prometo y declaro que cuando la oportunidad se presente, haré guerra sin compasión, secreta o abiertamente, contra los herejes, Protestantes y liberales como se me ha instruido para extirpar y exterminar a todos ellos de la faz de la Tierra y que no dejaré edad, sexo o condición, y que colgaré, quemaré, desolaré, desollaré, estrangularé y enterraré vivos a esos infames herejes; arrancaré sus estómagos y las matrices de sus mujeres; y estrellaré la cabeza de sus infantes contra la pared para aniquilar por siempre su raza execrable. Y cuando esto no pueda ser hecho abiertamente, secretamente usaré la copa envenenada, la cuerda para estrangular, el acero de la daga, o la bala dirigida, sin prejuicio de honor, rango, dignidad o autoridad de la persona o personas, cual fuera su condición en la vida, ya fuera pública o privada, tan como puede ser ordenado para hacerlo, por cualquier agente del Papa o Superior de la Hermandad de la Santa Fe de la Sociedad de Jesús (facebook.com juramento de inducción extrema).

Es de suponer que los autores de tan despreciable prosa habrán tenido que estrujar hasta el agotamiento sus enfermizos sesos. Seguro que si se han tomado tanta molestia para concebir y parir aquella basura, por algún motivo será. Es obvio que su objetivo era posesionarse de la mente de sus confiados adeptos, para poder así infundirles odio extremo hacia toda persona de otro credo e insensibilidad absoluta frente al sufrimiento ajeno. Es usando tales ingredientes, supongo yo, como se transforma a un creyente deseoso de poner su fe al servicio del bien, según las órdenes recibidas en un salvador de almas y vidas católicas o en una máquina de perseguir, torturar y matar herejes. Y también a cualquier ateo, disidente o apóstata, si así lo han decidido los altos mandos de la Iglesia.

Acerca del origen de este increíble juramento, se dice que aunque se mantuvo siempre secreto, habría sido revelado por un ex jesuita de alto rango, el Dr., **Alberto Rivera**, que falleció en 1997 de forma sospechosa. Al parecer las afirmaciones de aquel médico sacerdote habrían sido puestas en tela de juicio por diversas Iglesias, incluyendo la de los Testigos de Jehová. El mismo juramento se encuentra en la obra traducida del francés al inglés <u>Subterranean Rome</u>, de **Charles Didier**. Es un libro importante, de cerca de 700 páginas, que probablemente no existe en español. Como remate a este paso por los tortuosos y peligrosos caminos del jesuitismo, coloco a continuación una última muestra de su asquerosa prosa, tomada del mismo "juramento extremo":

Has sido enseñado para insidiosamente plantar la semilla de los celos entre los Estados que están en paz e incitarlos a hechos de sangre, envolviéndolos en guerras unos con otros, y para crear revoluciones y guerra civil. ob. cit.

Última información: Acabo de conseguir un libro de otro compatriota mío: <u>La historia secreta de los jesuitas</u>, de **Edmond Paris** (1894-1970), con prefacio del Dr. Alberto Rivera. Lo descargan gratis en formato PDF y en español. Al menos hasta ahora...

56 - Más vale burlarse que matarse

Es exacto que los no creyentes nos burlamos de los que sí creen. Esto ya lo hacían los grandes pensadores escépticos de la Antigüedad, por lo general sin graves consecuencias.

Todo cambió drásticamente cuando la joven y arrogante Iglesia católica se hizo romana. En ella nadie tenía ni entendía el sentido del humor... Así que durante casi quince siglos se dedicó con saña a perseguir, expoliar, torturar y quemar a la gente que tardaba demasiado en comprender que fuera de la religión católica romana el simple hecho de mantenerse con vida y libre no era en absoluto asegurado.

Por eso a nosotros, ateos, escépticos, agnósticos y librepensadores nos gusta mofarnos educadamente de los dogmas que nos parecen descabellados o desfasados, y la religión católica es uno de ellos. ¡Ojalá ella se hubiera conformado con burlarse de los escépticos y de los que se resistían a separarse de las viejas y tolerantes divinidades de sus padres!

Nada más poner punto final a mi capitulito sobre el derecho que tenemos los librepensadores a mofarnos de los dioses y de las religiones, encontré en el sugerente blog *"Eso de dios da que pensar"* algunas opiniones muy próximas a la mía, que se exponen a continuación. Las siguientes palabras son de **Christopher Hitchens** (1949-2011), periodista y escritor británico-estadounidense, y también, como ya se ha dicho, uno de los cuatro jinetes del ateísmo moderno, que por desgracia falleció hace algunos años de un cáncer del esófago: *Pienso que la burla hacia la religión es una de las cosas más importantes. Porque desmitificar un supuesto texto sagrado que ha sido dictado por Dios, y mostrar que fue hecho por el hombre, significa señalar sus inconsistencias y absurdos. Uno de los principios más relevantes para emancipar a la humanidad es la capacidad de burlarse de la autoridad.* (teofago.blogspot.com/eso-de-dios-da-que-pensar).

Si no le pongo ningún comentario a la cita de Christopher, es simplemente porque mi opinión sobre este tema difiere muy poco de la suya, aunque yo quizá hubiera utilizado otras palabras para expresarla. Prefiero añadir otra frase suya porque, como el título del blog citado más alto, da mucho que pensar: *Tertuliano, uno de los padres de la Iglesia, dijo* —no se precisa a quien lo dijo— *que una de las mejores cosas de estar en el cielo sería que podrías ver el castigo y la tortura de los que fueron mandados al infierno.* ob. cit. Eso sí requiere un comentario, puesto que si el sufrimiento de los condenados al fuego eterno fuera uno de los mejores espectáculos que en el paraíso se ofrecieran a los elegidos, ¿cuál sería, entonces, el peor?

Me agrada juntarme a los amigos de Hitch, que escribieron en su memoria las cinco líneas que yo reproduzco aquí: *A finales del año 2011 falleció Christopher Hitchens, Hitch para los amigos. Nombrado como uno de los siete intelectuales más influyentes del mundo. Hitchens, además de haber sido un brillante periodista, es memorable por su trabajo de investigación donde descubre las atrocidades que se esconden tras la "angelical" imagen de la Madre Teresa de Calcuta.* Homenaje a Christopher Hitchen (drgen.com.ar).

Ni siquiera la gente que quiera ir al cielo quiere morir para llegar ahí. (taringa.net/eso-de-dios-da-que-pensar). dijo en algún momento **Steve Jobs** (1955-2011), quien fue presidente de Apple. Todo pensamiento, por muy sensato que sea, tiene sus puntos débiles y sus excepciones: Los más fervorosos musulmanes sí quieren ir ahí y cuanto más pronto mejor, y mejor aún si logran que les acompañen sus enemigos e, incluso, algunos buenos amigos para que les hagan compañía en el otro mundo.

Steve Jobs dijo también, entre muchas otras grandes verdades: *Tu tiempo es limitado, de modo que no lo malgastes viviendo la vida de alguien distinto. No quedes atrapado en el dogma, que es vivir como otros piensan que deberías vivir. No dejes que los ruidos de las opiniones de los demás acallen tu propia voz interior. Y, lo que es más importante, ten coraje para hacer lo que te dicen tu corazón y tu intuición.* (hipertextual.com/archivo/2011).

Como Lynn Margulis, Elizabeth Taylor y Christopher Hitchens, Steve Jobs falleció en 2011. Un mal año...

Ahora habla uno de los rarísimos clérigos que me inspiran simpatía: **Desmond Tutu**, (1931). Además, lo que dice tiene gracia (desde luego no en la acepción religiosa de la palabra...): *Cuando los misioneros llegaron a África, tenían la Biblia y nosotros la tierra. Dijeron "oremos". Cerramos los ojos. Cuando los abrimos nosotros teníamos la Biblia y ellos la tierra.* (taringa.net/eso-de-dios-da-que-pensar).

A esta cita no añado ningún comentario, pero le adjunto otra, también de Desmond, que me gusta mucho: ¿Qué diablos pasa con las iglesias? ¿Cómo es posible luchar contra el racismo y no contra la homofobia? La orientación sexual no se elige. Los negros no elegimos ser negros. Los homosexuales tampoco. ob. cit.

Rick Gervais (1961) expone que *Todo el mundo tiene el derecho de creer lo que le de la gana sin importar cuán ilógico sea. Y el resto tiene el derecho de encontrarlo jodidamente ridículo.* ob. cit. Quizá el adverbio "jodidamente" no sea académico, pero a mí me gusta porque en este contexto suena "coñamente" bien... Supongo que para algunos debió de sonar escandalosamente mal, puesto que en el blog Ateísmo para Cristianos, en vez de "jodidamente" se halla "estúpidamente". Yo prefería el primer adverbio, que no es más que una broma, mientras que el segundo se puede considerar como un insulto...

Las siguientes palabras de Rick, que acabo de coger al vuelo, no son ninguna broma ni se parecen a un insulto: *Las creencias no cam-*

bian los hechos. Los hechos, si eres una persona juiciosa deberían cambiar tus creencias. (10 frases de Ricky Gervais (eleconomista.es.)

Sí, deberían, y es muy triste que tantas personas rechacen o nieguen los hechos y se aferren a su creencia como si fuera una boya de salvamento. Lean o relean ustedes la primera sección de este ensayo, y verán cómo el hecho de ver unas repulsivas imágenes hirió mortalmente mi incipiente creencia. Y algo que iba a olvidar: Rick es guionista, humorista y músico en el Reino Unido. Además, nació el mismo año que mi hijo Daniel, ahora por desgracia fallecido.

57 - Ni hablar

Muchos creyentes niegan el hecho desde hace tiempo comprobado de la Evolución de las especies, simplemente porque en la Biblia no se encuentra ninguna mención al respecto. Pero en este muy alabado y poco leído libro tampoco se hace alusión, ni remotamente, a la existencia de las ondas electromagnéticas. Además, son una fuerza oculta —como Dios y como el diablo—, que no se puede ni ver, ni tocar, ni oler, y que necesitó de todo el saber y la tecnología modernos para poder ser utilizada en provecho de la humanidad.

Sin embargo, esto los creyentes no lo niegan ni lo rechazan. Al contrario, utilizan con entusiasmo esta ahora insustituible y nada divina fuerza universal a diario, en especial para difundir por Internet y la televisión sus retrógradas ideas sobre la Evolución y otras evidencias que no les gustan.

Es que en el mundo moderno se puede ignorar la Evolución sin graves consecuencias, pero renunciar a las comodidades que aportan el electromagnetismo y la electricidad en general implicaría enormes sacrificios. No obstante, se cree que esto en algunas sectas lo hacen. Bueno, lo intentan.

58 - Mentís

Los Testigos de Jehová opinan, proclaman y escriben en sus publicaciones: *La vacunación es una violación directa de la eterna alianza que Dios hizo con Noé después del diluvio... La vacunación nunca ha salvado una vida humana. No previene la viruela.* The Golden Age (publicación de los Testigos de Jehová). citado por sindioses.org (recopilador).

Desde luego que ahora no previene la viruela, porque por fortuna no queda ningún foco de viruela que se pueda combatir vacunando a la gente: *En 2010 se celebró el trigésimo aniversario de la erradicación de la viruela: La viruela fue declarada oficialmente erradicada en 1980, y es la primera enfermedad combatida a escala mundial: Este éxito extraordinario se debió a la colaboración de países de todo el mundo.* OMS (Organización Mundial de la Salud, who.int/features /2010).

59 - ¡Brindemos!

Sí, testarudos Testigos, a pesar de vuestras mentiras y de vuestros malos consejos, la viruela se eliminó. Y ahora aprovecho la oportunidad que se me ofrece de poder recordar aquí que mi segunda esposa, desaparecida trágicamente en 1959 a consecuencia de la ruptura de una presa, durante dos años y medio vacunó a decenas de miles de personas, sin percibir ningún sueldo, en un territorio que se extiende del río Níger a la frontera entre Mali y Argelia. Lo menos que pueda hacer yo ahora para que perviva su recuerdo es citar aquí un fragmento de texto, donde aparece junto con el director del Servicio de Salud y Cooperación de los jóvenes Estados entonces ya libres de la antigua África Occidental Francesa. Aquel hombre era el general médico inspector **Pierre Richet** (1904-1983).

Cuando a principios de 1958 llegó a Gao, el médico en jefe y yo le estábamos esperando en la pista de aterrizaje. En seguida le condujimos a la casa que el UNICEF había puesto a mi disposición y que se hallaba en el recinto del aeropuerto. Entramos juntos en el gran salón que me servía de despacho. Ahí estaba Lucette, de pie en medio del local. Parecía bastante impresionada y no sabía qué hacer o decir. El general fue directamente hacia ella, le sonrió y, entonces, el médico y yo nos sorprendimos al oír que le decía, mientras le estrechaba la mano: "Me alegro de conocerla, Lucette, y también de poder darle personalmente las gracias por su desinteresada colaboración".

Nunca conseguí averiguar cómo el general pudo saber que el bonito mote de mi esposa era Lucette, y no se me ocurrió preguntárselo. Después de haber echado un vistazo a mi fichero de las personas examinadas, tratadas y vacunadas, leyó detenidamente la copia del último informe mensual que yo había enviado a la oficina central de Bobo Dioulasso. No hizo ningún comentario, me dijo simplemente "Todo esto me parece muy bien". Con Lucette fue mucho más locuaz. Le preguntó dónde había nacido y, cuando lo supo, le dijo que conocía la ciudad de Sadec y que había oído hablar de la aldea de Cai tao ha. Siguieron charlando hasta que a ella se le ocurrió preguntarle al general si le apetecía tomar algo. No recuerdo lo que él le respondió, pero sí que ella fue a buscar una de las dos botellas de champán que le había regalado, a cambio de unas piezas de caza, el dueño de una tienda de vinos y comestibles. El general mismo destaponó con gran destreza la botella, y todos brindamos por la contribución de Lucette al proceso de erradicación de la viruela en África. (Fragmento tomado de mi libro Vivencias azarosas).

60 - Guerra sin muertos

Al legendario general chino **Sun Tsu** (544-496 a.C.), presunto autor de *"El arte de la guerra"*, se le atribuyen, entre muchas otras, aquellas palabras: *Los que consiguen que se rindan impotentes los ejércitos ajenos, sin luchar, son los mejores maestros del arte de la guerra.* (bligoo. com/el-arte-de-la-guerra) Y también esas: *Lo supremo en el arte de la guerra consiste en someter al enemigo sin darle batalla* ob. cit.

En total contraposición con el arte de la guerra del general asiático se halla el arte de la guerra —como todos los libros del Antiguo Testamento inspirado por Dios— que practicaron Moisés y su sucesor Josué. Consistía en dar batalla a pueblos que no eran sus enemigos, sin hacer nunca prisioneros y hasta que no quedara en el lugar un solo ser humano ni un solo animal vivos. Al menos es lo que se cuenta en el Viejo Testamento...

61 - Hermoso sufrimiento

Cuando por los años no puedas correr, trota. Cuando no puedas trotar, camina; Cuando no puedas caminar, usa el bastón. Pero nunca te detengas (verbiclara-wordpresss.com/2009/09/07/). Este juicioso consejo es de **Agnes Conxha Bojaxhiu** (1910-1997), alias madre Teresa de Calcuta, (beata) y Nobel de la paz. Son unas de sus palabras más sensatas y menos irracionales que yo conozco.

También escribió versos, que me parecen una imitación pobre de los de Gandhi. Uno de sus poemas más conocidos empieza así: *Enseñarás a volar, pero no volarán tu vuelo. Enseñarás a soñar, pero no soñarán tu sueño* (facebook.com/notes/jardines-y-paisajes/).

De haber nacido Agnes Conxha tres siglos antes, estas equívocas palabras, añadidas a su aspecto físico nada agraciado, la llevaban recto a la hoguera, ya que según lo que entonces se creía, únicamente una experimentada bruja habría podido enseñar a volar...

Se cuenta que a un enfermo de cáncer, que se retorcía de dolor, le dijo: *Estás sufriendo como Cristo en la cruz, así que Jesús te está besando.* Entonces el enfermo le habría respondido: *Dígale, por favor, que pare de besarme.* (factorelbloc,com/2014/humor-negro). Se dice también que era aficionada al "humor negro católico", del que podría ser una muestra este chiste: ¿Sabes querido Dios, por qué los leprosos son tan buenos practicando deporte? Porque se dejan la piel en ello. (elmundotoday,com/2009/).

Lo que opinaba Teresa de Calcuta acerca del sufrimiento de los demás no es lo que se imaginaba la gente, al menos hasta que murió y que, gracias a los medios de información, se empezó a saber la verdad sobre las ideas y el comportamiento de esta "santa en vida". Las siguientes palabras son una prueba flagrante de su menosprecio por la desgraciada gente que pretendía atender y ayudar a morir: *Creo que es muy hermoso que los pobres acepten su carga, que la compartan con la pasión de Cristo. Creo que el mundo está siendo ayudado mucho por el sufrimiento de la gente pobre.* (facebook.com/frente.ateolibertario).

Después de haber leído esta asombrosa declaración, es difícil que uno no llegue a pensar que Teresa de Calcuta debía de disfrutar viendo sufrir a los moribundos. Otra cosa muy extraña: de los ricos y de la gente que sin ser rica vive decentemente del fruto de su trabajo, ni una palabra... Para ella, únicamente el sufrimiento de los pobres era hermoso... También creía y decía que *El sida era simplemente una retribución justa por una conducta sexual impropia.* (perso.vanadoo.es/

estudioateo). De hecho, muchos opinan que era *todo menos una santa*. Para saber más, ver en Internet "La verdad sobre madre Teresa".

Lo primero que hice después de haber leído esas palabras de Teresa de Calcuta, y muchas más que no he recopilado, fue preguntarme si ella había realmente dicho o escrito esto. Quise obtener más datos sobre aquella desconcertante mujer, y los encontré, muchos elogiosos, pero no todos. De todo lo que sobre ella se escribió y llegué a leer, recogí de un artículo publicado en 2013 bajo el título "El lado oscuro de Teresa de Calcuta" y firmado por **Irene Serrano**, los tres párrafos siguientes: *En el momento de su muerte, la "franquicia" solidaria de Teresa de Calcuta tenía repartidas por el mundo 517 misiones en más de 100 países. Pese a que estos hospicios donde teóricamente se trataba a enfermos estaban financiados por los cientos de millones de dólares recaudados, Larivée y Compañía explican que muchos médicos que visitaron las instalaciones quedaron perplejos ante la falta de salubridad y las prácticas que allí se ejercían, como por ejemplo la negación de analgésicos. Prácticas que respondían a una concepción personal de Teresa de Calcuta sobre el dolor y la muerte: Para la religiosa el calvario supuestamente sufrido por Cristo antes de morir era un ejemplo a seguir. A seguir por los pobres que se trataban en sus hospicios, comentan los investigadores canadienses, dado que la Madre Teresa se sometió a diversos cuidados paliativos en varios hospitales estadounidenses, debidamente equipados e higienizados, en los últimos años de su vida.*

La crítica a la gestión de los donativos va más allá, remarcando que durante muchas inundaciones importantes en la India y en la explosión de una planta de pesticidas en Bhopal, Teresa de Calcuta ofreció sus oraciones y medallas de la Virgen, pero ni un duro de su bolsillo. En cambio, no le dolió aceptar en prendas la Legión de Honor y financiación del gobierno dictatorial de Duvalier en Haití. Las numerosas cuentas bancarias de la religiosa, en las que circulaban cientos de millones de dólares obtenidos a través de distintas fuentes, siempre estuvieron rodeadas de cierto secretismo, aseguran Larivée y Compañía.

El artículo concluye alabando los efectos colaterales positivos de la imagen pública de la Madre Teresa, pero instan a investigar a fondo sobre este personaje, que los autores consideran no tan transparente y bondadoso como pareciera a primera vista. (blogs.revistavanityfair.es/personajes/2003/)

Investigar a fondo sobre la confusa vida de aquella mujer fue precisamente lo que hizo Christopher Hitchens en 1994, con su documental "El Ángel del infierno". Afirmó que en el famoso hospital de Calcuta para moribundos lo que se buscaba no era el alivio del dolor, sino la conversión de los agonizantes a la religión católica romana. La madre Teresa se imaginaba que cuanto más se sufre, más cerca se está de Jesús y de la puerta del paraíso. *Por eso —señala Christopher— sus fundaciones y sitios de atención al pobre eran unas verdaderas salas de tortura. Las condiciones en los "hogares" de la orden son extremadamente primitivas. No se permite aliviar el dolor, ya que el sufrimiento de los pobres es bueno a los ojos de Dios. Aunque los "pacientes" van en busca de alivio, la madre Teresa nunca proclamó que el objeto fuese curar. Pero a pesar de que afirmaba que Dios ve con buenos ojos el sufrimiento, ella siempre fue atendida en los mejores hospitales de tipo occidental.* (ateoyagnostico.com/2011/angel-del-infierno-madre´-teresa-)

Sorprendentemente, Teresa de Calcuta fue canonizada por el papa Francisco el 4 de septiembre de 2016. Sin duda fue un logro más de "los efectos colaterales positivos" (en especial para la Iglesia), a los que hizo alusión Irene Serrano en su artículo "El lado oscuro de Madre Teresa".

62 - Arranca la Evolución

Por simple cortesía esta sección se inicia con dos cortas frases que no son de Charles Darwin, sino de una mujer por desgracia ahora fallecida: *La primera fusión celular, precursora de la fecundación, podría haber sido consecuencia de canibalismo: Un microorganismo se comió otro sin digerirlo.* Y también, sin salir del mismo tema: *La vida es una unión simbiótica y cooperativa que permite triunfar a los que se asocian.* (muyinteresante.es/ciencia/artículo/ocho-frases-geniales-de-lynn-margulis).

Estas ideas de la bióloga **Lynn Margulis** (1938-2011), condensadas por ella misma en unas pocas palabras, explican muy bien el origen de los organismos pluricelulares, y sobre todo el de las imprescindibles mitocondrias que todos los seres vivos tenemos en nuestras células, pero no aporta nada nuevo acerca del origen de la vida misma.

Lynn nos dejó también otras frases, añadiendo así su granito de arena al neodarwinismo. Por ejemplo: *La gran visión de Darwin no estaba equivocada, solo incompleta.* Y luego: *El cuerpo del animal evoluciona no solo como respuesta a presiones externas, sino también para adaptarse a las preferencias sexuales del sexo opuesto.* ob. cit. Esto a mí me parece evidente, y también que puede conducir a un dimorfismo sexual exagerado. En este terreno los pájaros son muy buenos, siendo los machos del pavo real, del quetzal y del ave del paraíso unos de los más llamativos. En realidad el lenguaje de tal vistosidad es doble: Para las hembras, es un alarde de belleza y buena salud. Para el predador es un señuelo irresistible, que capta su atención mientras la hembra se queda quietita sobre sus huevos o se escabulle en la maleza con la prole.

El 14 de mayo de 1856, Charles Darwin empezó a escribir un extenso tratado que más tarde se convertiría en "El origen de las especies", su histórica obra sobre la teoría de la evolución por selección natural. Esa teoría, inspirada por su viaje a las Islas Galápagos y sus observaciones de cómo las criaturas en las islas se adaptaban a su entorno, lo convirtió en uno de los científicos más influyentes en la historia de la humanidad. (galapagosdigital.com/español/2014/05/14).

Charles Darwin (1809-1882) es el padre innegable de la primera teoría bien apuntalada de la Evolución. En la siguiente frase se refiere a una de las fuerzas naturales ocultas, premiosas pero imparables, que constituyen el motor del proceso: *Las especies que sobreviven no son las más fuertes, ni las más rápidas, ni las más inteligentes; sino aquellas que se adaptan mejor al cambio.* (linkedin.com /las-especies-que-sobreviven/).

Quizá la información siguiente, más singular, sea menos conocida: *Cuando los habitantes de la Tierra de Fuego caen victimas del hambre, matan y comen a sus viejas mujeres antes que a los perros.* (frasecelebre.net/profesiones/biologos/charles-darwin).

Si él lo afirmó, debió de ser verdad, pero yo opino que debían más bien comerse a las jóvenes, de carne indudablemente más apetitosa y más tierna, lo que no habría cambiado nada en cuanto a la pervivencia de la etnia, ya que toda esa pobre gente fue aniquilada por los conquistadores y los colones venidos de Europa con sus ovejas, sus perros, sus armas de fuego, sus crucifijos y sus enfermedades. Pero volvamos a las cosas serias con una última cita, que lleva una alusión directa de Darwin a la religión, algo bastante infrecuente: *Tampoco podemos pasar por alto la probabilidad de que la inculcación constante de una creencia en Dios en la mente de los niños produzca un efecto tan fuerte en sus cerebros no totalmente desarrollados que les resulte tan difícil librarse de sus creencias en Dios, como a un mono de su miedo y aversión instintivos a una serpiente.* (frasesypensamientos.com-autor/charles-darwin).

Aunque no me guste contradecir a Charles, tengo que decir para ser sincero que su comparación no me parece idónea. Para mí, entre las creencias que los humanos heredamos de nuestros padres y el miedo de los monos a las serpientes, la discordancia es abismal. La creencia en Dios y el miedo a no cumplir con sus mandamientos son en el mejor de los casos inútiles y alienantes, mientras que el miedo visceral y saludable de los monos a las serpientes es un factor innegable de supervivencia. Es también un elemento esencial de la Evolución, puesto que los individuos que tardan demasiado en adquirirlo no viven lo bastante para llegar a reproducirse.

Otro gran naturalista implicado en la teoría de la Evolución fue **Alfred Russel Wallace** (1823-1913). Si se quedó en segundo plano, fue en cierta medida porque Darwin, al publicar su "Origen de las especies", lo adelantó. Aunque la especialidad de Wallace era la zoogeografía, se había dado cuenta de que *hay una tendencia en la naturaleza a la progresión continua de ciertas clases de variedades que se alejan cada vez más de la clase original.* (pensamientoscelebres.com/autor/alfred-russel-wallace).

He leído que Alfred era, como yo, "un librepensador de mente abierta e inquisitiva". También se ha dicho de él que era más darwinista que Darwin, y que se le daba bastante bien la ironía. Las siguientes palabras suyas tienden a confirmarlo: *La selección natural solo pudiera haber dotado al salvaje de un cerebro poco superior al del antropoide, pero él posee uno que es muy poco inferior al de un miembro común de nuestra ilustrada sociedad.* (akifrases.com/autor.alfred-russel-wallace-php)

Wallace es también recordado por su famosa "línea". La "Línea de Wallace" pasa entre la isla de Bali y la de Lombok y, más al norte, entre Borneo y las Célebes. Marca no solo el límite entre Asia y Oceanía, sino también la separación entre dos zonas con flora, y sobre todo con fauna, muy distintas.

Unos veinticuatro siglos antes de la aparición de Darwin y de Wallace, el filósofo chino **Lao Tse** (570-490 a.C.), fundador del taoísmo, tenía una opinión muy negativa de los dioses y de las religiones. Lo prueban, entre muchas otras, las dos siguientes frases, dignas de haber sido pronunciadas por cualquier escéptico moderno. En la primera, no se encuentra ninguna alusión a la divinidad. En la segunda, se la refuta: *En vida, el hombre es elástico y evoluciona. Al momento de la muerte es rígido e inmutable. Las plantas al sol son flexibles y fibrosas pero parecen secas y resquebrajadas. Por ello lo elástico y flexible se asocia a la vida y lo rígido e inmutable da la mano a la muerte. Así pues, lo duro y firme está tan listo para el hacha como un árbol, y lo maleable y blando se hace lugar en la vida.* (mundifrases. com/frase/lao-tse-76-de-lo-flexible-y-lo-rigido-).

Las religiones del mundo solo sirven para reforzar los apegos a los falsos conceptos. (frasesgo.com/autor/frases-de-lao-tse).

Entre los numerosos dichos que se atribuyen a Lao Tse destaca también esta tajante afirmación, que solo se puede interpretar como una clara alusión a la evolución natural de los seres vivos: *La vida es una serie de cambios naturales y espontáneos.* ob. cit. .

Aunque, como opinan algunos historiadores, Lao Tse fuera solo una leyenda, aquellas sensatas palabras, aun cuando fueran apócrifas, evidencian que en aquella temprana época la gente sabía observar, y además intentaba explicar los fenómenos naturales observados sin recurrir ni hacer alusión a los dioses.

63 - Desaciertos

El papa **Pío XI** (1857-1939) dijo, aunque habría sido mejor para su reputación que callara: *Mussolini es un enviado de la divina providencia.* (booksgoogle.es/books/ibn/). Luego el mismo **Mussolini** (1883-

1945) declaró en público: *Solamente Dios puede doblegar la voluntad del fascismo, los hombres y las cosas, jamás.* (es.metapedia.org-wiki/benito-mussolini).

Tanto el papa como el líder fascista estaban equivocados. Hablar de una divina providencia era una tontería nada divina. En cuanto a Mussolini, quien acabó con él no fue Dios, sino un grupo de resistentes de su propio país. Lo atraparon, lo fusilaron y luego lo colgaron boca abajo.

Pío XII es recordado por su encíclica *Castii connubii* (del casto matrimonio), en la que insiste en que los principales deberes de los esposos deben ser la fidelidad y la educación recta y cristiana de los hijos. Que sea recta me parece muy bien, pero en cuanto a la religión como a la política, la educación parental debería ser estrictamente neutral. Se debería informar a los hijos de las dudas que plantean cada vez más las religiones y permitir que ellos mismos puedan decidir, al hacerse mayores, la vía que les parezca conveniente. No son esclavos, sino seres humanos libres, que tienen el derecho de rechazar las creencias y los prejuicios de sus progenitores si no les parecen correctos.

64 - Encubrimiento

Después de Pío XI, llegó Pío XII, al que sucedió **Juan XXIII** (1881-1963), y de este tenemos en el ya citado blog "Eso de Dios da que pensar" esas sorprendentes y nada sagradas palabras suyas: *Hay que admitir que la libertad religiosa debe su origen no a las iglesias, no a los teólogos, y ni siquiera al derecho natural cristiano, sino al Estado moderno, a los juristas y al derecho racional mundano, en una palabra al mundo laico.* (teofago.blogspot.com [Eso de Dios da que pensar])

Junto a esta cita se encuentra una buena fotografía del autor. Ahora cabe preguntarse: ¿Dijo o escribió realmente eso Juan XXIII? Basta leer lo que sigue para dudarlo: En 1962, ese papa defensor de la laicidad había firmado —quizá sin haberlo leído detenidamente— un documento redactado bajo la dirección del cardenal **Alfredo Ottaviani**, en el que se instaba a todas las diócesis del mundo a mantener en secreto las acusaciones de abusos sexuales en la Iglesia católica. El abogado **Richard Scorer**, que defendía a las víctimas de los casos de pederastia cometidos en Gran Bretaña, afirmó: *El documento es explosivo: Siempre hemos sospechado que la Iglesia católica encubría sistemáticamente el abuso y trataba de silenciar a las víctimas. Este texto lo demuestra claramente. Amenazar con la excomunión a quien hable muestra que los principales responsables del Vaticano [el papa Juan XXIII y el cardenal Alfredo Ottaviani] se aprestaron a impedir que la información llegase a dominio público.* **Eric Frattini,** los papas y el sexo.

Esto ocurrió el siglo pasado y lo recuerdo bastante bien, puesto que debía de tener entonces unos 36 años. Recuerdo también que algunos amigos y yo sospechábamos, y no éramos ninguna excepción, que el verdadero responsable no fue el papa, sino el cardenal Ottaviani. Quizá presionó e incluso amenazó al papa para que firmara el odioso documento. Y Juan XXIII, entonces ya viejo y de salud delicada, no supo o no pudo oponerse al muy influyente y deshonesto cardenal.

En una nota publicada en 2001 por el diario Clarín, se informa (o se recuerda) que Juan XXIII había ideado un plan para bautizar a los judíos húngaros amenazados por los nazis. Pudo así no solo salvar vidas, sino también reclutar nuevos católicos y recoger donativos de los conversos agradecidos. Así que su plan para salvar vidas no era completamente desinteresado.

Según el periodista Sergio Rubín, *Gracias a los documentos que certificaban que el poseedor había recibido el sacramento, muchas personas eludieron una muerte segura en los campos de exterminio. "Según testimonios dados ante los tribunales de Nuremberg, esto permitió salvar a 24.000 judíos, aunque fuentes católicas afirman que se dispensaron unos 80.000 certificados".* (raoulwallenberg.net/es/novedad/juan-XXIII-justo-y-sano/)

Se hicieron dos películas sobre la vida de Juan XXIII: "El papa de la paz" y "El papa bueno" (en realidad una miniserie de televisión en dos partes). Juan XXIII fue canonizado por Francisco el 27 de abril de 2014.

65 - ¡Pobres papitos!

A lo largo de casi dos milenios y con una cadena papal de 266 eslabones, sin contar los antipapas, ocurrieron dentro y fuera del Vaticano cosas y sucesos difíciles de imaginar. He aquí una muy selectiva y por lo tanto muy incompleta recopilación de lo que algunas de sus santidades llegaron a hacer. Las fechas indicadas son las del comienzo y del fin del pontificado.

Cabe preguntarse: ¿por qué eran tan malos los papas? La verdad es que todos no eran malos, pero en la Edad Media, y en gran medida también en el Renacimiento, llegar a ser papa y durar como tal era una empresa nada sencilla. La competencia era feroz y los candidatos honrados y con demasiados escrúpulos se hallaban siempre en clara desventaja. Una vez elegido, el nuevo llegado que intentara hacer un poco de limpieza en la casa papal encontraba siempre una fuerte resistencia e insoslayables obstáculos de las más diversas índoles... Algunos debieron, al comienzo, pasarlo bastante mal, y por ello se consolaron disfrutando de las dos más valoradas ventajas terrenales ligadas al puesto: el dinero fácil y las relaciones íntimas con personas jóvenes de ambos sexos. Y como prerrogativa añadida, la posibilidad de obtener que se eliminara con discreción a alguno que otro cardenal u obispo que tuviera la audacia de censurar su conducta.

Por fortuna para el crédito de la Iglesia católica, en los dos últimos siglos llegaron al Vaticano algunos pontífices más serios, más honrados y más justos, entre los cuales destacan Juan XXIII y el actual papa Francisco.

66 - Fecundación espiritual

No es común que un papa sea divertido, pero al parecer (san) **Esteban V** ([816-817] o quizá [885-891]) fue una brillante excepción. Según él, todos los papas eran semidioses: *Los papas, como Jesús, son concebidos por sus madres al ser cubiertas por el Espíritu Santo. Todos los papas son una especie de hombres-dioses* (sic), *con el propósito de ser más capaces de servir las funciones de mediador entre Dios y la humanidad. Todos los poderes del Cielo y de la Tierra.* (perseo.vanadoo.es/estudioateo/citas/cristianas.htm).

La autenticidad de esas palabras es más que dudosa, pero opino yo que se merecen una plaza de honor en medio de toda esa basura papal, por tener mucha gracia. Sería interesante llegar a saber cómo un puro espíritu, aunque fuera santo, se las arreglaba para "cubrir" y dejar embarazadas a las mujeres de los hombres…

Y con sus poderes semidivinos, ¿qué hizo el semidios Esteban? *Solo podríamos destacar que fue quien decidió castigar la brujería y el adulterio de la misma forma: Lanzaba a los sospechosos al agua y si flotaban, eran culpables y pasaban a la hoguera. Si por el contrario se ahogaban, eran inocentes y se pedía una oración por el alma cándida y santa de la víctima. Esta ley impuesta por Esteban V, quien tras su muerte también sería canonizado, solo afectaba a las mujeres.*
Eric Frattini, ob. cit.

Seguro que la madre de Esteban no fue fecundada, como él se imaginaba, por el Espíritu Santo, sino más bien por un espíritu tonto. Según la divina justicia aplicada por aquel papa, tan solo se castigaban a las mujeres… En cuanto a su sistema para diferenciar a las culpables de las inocentes, habría sido genial si no lo hubiera aplicado al revés, matando así a la vez a las pecadoras y a las no pecadoras.

Debía decretar que las que flotaban eran inocentes y que Dios impedía que se ahogaran, incluso si no sabían nadar. En cuanto a las que se hundían, era obvio que se debía al peso de sus pecados.

67 - A martillazos…

El papa **Juan VIII** (872-882) fue el número 107 y consiguió mantenerse en la (santa) sede durante diez años. Fue todo un récord, por la época ya que ahora suelen quedarse en el cargo durante más tiempo, por lo general hasta que se mueran de viejo. Juan VIII también habría podido durar mucho más si no hubiera sido asesinado. Pero esto, se lo había buscado, al menos es lo que algunos creen. *Según parece, el papa tras la celebración litúrgica había convocado al joven en sus estancias. En un momento en que Juan VIII se disponía a abalanzarse sobre su presa, el joven fue rescatado por su padre. Cuando el padre entró en la habitación, el papa con su santo miembro erguido perseguía al joven por toda la habitación…*

Durante un banquete celebrado en el año 882, los suegros de una amante del papa decidieron envenenar a Juan VIII, para así evitar el escándalo y una situación ciertamente incómoda a su adorada nuera.

El papa comió una buena cantidad de codornices envenenadas, pero no las suficientes como para morir...

Para desazón de la familia deshonrada, el pontífice no se moría, así que la noche del quince de diciembre el suegro de la amante papal entró en la estancia con un martillo en la mano y arremetió contra el cráneo de Juan VIII. Incluso con diez golpes el santo padre tardó unas cuantas horas en perecer. . **Fernando Vallejo**, <u>La puta de Babilonia</u>.

Según otras fuentes, los que tramaron et asesinato del libidinoso papa Juan VIII, lo envenenaron sin llegar a matarlo del todo y lo remataron a martillazos, eran todos miembros de su familia.

68 - El satánico

Juan XII (955-965), **Satanás en el trono de (san) Pedro** para algunos historiadores, era hijo de puta, nieto de puta y hermano de putas. Se acostaba con su madre, con sus hermanas, con una sobrina suya y, además, tenía su harén personal. Él mismo fue probablemente abuelo y bisabuelo de papas. En aquella bendita época, el papado era un asunto familiar, controlado sucesivamente por al menos tres célebres mujeres: Teodora la mayor y sus hijas Marozia y Teodora la menor. La más célebre de la tres fue Marozia, a veces considerada como "la verdadera papisa Juana". *No podía acceder de forma directa al trono de San Pedro, pero tampoco lo necesitaba. Esta brillante mujer, dotada de una gran inteligencia, supo explotar al máximo, al igual que había hecho su madre en su momento, sus mejores bazas: una hipnotizadora y sensual belleza, capacidad de seducción y, sobre todo, la debilidad de los hombres ante su habilidad en la cama. Aquello era suficiente para asegurarse el control total.* **Javier García Blanco**, <u>Historia oculta de los papas</u>.

Se dijo que Juan XII poseía dos mil caballos, lo que pudo suscitar la envidia del recién nombrado emperador Otón, cabeza del (sacro) Imperio Romano Germánico. También se cuenta que le gustaba jugar a los dados y que, como no quería perder, solicitó la ayuda discreta del diablo. Deseoso de devolverle la cortesía, Juan brindó para él ante el altar mayor de la basílica de san Pedro. Supongo que Satán quedó encantado, sobre todo si se brindó con vino de misa, el cual en aquella capilla no podía faltar y debía de ser el mejor y el más caro de todo el mundo entonces conocido. Es de señalar que fue probablemente con este papa que arrancó la tradición de cambiar de nombre al ser elegido; una tradición que al parecer se extinguió cuando llegó Francisco...

Acerca de la afición desmadrada de Juan XII por las mujeres de cualquier edad y de cualquier condición, *el obispo* **Liudprand de Cremona**, *observador papal y cronista de aquel tiempo, dijo al respecto: "Las mujeres temen venir a la iglesia de los santos apóstoles, pues han oído que hace poco Juan llevó por la fuerza a varias mujeres peregrinas a su cama, casadas, viudas y vírgenes indistintamente"* (sonypozo1.blogspot.com).

Como muchos de sus predecesores y de sus sucesores, Juan XII murió asesinado. Yo diría mas bien: ejecutado. Una noche ocurrió que un hombre, al regresar a su casa más temprano de lo previsto, cuando quiso acostarse se dio cuenta de que el papa estaba en su cama con su mujer, para colmo en el lado de la cama que él prefería. Como esto no le gustó en absoluto, cogió su bastón por la punta y con la empuñadura propinó a su santidad una vigorosa paliza que lo dejó moribundo. Según otra versión de los hechos, aquel papa habría sido matado también a martillazos, como su tocayo Juan VIII. Es poco probable, porque la gente no suele irse de viaje o de paseo con un martillo en el bolsillo, pero sí con un bastón en la mano...

Si yo fuera Dios, habría entregado a esos dos papas fornicadores al diablo, para que a ambos les asara a fuego lento los cataplines en un rincón bien calentito del infierno...

69 - Preguntas tontas y malsonantes

León IX (1049-1054), *nada más colocarse la tiara en la cabeza, decidió convocar el concilio de Reims, en el que, entre otros temas, los asistentes trataron sobre las penitencias que debían cumplir clérigos y laicos por masturbación, pensamientos impuros, tragar semen, beber sangre menstrual e incluso amasar pan sobre el culo desnudo de una niña o entre los muslos de una mujer joven. También se reprobaba la sodomía como un acto del diablo... Ordenó que todas las concubinas del clero fueran convertidas en esclavas en su palacio papal.*

De acuerdo con el nuevo dictamen de León IX, a los nuevos sacerdotes se les debía hacer cuatro preguntas concretas antes de ordenarlos:

1. ¿Has sodomizado a algún joven?
2. ¿Has fornicado con alguna monja?
3. ¿Has sodomizado algún animal de cuatro patas?
4. ¿Has cometido adulterio?

Lo cierto es que no se sabía a cuáles de las preguntas se debía contestar "sí" y a cuáles "no", para poder entrar en la Iglesia del siglo XI, principalmente porque los temas tratados por **Pedro Damiano** *en su* Liber Gomorrhianus, *la sodomía, la lujuria, la bestialidad, el asesinato, la violación, el incesto o la pederastia eran prácticas muy comunes entre los prelados, incluido el alto clero y el mismísimo papa.* **Russell Chamberlin,** *The bad popes,* recordado por **Eric** Frattini, ob.. cit.

El historiador inglés **Eric Russell Chamberlin** (1926-2006), aunque era muy religioso, relató de mala gana las fechorías de los peores papas de la historia en su libro Los malos papas (*The bad popes*), ahora traducido al español y probablemente a la venta en España.

En su relato de las aberraciones papales, Chamberlin es a la vez acusador y abogado: *El hecho de que algunos papas eran malos en su vida privada no es un argumento en contra de la verdad de la Iglesia Católica, ya que la conducta inmoral de un presidente estadounidense no es un argumento en contra de la bondad de los Estados Unidos. De hecho es un argumento a favor de la fiabilidad de la Iglesia, ya que continuó durante el reinado (sic) de los papas indignos para enseñar fielmente las verdades pronunciadas por Cristo y los Apóstoles y sin sufrir ningún daño duradero de la conducta inmoral de un pequeño porcentaje de sus líderes.* (cienciaysocialismo.blogspot.com. es/2014/04/los-papas-malos-traduccion-al-español.html).

Así que, según Chamberlin, algunos papas fueron aborrecibles, pero esto no afectó en absoluto a la Iglesia... ¿Y cómo la iba a afectar? Fue más bien un acicate para que continuara a difundir e imponer sus "verdades" manipuladas, vigilando, persiguiendo, castigando, torturando y quemando a diestro y siniestro... Este argumento juega más bien en contra de "la verdad de la Iglesia" y a favor de su falsedad. En cuanto a la comparación de los papas criminales con los presidentes de los Estados Unidos, es sencillamente absurda. Que yo sepa ninguno de ellos fue incestuoso, pederasta, proxeneta, violador, ladrón o asesino. En cambio, algunos sí fueron asesinados...

Ni Damiano ni su obra *liber gomorrhianus* (Libro de Gomorra) fueron quemados por la Iglesia católica Romana, al menos no en seguida, quizá porque la Inquisición aún no había empezado a ser operativa. Al contrario, León IX intentó seguir las sugerencias de Damiano y castigar o echar de la Iglesia al menos a los homosexuales y a los pederastas. Pero tuvo que dar marcha atrás cuando se dio cuenta de que iba a quedarse sin obispos ni sacerdotes...

Se cuenta que durante el pontificado de León IX vivía en el puerto francés de Brest un abad que mantenía relaciones íntimas con las monjas de los conventos cercanos, al menos con las más jóvenes y las menos feas. Para no dejarlas embarazadas y también, según su juicio, para no pecar, las sodomizaba. Se cree que llegó a sodomizar cerca de doscientas de estas monjas bretonas. Ya bastante viejo murió, supuestamente de un infarto, mientras estaba intentando tirarse una gallina. Si no lo consiguió, fue posiblemente porque la gallina estaba a punto de poner un huevo... Es que, como hemos visto más alto, tan solo se prohibía practicar sexo con los animales de cuatro patas. Una prohibición naturalmente no aplicable a las aves de corral.

70 - El envenenador

Al papa (san) **Gregorio VII** (1073-1085), Lutero lo llamó "Hoguera del infierno" (*Höllebrand)*, y un cardenal cuyo nombre ignoro "San Satanás". Aquel papa quería que hasta los reyes le besaran los pies en signo de respeto. Excomulgó a un emperador y envenenó a seis obispos porque no le caían bien... A pesar de que se le acusaba de ser ateo, Gregorio VII arremetió contra los sacerdotes casados con una violencia criminal:

Los alegatos de Gregorio VII a favor de "matar" a los sacerdotes casados provocaron una ola de asesinatos que se extendió como un tsunami por Cremona, Pavía, Padua, Milán y Venecia, llegando incluso a tierras alemanas, francesas, españolas e inglesas. El arzobispo de Mainz protestó ante tal propuesta, alegando: "Este papa tan sucio y fornicador como es, ha prohibido el matrimonio casto entre sacerdotes", mientras acusaba al sumo pontífice de haber falsificado todos los derechos que dan a un religioso y hombre de moral intachable el sentarse en la cátedra de Pedro. A Gregorio VII y a su amante tampoco les gustaban los discursos del patriarca ecuménico Cosme I de Constantinopla cuando llegó a afirmar: "En las iglesias de Occidente existen muchos niños, pero no saben quiénes son sus padres". El efecto de la lucha de Gregorio VII y su amante contra los religiosos casados fue convertir a miles de esposas inocentes en mujeres abandonadas, muchas de las cuales se suicidaron o se convirtieron en prostitutas y cortesanas. **Eric Frattini,** ob. cit.

71 - ¡Que se esclavicen las mujeres y que mueran los infieles!

(beato) **Urbano II** (1088-1099), recordado por haber predicado la primera cruzada para la "reconquista" de Tierra Santa, fue un estricto continuador de la detestable política de Gregorio VII, aunque entre ambos papas se intercaló el también beato **Víctor III**, que solamente ocupó el puesto un año, durante el cual tuvo que vérselas con el antipapa Clemente III. Se cree que tan solo cuatro mil curas aprobaron la resolución que suprimía definitivamente el derecho de los sacerdotes de cualquier rango a tener una esposa legítima y una familia.

Para demostrar que hablaba en serio, esta vez, Urbano II ordenó a todo sacerdote casado que sus esposas sean vendidas como esclavas, aunque esa no sería la única norma resuelta en el concilio y que permitiera recaudar dinero. Al papa Urbano II se le ocurrió la genial y fructífera idea de incluir en la nueva normativa el llamado "cullagium" y que no era otra cosa que un simple impuesto establecido a los religiosos que deseasen tener concubinas. Si pagaban el "cullagium" anual, se les permitía tener una concubina. para satisfacer sus apetencias sexuales. El dinero del "Cullagium" era destinado a las arcas papales. De esta forma Urbano II se convertía en el primer proxeneta organizado. Aun así, el papa Urbano tuvo serios problemas para conseguir que el clero inglés aceptara las normas del celibato. Eric Frattini, ob. cit. Pero, al parecer las aceptó, ya que era bien sabido que el celibato de los eclesiásticos no implicaba en absoluto la abstinencia sexual.

Como ya se ha recordado, fue durante el pontificado de Urbano II cuando se iniciaron las cruzadas. Pedro el ermitaño, un sacerdote francés que nunca vivió en una ermita, predicó la primera, que luego se llamaría Cruzada de los pobres. Pedro consiguió congregar una fuerza (mal) armada de unos cuarenta mil hombres, compuesta sobre todo de franceses, de alemanes y de italianos. Casi todos eran plebeyos sin tierra, sin título de nobleza, sin dinero y a menudo con deudas. Algunos se imaginaban que volverían ricos y con un poco de suerte quizá también ennoblecidos. La realidad histórica es que no se pudo saber con certeza si uno solo llegó a regresar a su país de origen. Lo que sí se sabe es que, para entrenarse a combatir en los campos de batalla, a su paso por Europa Central sembraron el terror, masacrando a los nativos que tenían pinta de ser infieles y a los judíos hasta en el centro de las ciudades. Sin embargo el cansancio, la falta de higiene, las enfermedades y el agua envenenada por los enfurecidos campesinos pudieron con muchos de ellos: *Solo unos pocos alcanzaron Constantinopla, donde el emperador bizantino Alejo Comneno I vio que aquella descontrolada turba podía ser peligrosa, así que se los quitó rápidamente de encima embarcándolos en dirección a Asia Menor, donde los turcos dieron buena cuenta de ellos.* **Javier García Blanco**, ob. cit.

Con la primera cruzada de los nobles y de los caballeros, no pasó lo mismo. Capitaneados por otro francés, Godofredo de Bouillon, que luego sería proclamado rey de Jerusalén, llegaron al pie de la muralla de aquella codiciada ciudad. Primero intentaron derribarla como se cree que hizo Josué para acabar con la ciudad de Jericó, es decir dando vueltas alrededor y tocando trompetas, lo que causó la estupefacción de los musulmanes que los estaban observando. Pero esto por supuesto no funcionó. Entonces fabricaron torres y Godofredo de Bouillon consiguió penetrar en la ciudad con un puñado de hombres y abrir una puerta. Una vez en el interior, los cruzados no dudaron en repetir en Jerusalén las atrocidades según la leyenda bíblica perpetradas por Josué en Jericó: *Se entregaron a una masacre feroz de la población, sin distinguir musulmanes de judíos, ni hombres armados de ancianos, mujeres y niños de pecho. [...] El cronista Raymond d'Aguilers dejó constancia por escrito de aquella terrible escena: Incontables ancianos fueron decapitados, otros fueron sometidos a tormento durante días, para entregarlos finalmente a las llamas. En las calles se amontonaban las cabezas, las manos y los pies cortados y apenas se podía avanzar.*

Además de estas atrocidades, los cronistas también relatan cómo los cristianos abrían en canal los cadáveres de los musulmanes, para comprobar si, como se decía, había oro en el interior. Al no encontrar tan preciado material, decidían consolarse asando su carne, que los textos describen como más sabrosa que la del pavo sin especias. (Pero, ¿de qué pavo se trata? Quizá del pavo real [*Pavus cristatus*], porque el otro, el que se suele comer asado, [*Meleagris gallopavo*] estaba totalmente desconocido antes de la llegada de Colón a las Américas).

Otro cronista francés, Raoul de Caen, relata: *Los nuestros cocían a los paganos adultos en las cazuelas, ensartaban los niños en espetones y se los comían asados. Si alguien duda de la veracidad de tales sucesos, solo tiene que consultar las propias misivas enviadas por los oficiales cristianos a la (Santa) Sede [38].*

No se puede culpar directamente al papa Urbano II de todas estas tropelías, pero sí del ofrecimiento de la indulgencia plenaria —el perdón de todos los pecados cometidos hasta el momento— a quienes participaran en la (santa) y justa contienda, lo que atrajo a todo tipo de criminales y personajes de la más variada calaña. Javier García Blanco, ob.. cit.

Aunque no soy muy curioso, me interesaría saber por quién (o quiénes) y por qué el criminal Gregorio VII fue canonizado y el esclavista Urbano II beatificado.

72 - Rarezas y crueldades papales

Inocencio III (1198-1216), a pesar de su nombre que según la costumbre él mismo había elegido, fue reconocido culpable de numerosas barbaridades. La menos dañina fue sin lugar a dudas una bula, en la que concedía una indulgencia plenaria a los sacerdotes que aceptaran casarse, legalmente y religiosamente, con prostitutas para así apartarlas del pecado. Era una excelente idea, pero que por desgracia chocaba con la batalla que Inocencio libraba, como sus más recientes predecesores, para acabar con el matrimonio de los sacerdotes. Otra de sus decisiones fue la obligación, para los judíos y los musulmanes, de lucir signos distintivos. Era no solo desagradable acatar tal injusta decisión, sino también peligroso no cumplirla, ya que seguramente se preveían castigos para los infractores..

Su actuación más despreciable de todo su pontificado fue ensañarse contra los cátaros, también llamados "albigenses", o "hombres buenos", unas gentes que no mataban ni perjudicaban ni molestaban a nadie. Tampoco solían `presionar a sus vecinos fieles a la Iglesia de Roma para que se juntaran a ellos. Pero para los cátaros el papa era el anticristo, y la verdad es que si no lo era realmente, debía de parecerse bastante a la representación mental que tenía (san) Juan en la cabeza cuando inventó aquella malvada divinidad. Y también, para los albigenses Roma era "la puta de Babilonia". Además, ignoraban o rechazaban los sacramentos instituidos sin solicitar la permisión de Dios por los católicos. Aunque aquellas buenas personas no vivían en el Estado del Vaticano, ni siquiera en Italia, sino en un país donde se las dejaba libres de practicar la religión de su elección, Inocencio decidió eliminarlos.

A mediados de 1209 hizo un llamamiento a la cruzada contra esta secta hereje. Para ello organizó un ejército a mando de su legado papal, el monje cisterciense Arnoldo Amalrico. En agosto, las tropas papales formadas por medio millón de hombres sitiaron Beziers, baluarte albigense. [...] Mientras el destacamento, formado por chusma y mercenarios, duques y condes, ricos y pobres, feudales y caballeros, todos ellos bajo el estandarte de Inocencio III, se dedicaba a la violación de mujeres, a la rapiña y a la destrucción, al (santo) de Amalrico se le creó una duda importante: ¿Cómo distinguir a los cataros de los católicos ortodoxos? El papa, para resolver la duda de Amalrico, le ordenó entonces: "Mátenlos a todo, el Señor se ocupara después de ver cuales son los suyos". Herejes y católicos, ancianos y jóvenes mujeres y niños fueron degollados por igual por el (santo) ejército cruzado de Inocencio III. Eric frattini, ob. cit.

Pero las cosas no quedaron así, Temeroso de que la herejía dejara secuelas, su diabólica santidad Inocencio III mandó al lugar al sacerdote español Domingo de Guzmán, fundador de una orden de predicadores e inquisidores. Aquel piadoso individuo decidió hacer confesar a los sobrevivientes del "holocausto", hombres y mujeres, que la sodomía era una práctica usual entre los cátaros. Para conseguirlo, se colgaba al sospechoso con las piernas abiertas encima de un objeto metálico en forma de falo y muy caliente. Cuando se hacía bajar a la víctima, el maldito instrumento le penetraba en el ano, o en la vagina si se trataba de una mujer. Por fortuna escapar a ese diabólico sistema de tortura, o hacerlo cesar si ya había empezado, era fácil: bastaba con declararse culpable. Entonces el desgraciado era procesado y ejecutado por herejía.

En aquella triste historia de la "cruzada" contra los cátaros, mucho más complicada y extendida en el tiempo de lo que se podría pensar al leer mi condensado y simplificado texto, el principal culpable fue el mismísimo papa Inocencio. Y ¿por qué? Nos lo dice en pocas palabras Javier García Blanco, ob. cit.: *El papa prometió a los que participasen en ella (la cruzada) el derecho de saqueo, por el cual podrían quedarse con las tierras de los vencidos, además de beneficiarse de las habituales indulgencias plenarias.*

73 - Inclemencias

Se dice que **Clemente VI** (1342-1352), que no tenía su sede en Roma, sino en la ciudad francesa de Aviñón, escogió ese nombre para que todos supieran que la clemencia sería la principal característica de su pontificado. Pero no fue así…

Clemente VI dejó atrás sus buenos deseos y convirtió la corte papal de Aviñón en un gran centro europeo de lujo y derroche, que en nada tenía que envidiar al resto de cortes reales o imperiales del continente [...]

*El propio papa entregaría a la Inquisición el resto del edificio, aunque él era más aficionado a la sala que se había mandado construir en la parte más alta del palacio y donde pasaba largas horas junto a su amante, la condesa **Cecile de Turenne**. Pero ella no era la única. En aquel pequeño salón con vistas a la ciudad de Aviñón, el papa Clemente VI recibía a varias de sus amantes mientras unos metros más abajo, los verdugos de la Inquisición hacían su trabajo.* Eric Frattini, ob. cit..

Quizá el salón donde Clemente recibía a sus amantes de ambos sexos era pequeño, pero no el palacio. Se cree que aquel edificio, todavía en buen estado y transformado en un museo muy visitado, es la más grande de las construcciones gótica de la Edad Media. Fue el lugar de residencia de los papas durante el pontificado de siete de ellos y de dos antipapas, los cuales se quedaron en Aviñón durante algún tiempo después de la reinstalación de la sede papal en Roma. Uno de ellos, Benedicto XIII, llamado el papa Luna, se fue luego a vivir a Peñíscola, en la provincia de Castellón, donde estableció su propia "sede papal" en un castillo construido por los templarios. Ahora volvamos a Aviñón y a Clemente VI:

Según parece, a este buen papa se le ocurrió conceder dos audiencias semanales solo para mujeres. Nuevamente es Petrarca quien afirma que un día llegó a contar las que entraban en la audiencia y las que salían. Las primeras eran siempre mayor en número que las segundas. Eric Frattini, ob. cit.

Mientras Clemente "reinaba" en Aviñón, llegó la peste negra y mató a gran parte de sus habitantes, lo que se consideró, naturalmente, como un castigo de Dios.

74 - Maldad concentrada

El 13 de agosto de 1484 fallecía Sixto IV (1471-1484). La figura y la obra de este pontífice son, según diversos historiadores, muy controvertidas. Mientras su conducta era sencilla e intachable antes de su elección, después de que fuera elegido papa se convirtió en cínica, despótica y violenta. Con motivo del anuncio de la muerte de Sixto IV, el obispo Henry Greighton afirmó: "Fue tal su despotismo y su corrupción, que llevó incluso a bajar el tono moral de Europa y de la Iglesia católica en el continente". Otro cronista de la época llegó a asegurar: "El papa Sixto encarnaba la mayor concentración posible de maldad humana en una sola persona". Cuando la noticia de su muerte corrió por las calles de Roma, la chusma asaltó el palacio papal con la intención de hacerse con el cuerpo de Sixto IV y arrojarlo a las aguas del Tíber. Eric Frattini, ob. cit.

No lo consiguieron: Los guardias del Vaticano y el capellán personal del difunto papa lo impidieron. El cuerpo ya inofensivo de su despreciable santidad Sixto IV no fue a parar al Tíber, sino a la basílica de San Pedro. Como la Capilla Sixtina fue renovada y suntuosamente adornada bajo su pontificado, se le dio su nombre. También existe el "puente sixtino", que él mismo habría mandado que se construyera, además de una veintena de iglesias y de la restauración del acueducto entonces en mal estado que se utilizaba en la Roma antigua. El puente nuevo y la recuperación del acueducto de los romanos fueron obras de las cuales se aprovechó gustoso el pueblo. En cambio, no necesitaba tantas iglesias, pero sí algunos buenos hospitales, que no se construyeron... Sin embargo lo de las iglesias podría explicar por qué los guardias no quisieron que se tirara el cuerpo de Sixto al agua, aunque pudo ser más bien porque temían que su alma cargada de pecados contaminara el agua del río...

Se cuenta que aquel condenado pontífice tenía la intención de legalizar la sodomía, y que si no lo consiguió, fue porque murió antes de que el proyecto llegara a materializarse. Y también que habría respondido a su médico, que le recetaba leche de mujer, que le sentaría mucho mejor el semen de algunos jóvenes mozos...

75 - Bendita riqueza

Alejandro VI (1492-1503), un papa **Borgia**, necesitaba dinero. Mucho dinero… Veamos cómo se las arregló para conseguirlo.

Alejandro estaba decidido a recuperar la inmensa fortuna gastada en sobornos para conseguir su elección. Uno de sus grandes negocios fue beneficiarse de las decenas de asesinatos que sucedían cada día en las calles de Roma. Los detenidos por esta causa pasaban ante la presencia del papa. Si pagaban una buena suma de dinero, se salvaban. Si no era así partían directo al patíbulo. "El Señor no pide la muerte del pecador, sino que pague y siga viviendo", llegó a decir. Cualquiera podía ser obispo o cardenal si pagaba por ello. Como aquello tampoco le reportaba demasiado dinero, se dedicó a envenenar a cardenales por diversas causas, lo que confería la expropiación de todos sus bienes, siendo absorbidos por la Iglesia, es decir, por él mismo. Después, los títulos cardenalicios o episcopales que habían quedado libres volvían a ser vendidos. Para recolectar más dinero vendía indulgencias como si fuera papel mojado. A un noble florentino le cobró veinticuatro mil escudos por una indulgencia que le permitía tener relaciones sexuales con su propia hermana; y al arzobispo de Valencia, otros treinta y seis mil escudos para que pudiese reconocer como "hijo natural" al joven con el que practicaba la sodomía. Eric Frattini, ob. cit.

No cabe la menor duda de que Alejandro VI era tan astuto como carente de escrúpulos. Había llegado a ser un experto en el arte de hacer dinero con casi cualquier cosa. La idea de sacarlo de los asesinatos era maquiavélica, aunque no exenta de riesgos, ya que podía incitar a los malhechores adinerados a matar impunemente a cualquier persona que no les gustara o de cuyas posesiones querían apoderarse. Hacerse con los bienes de los prelados de su rebaño fue precisamente a lo que se dedicó aquel papa criminal, pero con mucho sentido común y una pizca de humor negro: Al eliminar un obispo o un cardenal, el beneficio era triple y sin inversión alguna. Alejandro embolsaba el precio que el prelado había pagado para obtener el cargo; los bien pagados sicarios hacían con discreción su trabajo y la herencia del difunto se entregaba a la Iglesia, en realidad al papa, quien también se hacía con el monto que el nuevo candidato al puesto debía desembolsar para conseguirlo. Todo sin pagar ningún impuesto o tasa.

Desde luego, esto no era algo que pudiera surtir efecto durante mucho tiempo, puesto que los candidatos, cuando se daban cuenta del riesgo al que se exponían, debían de hacerse cada vez más escasos... El negocio de las indulgencias iba a ser más fructífero y, sobre todo, mucho más duradero. Poder tirarse a un adolescente, poner los cuernos a su esposa legítima e incluso acostarse con su propia hermana, todo eso sin cometer un pecado castigado por la pena capital *post mortem* del infierno, era un privilegio muy codiciado por la gente adinerada.

Aquel papa Borgia tuvo que vérselas con **Girolamo Savonarola** (1452-1498), un fraile dominicano disidente que vivía en Florencia, predicando el Evangelio, anunciando el inminente fin del mundo e instigando a la población a que confesara sus culpas antes de que fuera demasiado tarde. Savonarola se dedicaba también a fustigar el lujo del Vaticano, la conducta licenciosa del clero y la escandalosa y mal adquirida fortuna del papa, que para él era un auténtico anticristo. Alejandro VI odiaba a Savonarola y andaba buscando un medio de acabar con él. En Florencia, los conciudadanos del fraile, que al principio lo apoyaban, se cansaron de su intransigencia moralista y de sus predicciones fallidas. Finalmente, lo echaron de la ciudad. Alejandro se alegró mucho, mandó que lo interceptaran y que lo trajeran al Vaticano, donde le dio la bienvenida y le suministró el hospedaje gratis... en una de sus mazmorras.

Bajo tortura, Savonarola se confesó culpable de herejía y de diversos crímenes que se le imputaban y, en mayo de 1498, fue quemado en la hoguera junto a dos de sus seguidores. Jacopo Fo, ob.. cit..

76 - Infalible crueldad

Durante el pontificado del (beato) **Pío IX** (1840-1878), se publicaron El capital, de **Karl Marx**, y El origen de las especies, de Charles Darwin. Estas obras fueron en seguida atacadas por el Vaticano, en especial la "teoría" de la Evolución, que era una amenaza directa al mito de la creación según la Biblia. Para el papa y la curia romana, era impensable que la vida haya tenido que pasar por un camino tan largo y sembrado de obstáculos para llegar al hombre y a la mujer modernos. Una teoría que hacía añicos los dos cuentos de la creación, deplorablemente simplistas y además contradictorios, que se encuentran en las primeras páginas de las biblias.

El Dr. Constain —declaró Pío IX— *refutó muy bien las aberraciones del darwinismo, un sistema que es repugnante a la historia, a la tradición de toda la gente, a la ciencia exacta, a los hechos observados y aun a la razón misma.* Eric Frattini, ob. cit. Y añadió, al parecer muy satisfecho de sí, que todo lo que él considera como aberraciones debe ser refutado por la ciencia verdadera. La verdad es que Constain no refutó ni bien ni mal los conocimientos recogidos por Darwin durante sus viajes alrededor del mundo y toda una vida de dura labor. Y lo que refutó sin ninguna dificultad la ciencia verdadera —no la anticiencia profesada por la Iglesia en el siglo de Pío XII— fue la sarta de sandeces y descaradas mentiras expuestas más arriba, de las cuales se reirían muchos creyentes de mente abierta de nuestra época.

Lo verdaderamente repugnante, fue lo que hicieron los papas a lo largo de toda la historia, incluyendo al mismísimo Pío IX, quien fue uno de los peores en cuanto al número de muertes y al sufrimiento ocasionados durante los 38 años de su pernicioso pontificado. Y ese desalmado tuvo la audacia de insultar por escrito a la memoria de Darwin...

Pío IV consideraba la religión católica como la única válida sobre el planeta y él, como sumo pontífice, su máxima jerarquía en la Tierra. Para ratificar esto, y durante el Concilio Vaticano I, se dictó la "supremacía e infalibilidad" papal. Ello originó la protesta y retirada del concilio de cincuenta y cinco obispos franceses, alemanes y centroeuropeos. Estos tenían la intención de impedir que Pío IX se saliese con la suya, pero las disposiciones aprobadas por anteriores papas impedían que nadie pudiera poner en duda la palabra y decisión del papa. Cuando fue enterrado este papa, que sería beatificado por Juan Pablo II en 1985, casi ocho mil prisioneros políticos habían pasado por sus cárceles, y algunos de ellos habían sido decapitados bajo el hacha del verdugo.

Se dice que cuando los patriotas de la unificación italiana entraron en las prisiones de Pío IX para liberar a centenares de presos políticos, muchos de ellos habían perdido la vista o el uso de sus miembros debido a su reclusión continuada en espacios reducidos y completamente oscuros. También se encontraron en los subterráneos un gran número de esqueletos y cadáveres en descomposición en una montaña de prendas de vestir de hombres y mujeres, de uniformes militares y zapatos. Se descubrieron además centenares de juguetes de niños, muertos junto a sus padres, en las prisiones del (beato) Pío IX. Eric Frattini, ob. cit..

No entiendo cómo el papa polaco pudo beatificar a aquel criminal, en una época tan cercana a la nuestra. Quizá él también se creía infalible...

"¿Y qué quiere decir eso de la infalibilidad del papa?" había preguntado yo a mi madre cuando todavía era un niño. "Quiere decir que no puede equivocarse" había sido su inmediata respuesta, pero después había añadido: "Cuando habla de Dios y de religión". Yo esto nunca me lo he creído, e incluso llegué a pensar que si no podía equivocarse, sí podía mentir y engañar a la gente. Y eso era precisamente lo que hacía.

77 - Donde lo mejor y lo peor se mezclan

El sucesor de Pío IX fue el cardenal Gioachino Pecci (1810-1903), quien escogió el nombre de León XIII. Fue el número 256 de la Iglesia y su pontificado cubrió 25 años, de 1878 a 1903. Como ahora, en aquella época los papas solían durar más que en el medievo, quizá porque ya no querían arriesgar la vida persiguiendo de día a los adolescentes y durmiendo de noche con una mujer casada o prometida... A ese papa se le imputan algunas reflexiones y afirmaciones tan disparatadas, que me hacen sospechar que pudiera tratarse de pura calumnia. Al fin y a la postre, su *Rerum Novatum* (De las cosas nuevas), que no tuve la paciencia de leer enteramente, trata entre otros temas del trabajo infantil, de la prevención social y de la protección de la mujer obrera. Insta a que se deje de considerar a los trabajadores manuales como seres inferiores. Se preocupa por la seguridad en el trabajo e incluso por la higiene. Respalda también las asociaciones de obreros, en especial las de obreros cristianos... No cabe la menor duda de que el papa León tenía un lado bueno. Sin embargo, ya que las cosas no son siempre lo que quisiéramos que fueran, vienen aquí algunas de las palabras más despreciables que se le imputan:

La tolerancia igualitaria de todas las religiones es lo mismo que el ateísmo. (perso-vanado.es/estudioateo/citas/intolerancia htm). De acuerdo, León. Pero, entonces, se debe admitir que para los musulmanes, por tomar un ejemplo, vosotros los católicos sois unos infieles, o unos malditos ateos, según el punto de vista y el grado de intolerancia de cada uno.

Lo que sigue no es más que escoria recalentada, que ni siquiera se merecería un comentario: *Es ilegal demandar, defender o conceder libertad incondicional de pensamiento o de palabra, o de prensa, o de culto, como si estos fueran derechos que la naturaleza le ha dado al hombre.* ob. cit.

Por fortuna la Naturaleza no ha otorgado ningún derecho a nadie. La Naturaleza es por definición neutral. Por vía evolutiva nos ha regalado la vista (salvo a los ciegos), el oído (salvo a los sordos), el habla (salvo a los mudos), y un cerebro (a todos), que sirve para pensar, recordar, reflexionar y comprender, lo que nos capacita para rechazar las ideas irracionales que las religiones intentan meternos en la cabeza. Algo que por desgracia demasiado a menudo consiguen.

La siguiente (y última) cita no contribuye a que la balanza se incline en favor del polifacético papa León XIII: «Los católicos deben introducirse dondequiera que sea posible en la administración de los asuntos civiles... Todos los católicos deben hacer lo que esté en su mano para que la constitución de los Estados y su legislación sean modeladas sobre los principios de la verdadera Iglesia».[1]

78 - Cuestiones pendientes

Al llegar al último de los (sumos) pontífices reseñados en este libro, quizá algunos lectores se pregunten por qué entre ellos no figuran dos de los personajes más conocidos y cuestionados del papado: el papa Formosa y la "papisa" Juana. Es que para mí el caso Formosa es una historia a la vez absurda y sucia (tanto en sentido figurado como en sentido propio), que no me apetece sacar aquí a relucir. En relación con las "andanzas" de la papisa Juana, como muchas otras personas pienso que no son más que una leyenda nacida de rumores. Una leyenda que sirvió de basamento para la creación de dos películas: "La papisa Juana", en 1972; y "La mujer papa", en 2009. Lamento tener que decir que aún no he visto ninguna de las dos.

Existen dos versiones de la leyenda, y en ambas Juana, quien estaba embarazada, dio a luz a un niño en un momento y en un lugar equivocados. En la primera, se hallaba en una procesión pasando por un callejón estrecho, con las fatales consecuencias que se pueden imaginar. En la segunda, el suceso ocurrió mientras montaba un caballo, lo que dado su estado era una imperdonable tontería, y como represalias habría sido amarrada al rabo del animal y arrastrada hasta que murió.

Otra mujer, ella muy real y además famosa en su época, podría haber sido al origen de la leyenda de la papisa Juana, o al menos haber contribuido sin saberlo a que se forjara. Ella no tuvo que disfrazarse para imponer su voluntad en Roma... durante unos veinticinco años. Se trata de Marozia de Espoleto, la "Senadora". No se sabe si fue hija del senador Teofilacto o del papa Juan X, pero sí que fue madre de

1 Frases memorables de religiosos. Sindiosos.org (recopilador) 10 jul 2015.

Juan XI y probablemente también abuela de Juan XII. Para saber más, el lector puede volver a la sección 68, si se la ha pasado por alto, o dar un paseo por Internet. Sobre Marozia también se rodó una película, en Italia y en 1911, desde luego en blanco y negro. Que yo sepa, no hubo otra. En mi opinión aquella mujer excepcional se merecía más y mejor atención.

Saltando a la época moderna, vemos que el 29 de septiembre de 1978, después de un pontificado de tan solo treinta y tres días, caía en Roma el último eslabón de la larga cadena de los papas de nacionalidad italiana. Albino Luciani, cuyo nombre de guerra era Juan Pablo I. Murió víctima de una conspiración dirigida en la sombra no por el Dios en tres personas que él veneraba, sino por otro, menos escurridizo, más peligroso y con múltiples facetas: el Dios Dinero.

Cuando se encontró muerto, se llamó a un médico que nunca lo había atendido antes, y los miembros de la curia vaticana se opusieron a que le hicieran una autopsia, y también a la apertura de una investigación. ¿Sospechoso, no?

Es que los que no querían que el nuevo papa metiera las narices en sus turbios asuntos eran numerosos, poderosos y sin escrúpulos. Entre los principales sospechosos destacan los apellidos Marcinkus, Villot, Sindona, Spada, Gelli, Ortolani, Calvi, Mennini y muchos más, de hombres que ejercían, respectivamente, las funciones y profesiones de cardenal, obispo, banquero, empresario, abogado, funcionario del gobierno, policías y financieros expertos en blanqueo de dinero... Se cree que algunos de estos personajes fueron en algún momento relacionados con la mafia italo-americana y la masonería.

Albino Luciani soñaba con una Iglesia católica romana que respondiera verdaderamente a las necesidades de sus fieles en cuestiones tan vitales como el control de la natalidad. Soñaba con una Iglesia que repartiera las riquezas y el poder que había adquirido el Vaticano con sus negocios. (Introducción al libro de **David Yallop**, En Nombre de Dios). Repartir las riquezas era algo que los enemigos del nuevo papa no podían de ningún modo tolerar. Tenían que hacer algo para impedirlo. Lo que hicieron, el escritor y renombrado investigador inglés (y católico) David Yallop (1937) lo relata con maestría en su libro En nombre de Dios, que cualquiera puede descargar rápido y gratis.

Una impresionante serie de éxitos ha brindado a David Yallop una merecida fama como extraordinario investigador, Yallop recibe constantes demandas desde muchas partes del mundo en las que se le pide, se le exige o se le ruega que investigue determinado asesinato o determinada injusticia. Entre otras, Yallop recibió una solicitud particularmente singular en la que se le pedía que investigara una muerte especial. La solicitud provenía del Vaticano. La muerte era la del papa Juan Pablo I, el papa sonriente que había reinado treinta y tres día en 1978.

Hoy por hoy David Yallop ha terminado sus investigaciones en relación con una muerte que oficialmente no presenta ningún misterio, que oficialmente carece de toda violencia, que oficialmente no tiene intriga ninguna. La conclusión, sin embargo, es que se trata de un asesinato. ob. cit.

El Vaticano contraatacó solicitando la colaboración de otro periodista inglés, **John Cornwell,** para que realizara una nueva investigación. Él también presentó el resultado de su trabajo en forma de un libro, con el título Como un ladrón en la noche. La conclusión de Cornwell es original, sorprendente y poco plausible: Juan Pablo se habría dejado morir al cesar de tomar el medicamento que necesitaba para controlar un problema de corazón y de tensión arterial baja, porque temía no ser capacitado para asumir las obligaciones que incumben a un jefe supremo de la Iglesia de Roma... No se trataría, pues, de una muerte natural, ni de un asesinato, sino de un suicidio pasivo... Todavía no he leído ese libro, que no fue tan bien acogido como el que resultó de la meticulosa investigación de Yallop.

Es difícil no preguntarse, después de haber leído mi limitado muestrario del libertinaje desenfrenado y la malevolencia criminal de ciertos papas, si esto se puede o se debe interpretar como una triste evidencia de la imposibilidad de que Dios pueda existir. A esta pregunta yo respondería "sí", y también "no".

"Sí", porque es lógico pensar que si Dios, quien según el dogma de las grandes religiones monoteístas creó un infierno para torturar a la pobre gente que haya cometido algún pecadillo, no impide ni castiga los crímenes que se cometen diariamente en su nombre, es que no se entera o no existe...

Y ahora "no", porque el hecho de que ese Dios, cuyos supuestos mandamientos los papas pretendían imponer pese a que ellos los infringían a diario, no intervino en ese tipo de asunto —y tampoco en ningún otro—, no es una prueba suficiente de que no existe. Es simplemente un argumento más, de muchísimo peso, en contra de su existencia. El silencio de Dios se puede interpretar de múltiples maneras:

Puede ser demasiado introvertido o individualista para sentir interés por seres como nosotros, para Él sin utilidad alguna;

O puede no ser capaz de enterarse de lo que pasa en la Tierra, encontrándose esta —¡vaya Él a saber por qué!— en una zona del espacio demasiado excéntrica y alejada de su celeste residencia;

O es demasiado grande para poder observar seres tan diminutos e insignificantes como nosotros los humanos;

O tiene tareas más importantes o más interesantes que cumplir;

O sabe que estamos aquí y no quiere meterse con nosotros, porque disfruta viéndonos masacrarnos los unos a los otros en su divino nombre, o por cualquier otro motivo fútil;

O para Él somos microscópicos parásitos de la Tierra sin interés alguno, salvo si llegáramos algún día a ser capaces de volar todo el planeta. Entonces se le acabaría la paciencia y nos eliminaría limpiamente. O suciamente, si está muy enfadado.

Última hipótesis: Dios es en realidad el universo, y los cuerpos celestes son sus órganos o sus células. El hecho de que estos nazcan, crezcan, se dispersen, se inflen, exploten, mueran, se hagan polvo y sean reemplazados por otros se parece mucho a lo que sucede, a escala comparativamente infinitesimal, en nuestro cuerpo y con nuestras células.

79 - Incompatibilidad

Teología: *Ciencia que trata de Dios y del conocimiento que el hombre puede alcanzar sobre el ser y la obra divinos, basándose en la revelación y en la fe y utilizando la razón y la reflexión.* (Definición tomada del Nuevo diccionario esencial de la lengua española).

¡Vaya contradicción! La realidad es que "Dios", sin artículo y con mayúscula, no es en absoluto "un ser". Tan solo se puede considerar como un concepto sin ningún fundamento físico. En cuanto a la "obra divina", ¿dónde está? Todo lo que se hace en la Tierra es obra estrictamente humana, a veces buena y a veces inútil o mortífera. O ambas cosas a la vez. Dios no se mete en esto y tampoco parece estar interesado por las moradas que le construyen los hombres, en las que nunca aparece, sean capillas, iglesias, mezquitas, pagodas, santuarios, sinagogas o templos (enumeradas aquí por orden alfabético). También los animales son capaces de cavar madrigueras y de fabricar nidos, refugios e incluso trampas. Tan solo Dios no hace absolutamente nada. Si fuera real, ¡qué vida tan aburrida sería la suya!

Acabo de utilizar, como se sugiere en la definición del diccionario, la razón y la reflexión. Ahora vean ustedes, un poco más arriba, el resultado.

80 - ¿Dónde está la religión?

La religión está en el corazón y no en las rodillas (proverbia.net/ citas/autor/douglas-williams). Esto lo dijo el escritor y periodista inglés **Douglas Williams Jerrold** (1803-1857) pero se equivocó... De haber tenido yo la posibilidad de hablar con aquel hombre, le habría dicho en son de broma: "Tampoco está en el corazón, Douglas, está en la cabeza, más exactamente en la mente, y la mente se aloja en el cerebro, un órgano protegido por un caparazón óseo que algunos tienen muy duro. Es por eso que cuando a uno le han metido de niño en la cabeza una creencia o un prejuicio, es tan difícil sacárselo de ahí".

Considerando el problema desde un punto de vista menos estrecho, yo diría más bien que la religión está en todas partes, incluso y sobre todo en la mente de las personas que tienen buenas razones para desconfiar de ella, porque es siempre provechoso conocer bien a sus enemigos. Dejo ahora la palabra a una mujer, para que entre más feminidad en este ensayo donde domina la voz de los varones, y sobre todo porque lo que escribe me parece muy valioso y quiero compartirlo con mis lectores: *La pulsión de muerte que moviliza a los artífices de la iniquidad divina no se detiene en los límites de cada religión. Se expande por la historia e infecta la cultura. El baño metafísico en el que los poderes religiosos sumergen a sus fieles inunda a la sociedad en su conjunto. La normativa cristiana, burda copia desangelada de ideales paganos, demostró ser tan eficaz para el dominio, que sirvió de modelo no solo a los demás monoteísmos, sino también a las instituciones laicas que con distintos grados de discernimiento se dedican a someter a las personas.* **(Esther Díaz**, Más allá del principio divino, Prólogo al tratado de Ateología, de **Michel Onfray).**

Esther Díaz (1939) es una epistemóloga y ensayista argentina, con un doctorado en filosofía. Quizá algunas personas pensarán que Esther exageró no poco al considerar que toda la gente y todas sus instituciones siguen arrastrando, ya bien entrado el siglo XXI, los estigmas del daño causado por las religiones cuando tenían el derecho de meter las narices en la vida pública y privada de los ciudadanos laicos. La verdad es que todo sigue igual, aunque las tácticas utilizadas por las religiones han evolucionado, porque seguir siendo agresivo sería ahora contraproducente, al menos en el mundo occidental. Donde la religión tuvo que retirarse, lo hizo a regañadientes y a menudo dejando incurables secuelas. Por ejemplo, en muchos tribunales se sigue exigiendo que un testigo jure que va a decir la verdad con una mano sobre La Biblia, una obra que recoge engaños y mentiras a raudales, junto con una ingente cantidad de masacres, violaciones y asesinatos. Además, si la (santa) madre Iglesia le ordena que mienta, sería un grave pecado no obedecer. Lo que podría ser mal comprendido por algunos creyentes poco ilustrados, es la alusión de Esther a una religión "desangelada", que ellos podrían interpretar como una religión desposeída de sus ángeles. Y que yo sepa, la Iglesia católica todavía no ha repudiado los suyos...

En respuesta a la pregunta de un periodista —¿Las religiones son un mito? **Yuval Noah Harari** (1976) responde: *Sí. No sorprendo a los religiosos con ninguna primicia. Ellos ya escucharon que la Biblia es un relato de historias creadas por el ser humano y no por Dios. No me hago ilusión de que millones de musulmanes, judíos y cristianos respondan: "¡Ah, no fue verdad!", y dejen de creer en sus religiones. La fuerza emocional y sentimental de esta historia es tan fuerte que las pruebas no les harán cambiar de parecer. Alguien dijo una vez que Dios murió, pero se tarda mucho en desprenderse del cadáver.* (Yuval Noah Harari [elmundo.es/cronica/2015/03/16/55041]). Desde luego Yuval Noah tiene toda la razón. Para un creyente, oír a los escépticos decir y repetir que la Biblia es obra humana no es ninguna novedad. En esta esperpéntica declaración del autor judío y ateo de Sapiens y de Homo Deus, lo que retuvo mi atención fue su última frase. Más exactamente la última palabra de esta última frase: "cadáver". Sorprende verla aparecer en este contexto, lo que no impide que tenga mucha gracia. Para mí, el "cadáver de Dios" sería tan real y evidente como la sombra proyectada en el suelo por un fantasma vestido de negro, a su paso, de noche, por la galería sin luz de una mina abandonada...

También da que reflexionar la alusión a la "fuerza emocional y sentimental", que actúa como si fuera un pegamento oculto, dificultando e incluso paralizando cualquier esfuerzo que haga el creyente para desapegarse de la religión heredada de sus padres. Esto es algo que yo entendería perfectamente si lo que se relata en los libros de la Biblia, aunque falso, fuera tan conmovedor como la historia de Ruth (una destacada excepción), o al menos ético, edificante, beneficioso y, sobre todo, inofensivo. Por desgracia, la Biblia no es nada de eso. Ni siquiera se le puede aplicar el último de los calificativos mencionados, ya que no es en absoluto inocua.

La mayoría de los estudios científicos sometidos a evaluación paritaria coinciden en que la Biblia es una colección de numerosos textos diferentes elaborados por personas diferentes en épocas diferentes, y que dichos textos no fueron reunidos en un único libro sagrado hasta mucho después de los tiempos bíblicos. (**Yuval Noah Harari**, Homo Deus Breve historia del mañana)

Yuval Noah es profesor de historia en la Universidad hebrea de Jerusalén. Otro de sus libros Sapiens. De animales a dioses, del que se han vendido más de un millón de ejemplares, ha sido traducido a treinta idiomas.

81 - Las ratas católicas

Antes de la Segunda Guerra Mundial, el ministro de la Educación y Cultura ustacha había expuesto en pocas palabras lo que se proponía —e hizo— su partido, la UUCC: *La base del Movimiento Ustacha es la religión. Para las minorías como los serbios, judíos y gitanos tenemos tres millones de balas. Mataremos parte de los serbios, a otros los deportaremos y el resto será forzado a aceptar la Religión Católica Romana. De esta forma la Nueva Croacia se librará de todos los serbios en su seno para llegar a ser 100% católica en un periodo de 10 años* (wikipedia.org/wiki/ustacha).

Antes de unirse a la Ustacha, los croatas tuvieron que hacer un juramento con el cuchillo, la granada de mano, una pistola y un crucifijo de la Iglesia católica romana. (escritoconsangreblogspot.com).

Cuando se acabó la guerra, se habló mucho de los campos de concentración nazis y de los horrores que se cometieron a gran escala en ellos. Pero sobre lo que en Croacia se hizo en nombre del dios de la Iglesia católica romana, se intentó tender un piadoso velo de silencio, el cual resultó pequeño para ocultar todas las atrocidades perpetradas en los campos de concentración croatas.

¿Y por qué la *"Ustacha Ultranacionalista Católica Croata"* odiaba hasta tal punto a los serbios? Simplemente porque son malvados ortodoxos, cuyos barbudos sacerdotes pueden casarse y no reconocen la autoridad del papa. Además esa gente se imagina que el Espíritu Santo proviene únicamente del Padre, niega la existencia del purgatorio y, para colmo, hace la señal de la cruz al revés, empezando por el lado derecho aunque sabe muy bien que todos tenemos el corazón a la izquierda. Los serbios tampoco lo tenían fácil con su propia religión, ya que un simple descuido al santiguarse podía acarrearles graves penalidades. Por ejemplo: *En el siglo XVII, en Rusia había que ser muy atento a como se hacía la señal de la cruz: Quien se equivocaba acababa en la hoguera.* Jacopo Fo ob. cit. <u>La maravillosa Iglesia Rusa</u>.

Con el apoyo personal de Hitler, el líder ustacha **Ante Pavelic** (1889-1959) pudo mantenerse en el poder en Croacia casi hasta el final de la guerra. Abrió campos de concentración y de exterminación, como el de Jasenovac (el peor de todos) donde fueron asesinados alrededor de 600 000 personas. A diferencia de lo que pasaba en los campos de exterminio nazis, en Croacia lo habitual era que se sacara a los desgraciados detenidos para ejecutarlos a la vista de todos y con una crueldad increíble. Hubo incluso competiciones, para saber quién acabaría con más personas en un solo día. El campeón resultó ser **Petar Brzica** (1917-2010), que consiguió degollar de una tirada a 1350 prisioneros con un cuchillo de carnicero. Aquella hazaña fue premiada con un reloj de oro.

Los crímenes de los ustacha escandalizaron a los fascistas italianos y hasta a algunos de los mismísimos nazis, pero no a los jerarcas de la Iglesia católica. **Pavelic** no fue juzgado por crímenes de guerra: Huyó a España, entonces bajo el régimen de Franco, donde murió, con la bendición del papa Pío XII...

Stepinac (1898-1960) arzobispo de Zagreb y amigo de Pavelic, después de la guerra fue condenado a tan solo 16 años de cárcel, que no cumplió realmente y durante los cuales **Pío XII** lo ascendió a cardenal. Finalmente, menos de 40 años después de su muerte el papa **Juan Pablo II** lo declararía beato... (wikipedia.org/wikialoysius-stepinac).

En cuanto a Petar Brzica, se cree que al final de la guerra huyó a Estados Unidos, donde no fue procesado por sus escalofriantes crímenes porque casi en seguida se le perdió la pista... *No obstante, en una publicación croata del año 2009 aparece en una fotografía suya reciente, ya anciano pero en aparente buen estado de salud, sonriendo justo a la entrada de un restaurante.* ob. cit.

Cómo pudo aquel abominable criminal escapar a la justicia y alcanzar la edad de al menos 93 años es un misterio. Quizá no tanto... La Iglesia de Roma, densamente representada por toda América latina, pudo sacarlo de Estados Unidos y tomarlo bajo su protección, para devolverle "el favor" que le había hecho al eliminar centenares de sus enemigos.

Se puede saber más llamando a esta "puerta": larutadelasratasnazis.blogspot.com.es. Ahí se encuentran numerosas fotografías de los criminales croatas y de sus amigos, y también de algunas de sus incontables víctimas.

82 - El ADN es ateo

Al menos tres de los cuatro científicos que trabajaron para descifrar la estructura íntima del ADN (la famosa doble hélice) no suelen hacer alusión a ninguna divinidad, salvo, en el caso de Watson, para negarla.

No veo que la genética ofenda a los dioses —dijo **James Watson** (1928)—, *porque no pienso que haya dioses de ningún tipo allá arriba.* (akifrases.com/james-watson/).

Su compañero **Francis Crick** (1916-2004) opina lo mismo, pero con otras palabras; *Uno de los fenómenos más terribles en el mundo occidental, y en este país en particular, es la cantidad de gente que cree en cosas que son científicamente falsas. Si alguien me dice que la Tierra tiene menos de 10.000 años, en mi opinión debería ver a un psiquiatra. Fuente: Machines Likeus,* (akifrases.com).

La investigadora **Rosalind Franklin** (1920-1958), la "dama oscura del ADN", (según elpaís.com) nos dejó esta frase también escéptica. *La ciencia y la vida cotidiana no pueden y no deben ser separadas.* (rosalindfranklin47.webnod.es).

De **Maurice Wilkins** (1916-2004), tan solo he recogido las siguientes palabras, que son las que más a menudo se citan y que, posiblemente, pronunció durante una acalorada discusión con su compañera de investigación Rosalind: *Es que si usted no está dispuesto(a) a cometer un error, usted no va a avanzar mucho.* (frasesgo.com/frases-de-maurice-wilkins).

Crick y Watson recibieron el premio Nobel, que compartieron con Maurice Wilkins. Por desgracia Rosalind no fue premiada con el Nobel porque estaba muerta, y este prestigioso galardón nunca se concede a título póstumo.

Se ha opinado que sin las investigaciones de Franklin y de Wilkins, Crick y Watson no lo habrían tenido tan fácil. Es una curiosa coincidencia el hecho de que Crick y Wilkins nacieron y murieron en idénticas fechas. Ahora del cuarteto solo queda Watson, y es normal puesto que era el más joven. Tiene dos años menos que yo.

83 - No es tan sencillo

Leído en la obra de **Richard Dawkins** El espejismo de Dios: *"Si este libro surte el efecto que pretendo, los lectores religiosos que lo abran serán ateos cuando lo cierren.*

¡Ojalá fuera cierto!

Seguramente algunos creyentes sentirán curiosidad, leerán el libro y al llegar al final se puede que empiecen a dudar... Pero otros, por desgracia los más numerosos, al ver el aviso se asustarán y renunciarán a seguir leyendo. Es que, como señala también Richard: *Esos fanáticos con la fe marcada a fuego son inmunes a la argumentación.*

Una vez entregué a un amigo, fumador incorregible, un folleto ilustrado en el que se explicaba lo dañino que es el tabaco. Echó una rápida mirada al texto y a las escalofriantes imágenes que lo acompañaban, y en seguida me devolvió el documento, horrorizado.

—No voy a leer esto —me dijo.

—¿Por qué no? —le pregunté. Su respuesta me dejó perplejo:

—Porque me gusta fumar.

—Sabes que esto es adicción —insistí yo.

—¡Claro! Pero no quiero renunciar al tabaco porque fumar me hace sentir bien.

Para muchos creyentes, la fe es también una adicción a la que no quieren renunciar, aunque se den perfectamente cuenta de que su religión no es ni mucho menos perfecta. Mi amigo fumador era, según sus propias palabras, un creyente moderado. No iba a misa, y cuando le pregunté por qué, me respondió sin reír que era porque en la iglesia no se permitía fumar. Tampoco creía en la virginidad perpetua de María y nunca había abierto una Biblia. Cuando yo le aconsejé que leyera al menos los primeros libros del Viejo Testamento, me respondió que lo haría, pero lo más tarde posible, y yo no insistí.

En mi opinión, lo peor que a uno le puede pasar es que esté a la vez adicto al tabaco, al alcohol y a una religión. Y no hablo de las drogas...

84 - Ojeada a las sectas

Hace ahora unos dos años, encontré en Internet y luego descargué un texto titulado <u>Sectas religiosas</u>. Luego me sorprendí al darme cuenta de que aquel libro es en realidad una relación de las vivencias y de las impresiones recogidas por el autor durante su paso por un número indeterminado de sectas, de las cuales pudo salir sin demasiados problemas. Pasaron los meses, me olvidé del archivo y cuando hace poco quise recuperarlo, no lo conseguí. Lo más extraño es que no solo parece haber desaparecido de mi disco duro, sino también de Internet... Por fortuna había recogido algunos pasajes, que incluyo ahora en mi ensayo porque me parece de gran interés informativo. Aunque recuerdo perfectamente el nombre (seguramente un seudónimo) del autor, como ignoro por qué todo el archivo se eliminó, aparecerá aquí reducido a sus iniciales (GM), para que los lectores queden informados sobre el origen incierto de los fragmentos de la obra citados a continuación.

No funciona nunca

Las diferentes voces proféticas son capaces de no cesar de emitir predicciones apocalípticas, aun después de que cada una de ellas haya caducado sin haberse producido nada de lo que pronosticaban que iba a suceder. No puedo recordar la enorme cantidad de veces que en mi caminar por los mundos sectarios he oído anunciarse el inminente final del mundo sin que la llegada de la fecha fatídica nos depare nada anormal.

Una de las explicaciones más convincentes que he podido escuchar para justificar tal fallo profético, es que Dios se apiada de nosotros y nos concede prorrogas, con la esperanza de que nos enmendemos.

La capacidad de engañarse que el creyente puede alcanzar no tiene límites: No solo no percibe el fallo de la predicción como un engaño, aunque este se repita una y otra vez, sino que lo aprovecha para ensalzar la bondad divina. (GM)

Autodestrucción

Las semillas del suicidio colectivo: La primera causa del suicidio no hemos de buscarla en nada extraordinario. La mayoría de las sectas y de los caminos espirituales inducen a despreciar la vida e incluso a dañarla. No debemos subestimar esta enorme atracción que muchas de las sectas y religiones experimentan hacia la autodestrucción. El síndrome del martirio en Occidente viene impulsado por el anhelo imitador de la pasión de Cristo... Existe una especie de sed por conseguir la expiación al estilo cristiano más duro y puro. A esa gente la creencia de que no somos de este mundo incita a despreciar la vida y el mundo en el que vivimos nosotros, que a menudo se nos antoja terrible y demoníaco (GM), (Texto un poco comprimido, con disculpas).

No intentarlo...

Los creyentes saben que para conseguir ciertas metas de elevada santidad es necesario sumergirse en la ignorancia más absoluta.

Hace unos cuantos siglos ser científico podía significar acabar en la hoguera. La investigación científica era un grave sacrilegio. El hombre no debía atreverse a estudiar la creación divina y poner en duda lo que Dios había revelado a los hombres (GM). Y, naturalmente, en aquella época tratar de explicar a la gente que Dios no ha revelado nada a nadie y quedar con vida no podía ni soñarse.

Alteración peligrosa

El místico tiene grandes ansias por vivir, con la diferencia de que desea hacerlo más en el otro mundo que en este. La experiencia mística produce una alteración emocional y mental extraordinaria en los individuos, una agitación psicológica que suele desembocar en el fanatismo (GM).

Dudas

Durante años, GM pasó de una secta a otra y consiguió salir de la última con la mente bastante sana para contar su aventura con gran lucidez. Pero lo que se expone a continuación no puede ser algo normal y espontáneo. Podría tratarse más bien de ensoñaciones producidas por la absorción, consciente o no, de alguna sustancia alucinógena. (Que GM me perdone si me equivoco).

Las sensaciones que produce la proximidad de algún tipo de presencia divina son extraordinarias: Se puede llegar a sentir tan intenso amor que te lleva hasta el éxtasis. Alcanzas una felicidad tan increíble que no puedes ni siquiera recordarla cuando ya no estás en ella. Te sientes en una sublime atmosfera sagrada que embelesa, que droga y que seduce (GM).

Manipulación

Posiblemente no existe otro mediador estrella, en otras civilizaciones, que haya sido tan manipulado como Jesucristo en nuestra cultura occidental (GM).

Muy acertado: Jesús fue probablemente uno de los personajes más versátiles y amoldables de la historia de las religiones. Los judíos lo rechazaron porque no cumplía las profecías mencionadas —con muy poca claridad— en la Torah. ¿Y qué tenía que hacer? Entre otras cosas, reconstruir el templo, devolver a los israelitas la tierra que ellos habían robado a los cananeos, hacer que el Dios de Israel llegara a reinar sobre todo el mundo para que así se estableciera el fin del odio y la paz mundial. Es evidente que no cumplió con ninguno de estos requisitos.

Los musulmanes no fueron tan exigentes. Para ellos. Jesús fue un profeta de alto rango, que ni fue crucificado ni resucitó: Quien murió en la cruz fue otro, mientras él se escabullía rumbo a los cielos, con la ayuda de Alá.

Al parecer para los mormones Jesús lo es todo: *Jesús es el Rey de reyes y el Señor de los señores...Es el Dios de Jehová, es el Dios de Abraham... Jesucristo es el único camino hacia el Padre.* (unmormonhabla.blogspot.com.)

Si he comprendido bien lo que intentaron explicarme los Testigos de Jehová, para ellos Jesús sería el primer ser creado por Dios a su imagen. Cómo llegó a existir todo el resto no me quedó muy claro... Con mis disculpas a GM por la digresión.

Injusticia
No cabe duda de que las pasiones y los instintos más bajos del hombre, disfrazados a menudo de virtud, campan a sus anchas por los caminos espirituales.

A los miembros de las sectas se les suele considerar adictos al fanatismo de su credo particular... El consumo de las ofertas sectarias se considera una perniciosa drogadicción, pero el consumo de las religiones oficiales, no. (GM).

Borrachera divina
La drogadicción sexual puede convertirse en grave obsesión e impulsar a cometer locuras, y con la drogadicción espiritual puede suceder lo mismo... El borracho de Dios puede actuar con un notable descontrol y caer en un irracional fanatismo. (GM) Esta cita es la última tomada de El libro de las sectas.

85 - ¿Qué pasó antes?
Si Dios —el dios de los católicos— existiera, sería terriblemente injusto: Salva únicamente a los que creen en Él, porque el azar los hizo

nacer en una región y en una familia católicas, cuando dicha religión ya había sido instituida y difundida. ¿Y qué pasa con la ingente cantidad de seres humanos que nacieron y murieron antes de que se empezara a hablar de Él, o que viven en lugares a donde no llegó nunca la voz de sus sacerdotes? ¿Qué destino se reserva para las almas de toda esa gente que nunca oyó hablar del único y verdadero Dios en tres personas de los cristianos? Un dios demasiado joven para ser universal, que según lo que se deduce de una atenta lectura de las Santas Escrituras, podría haber sido ideado por Moisés en el desierto del Sinaí. Esto pudo haber ocurrido, según los cálculos de un grupo de arqueólogos y de expertos en estudios bíblicos, entre 1513 y 1493 a.C.

Nuestra especie (Homo sapiens) empezó a considerarse como tal en torno al año 150.000 a.C. Entre las dos fechas, el hueco es enorme. ¿Qué dice la Iglesia católica romana acerca de aquellos seres que se iban haciendo cada vez más humanos a medida que pasaban desfilando los milenios? ¿Y qué destino se reserva para los ateos, los fieles de las Iglesias reformadas, los ortodoxos, los judíos, los musulmanes, los budistas, los hinduistas y los adeptos sinceros y honrados de todas las sectas y las religiones exóticas que pululan por todo el mundo? ¿Cómo se las apañará Dios, cuyas capacidades intelectuales se desconocen, para identificar a los suyos, sacarlos de esa jungla formada por personas de todas las etnias que vivieron en algún momento y en algún lugar de la Tierra, y así poder juzgarlos equitativamente?

86 - El patito malo

¿Por qué hay maldad en el mundo? pregunta **Pat Robertson** (1930) en su incoherente libro Las leyes del reino. Y en seguida advierte: *Dios no causa el mal.*

Desde luego, Dios no es dañino. El diablo tampoco. Ambos no son más que palabras huecas, y las palabras por sí mismas son neutras y, por ende, no pueden causar el mal. La capacidad de actuar bien y de actuar mal es un privilegio exclusivo del ser humano, no de los dioses ni de los animales.

Entre otras necedades Robertson escribe: *Nunca habrá paz en el mundo hasta que la casa de Dios y el pueblo de Dios reciban su recto lugar de liderazgo en la cima del mundo.* ¿Cómo puede haber paz cuando borrachos, traficantes de droga, comunistas, ateos, adoradores de Satán de la nueva era, humanistas seculares, dictadores opresivos, cambiadores de moneda ambiciosos, adúlteros y homosexuales están en la cima?

En el capítulo 4 de su libro, Robertson insiste en que hay vida después de la muerte y asegura que ¡Oh maravilla! *"Dios nos dará cuerpos nuevos"*. Muy bien, pero... ¿De dónde Dios va a sacar la enorme cantidad de cuerpos necesarios para satisfacer todas las demandas? No habrá ningún problema, serán clones: *Los que hayan vivido para Dios tendrán un cuerpo tal como lo tiene Jesucristo.* ¡Vaya recompensa! A cada uno de esos desgraciados le será atribuida una copia perfecta del cuerpo de Jesucristo, con las mismas cicatrices debidas a los clavos que lo mantenían fijado a la cruz y al golpe mortal que le propinó el centurión Longino con su (santa) lanza. ¿Y el cuerpo de quién se va a clonar para que las mujeres puedan tener también uno nuevo en el otro mundo? ¿El de María Magdalena, o el de María madre de Cristo?

En el capítulo 7, leemos que *Dios puede hacer todas las cosas que nos parecen imposibles.* Entonces, esas cosas, ¿por qué no las hace a la vista de todos para convencer a los escépticos?

Para Robertson, los judíos hicieron bien en masacrar, sin distinción de edad ni de sexo, a todos los habitantes de los territorios palestinos de los cuales consiguieron apoderarse. Para él, tenían una buena excusa: *La gente de la tierra de Palestina era muy malvada. Se había abandonado a la idolatría; sacrificaban a sus hijos; tenían todo tipo de prácticas sexuales abominables; estaban teniendo relaciones con animales; estaban teniendo sexo hombres con hombres y mujeres con mujeres; estaban cometiendo adulterio, fornicación; adoraban ídolos, dándoles a sus hijos como ofrenda.*

Y todo esto, ¿de dónde lo sacó Robertson? No hay en las Biblias ninguna mención que pueda hacer pensar que los cananeos fueran tan malos. Al contrario, a los espías que Moisés había despachado para reconocer el país, los trataron bien y les hicieron regalos. Veamos lo que se dice al respecto en las Escrituras:

En la primera Biblia consultada: *Al cabo de cuarenta días volvieron de explorar la tierra. Se presentaron a Moisés, a Aarón y a toda la comunidad de los israelitas, en el desierto de Parán, en Gades. Les hicieron una relación y les mostraron los productos del país. Les contaron lo siguiente: "Fuimos al país al que nos enviaste, y es verdad que mana leche y miel; estos son sus productos. Solo que el pueblo que lo habita es poderoso, con ciudades fortificadas y muy grandes... "* (Núm 13, 26-27) <u>Biblia de Jerusalén</u>.

En la segunda se confirma que el país es rico, pero también fuerte y bien defendido: *Presentaron un informe a toda la comunidad y les enseñaron los frutos del país. les contaron "Hemos entrado en el país adonde nos enviaste; y verdaderamente es un país que mana leche y miel; aquí tenéis sus frutos. Pero el pueblo que habita el país es poderoso; tienen grandes ciudades fortificadas... "* (Núm 13, 27-28) <u>Biblia de la Conferencia Episcopal Española</u>.

La maldad a la que hace alusión Robertson no aparece en la relación de los espías. Los malos, los bárbaros, los que siempre andaban sedientos de sangre estaban en el otro bando... Eran los israelitas, que ambicionaban apoderarse de Cisjordania, la tierra de los cananeos. No lo intentaron en seguida, como quería Caleb, uno de los emisarios, porque otros se opusieron, sabiendo que serían vencidos. Se armó entonces una bronca de todos los demonios y Dios tuvo que tomar cartas en el asunto... Según lo que se cuenta, a decir verdad de manera no muy clara, Él mismo habría condenado a los israelitas a vagar durante cuarenta años en el "desierto". Y ellos, al cabo de todos estos años de cuarentena y después de haber arrasado los pueblos de la orilla izquierda del Jordán, más aguerridos y con un verdadero ejército penetraron en la "tierra prometida", donde perpetraron un genocidio en toda regla y a gran escala. Pero no pudieron adueñarse de la Banda de Gaza, territorio de los inexpugnables filisteos; ni de Jerusalén, entonces ocupada por los jebuseos; y tampoco de la ciudad de Gabaón, cuyos astutos habitantes habían conseguido, usando una artimaña, hacerse los aliados de los invasores.

Parece cierto que hubo en esa región, como en muchas otras, algunos sacrificios humanos a Moloch, y también a Milcom, el dios preferido de los moabitas. El más espectacular se relata en el <u>Segundo</u>

Libro de los Reyes (3, 26-27): *Al ver que la batalla arreciaba en su contra, el rey de Moab tomó consigo setecientos hombres empuñando espadas y trató de abrir una brecha en dirección hacia el rey de Siria, mas no lo consiguieron. Tomó entonces a su primogénito, el que había de reinar tras él, y lo ofreció en holocausto sobre la muralla. Entonces una cólera inmensa se desató entre los israelitas, que se retiraron, apartándose de él, para regresar a su país.*

Para el rey de Moab, el sacrificio de su primogénito debió de ser desgarrador, pero lo que hizo tenía que hacerlo. Sabía lo que significaba la "conquista" de la ciudad por el ejército israelí: la exterminación de todos los seres vivos que se encontraban en ella: hombres, mujeres, niños y animales. Debía intentar algo para salvar a su pueblo...

Lo más extraño del caso es que la Iglesia católica, que condena aquel sacrificio, lo repitió con Jesucristo, pero con una diferencia exorbitante: El sacrificio del primogénito del rey de Moab sirvió para salvar vidas, muchas vidas, mientras que el sacrificio del presunto hijo de Dios fue inútilmente cruel y, además, absurdo. Sirvió únicamente para generar odio y suscitar conflictos, guerras, masacres, pogromos y aquella intolerancia crónica y agresiva que caracteriza a todas las iglesias cristianas o derivadas del cristianismo.

En cuanto a las detestables prácticas sexuales a las que Robertson hace alusión, tampoco se mencionan en el informe de los hombres que Moisés había enviado para reconocer el país que quería conquistar. Los cananeos y la gente de otras etnias que vivía con ellos eran personas normales y de costumbres pacíficas, que no se metían con nadie. Si a Robertson le interesan las historias de perversión sexual, de codicia del poder, de corrupción y de crueldad, le aconsejo tres libros donde abundan: La historia maldita de los papas, por **René Chandelle**, Los papas y el sexo, de **Eric Frattini**, (ya citado varias veces en este ensayo) e Historia oculta de los papas, de **Javier García Blanco**, (también citado).

Antes de alejarme de este desagradable personaje, coloco aquí dos de sus declaraciones en mi opinión más estúpidas y más detestables: *Ellos estaban bajo el talón de los franceses... y ellos se reunieron y juraron un pacto con el diablo.* (frases go.com/autor/pat-robertson). Es así como Robertson escribe la Historia... "Ellos" eran los esclavos de Haití, y su sangrienta y larga lucha para sacudirse de encima el yugo de la esclavitud fue más bien, a mi juicio, legítima y épica. Y ahora viene lo mejor. En realidad, es lo peor:

Sé que a las damas les duele oír esto, pero si se casan, han aceptado el liderazgo de un hombre, su esposo. Cristo es la cabeza del hogar, y el esposo es la cabeza de la esposa, y así es cómo son las cosas, punto. (akifrases.com/autor/pat-robertson).

La primera vez que leí estas palabras de Robertson, no pude retenerme de proferir a su intención una sarta de imprecaciones. Después lamenté sinceramente que no existiera el diablo, para que a este repugnante machista lo emasculara y lo condenara a servir, como criado y como eunuco, a las mujeres que estuvieran aguardando su turno en la sala de espera del infierno.

Robertson es un fundamentalista de la iglesia reformada, que en 1988 quiso ser candidato a la presidencia de Estados Unidos, pero renunció al ver el poco entusiasmo que suscitaba su candidatura... Creo haber leído en alguna parte que le han premiado con el *Ig-Nobel*, una caricatura del auténtico premio Nobel. Es que la palabra "*Ig-Nobel*" se pronuncia, en inglés, más o menos como el adjetivo "*ignoble*" (en español: "innoble", un calificativo que parece haber sido hecho a medida para aquel individuo).

87 - Los fanáticos de la teocracia

Definición de la palabra "teocracia": *Forma de gobierno que se supone sometida a la ley divina, en consecuencia a los ministros y representantes de Dios; o de los dioses, como la del pueblo hebreo con Moisés o Irán bajo el fundamentalismo islámico.* (Nuevo diccionario esencial de la lengua española).

¿Y a quién le gustaría vivir, en nuestro siglo, bajo un gobierno sometido a leyes supuestamente divinas? Pues resulta que existen personas de todo el mundo que aspiran a este tipo de gobierno, aunque lo que quieren en realidad no es una teocracia, sino una "eclesiocracia". Quieren ser regidos por su religión, por su fe o, en el caso de los católicos, por su (santa) madre la Iglesia.

Esto algunos lo proclaman clara y rotundamente, mientras que otros lo hacen de forma más o menos encubierta. No faltan los ejemplos:

Que una ola de intolerancia los llene. Quiero que se sientan lle-narse de una ola de odio. Sí, el odio es bueno... Nuestro objetivo es una nación cristiana... Estamos llamados por Dios a conquistar este país...No queremos pluralismo. Queremos una teocracia. (wanadoo.es/estudiosateos/intolerancia).

Estas odiosas palabras son obra de **Randall Terry** (1959), jefe de Operación Rescue. Según la fuente citada, las habría pronunciado el 15 de agosto de 1993. No se merecen siquiera un comentario: son basura.

El (reverendo) **Jerry Falwell** (1933-2007) pastor tele-evangelista estadounidense y fundador de una iglesia bautista en Virginia, había afirmado, como muchos hicieron antes y siguen haciéndolo, que el sida era un castigo de Dios. Pero él había añadido que el divino castigo no era solo para los gays y las lesbianas, sino también para los Estados que los toleraban. Falwell quería vivir lo bastante para llegar a ver las saludables escuelas públicas eliminadas y la partidista enseñanza religiosa restablecida. No lo consiguió, en primer lugar porque la gente no está tan loca como se imaginaba, y en segundo lugar porque él está irremediablemente muerto.

Espero vivir —había dicho Falwell— para ver el día en que, como en los primeros días de nuestro país, no tengamos más escuelas públicas. Las iglesias las habrán conquistado de nuevo y los cristianos las manejarán. ¡Qué día feliz será ese! ob. cit.

Feliz... ¿Para quién? A lo largo de al menos quince siglos, la Iglesia católica mandó en Europa y en los países de ultramar que habían sido conquistados. ¿Era instruida y feliz la gente? ¿Se sentía cómoda y libre bajo el yugo de las Iglesias, tanto de la romana como de las reformadas? En absoluto...

¡Qué época tan aburrida, desgraciada y a menudo peligrosa fue aquella! ¡Y qué largo y complicado fue escapar del estado de estancamiento cultural en el que se mantenía al pueblo! Si este no hubiera conseguido liberarse él mismo, aunque ya bien entrado el Renacimiento todavía se perseguía a la gente por brujería, el reverendo Falwell nunca habría llegado a ser "teleevangelista".

Es que nadie, aun sabiendo que era posible, se habría arriesgado a empezar a sacarles partido primero a la electricidad, por ejemplo con el alumbrado público; y luego a las ondas electromagnéticas, hasta llegar al invento de la radio, de la televisión y finalmente de Internet. Hasta que en Occidente los trabajadores se hicieron fuertes, era difícil que alguien pudiera experimentar con una fuerza que no fuera visible, palpable y comprensible para la cuestionable capacidad intelectual de la curia vaticana, sin correr el riesgo de que alguien lo acusara de haber pactado con el diablo. Y al culpable de ese grave delito se le solía apresar, torturar y quemar, sin esperar que eso se hiciera en el infierno...

Algunos no se molestan en ocultar lo que piensan y lo exponen sin disimulo. Pero, ¿lo piensan realmente o solo pretenden engañarnos? La siguiente afirmación fue encontrada en una publicación jesuita, cuyo nombre no se precisa: *La Iglesia católica romana, convencida de que es la verdadera Iglesia, debe demandar el derecho a la libertad para sí misma y el fin de la libertad para todas las otras.* (taringa. net/post/info/frases estupidas-religiosas/).

Esto es lo que piensan los musulmanes de su propia religión; y también los judíos acerca de la suya, para quienes Jesús nunca tuvo pinta de ser el mesías que ellos esperaban. Deberían tratar de ponerse de acuerdo, o incluso instituir un convenio de tolerancia mutua... Pero esto no se intentará nunca, porque nadie quiere codearse con infieles...

Al parecer la Enciclopedia católica se equivocó de siglo cuando publicó, en su edición de 1911, el siguiente artículo: *Si, por lo tanto, la Iglesia católica también reclama el derecho a la intolerancia dogmática con respecto a sus creencias, es injusto reprocharle el que ejercite este derecho. La Iglesia contempla la intolerancia dogmática no solo como un derecho, sino como un deber sagrado... Según Romanos 8,11, las autoridades seculares tienen el derecho de castigar, especialmente los crímenes graves, con la muerte; consecuentemente, los herejes pueden no solo ser excomulgados, sino también condenados justamente a muerte.* ob. cit.

De modo que, a principios del siglo pasado, cuando Einstein tenía ya 32 años y mi padre uno más, si te arriesgabas a decir en público que la Trinidad no tenía sentido, se consideraba como una herejía. O peor aún, como un crimen que se podía castigar con la muerte... ¿Y qué dice al respecto (san) Pablo en el versículo 8,11 de su latosa Epístola a los Romanos? Pues, nada. Así reza el citado versículo: *Y si el Espíritu de Aquel que resucitó a Jesús de entre los muertos habita en vosotros, Aquel que resucitó a Cristo de entre los muertos dará también la vida a vuestros cuerpos mortales por su Espíritu que habita en vosotros.* (La Biblia consultada es la de Jerusalén).

Parece que el autor, además de su equivocación respecto al siglo, tampoco señaló el versículo correcto. Veamos, en la misma Biblia, el 7,11, por si acaso: *Porque el pecado, aprovechándose del precepto, me sedujo, y por él, me dio muerte.* Nada más.

El sentido de este segundo versículo no queda nada claro; y el del primero todavía menos. Además ninguno de los dos parece muy agresivo, ni tampoco sagrado.

La *Encyclopaedia Britannica*, en su edición de 1771, no necesitó recurrir a la Biblia para justificar los castigos que se aplicaban a los blasfemos: *El principal crimen de la primera clase, reconocido por las cortes temporales, es la blasfemia, bajo la cual puede incluirse el ateísmo. Este crimen consiste en negar o hablar vilmente de la divinidad, de palabra o por escrito. Todos aquellos que maldigan a Dios o a cualquiera de las personas de la Sagrada Trinidad deben sufrir la muerte, incluso por un único acto; y aquellos que lo nieguen, si persisten en su negativa. Negar una providencia o la autoridad de las Sagradas Escrituras es pasible de la pena capital a la tercera ofensa.* E. B. bajo el apartado "Ley" sobre los crímenes". (perso.wanadoo.es/estudioateo).

Por lo menos al ateo se le dejaba una puerta de salida: Podía mentir diciendo que estaba equivocado y que lo sentía mucho. Por desgracia, para los que se atrevían a maldecir a Dios o al Divino Trío, no había escapatoria, ni siquiera por un único acto...

Ahora, condenar a la pena capital por blasfemia y por no creer en ninguna divinidad está pasado de moda, pero la intolerancia religiosa sigue floreciente. En 1993, el escritor norteamericano **Albert J. Menendez**, en su libro "*Visions of Reality: what fundamentalist Schools teach*" (Visiones de la realidad: lo que se enseña en las escuelas fundamentalistas) analizó lo que efectivamente estas escuelas enseñan. De paso recogió la siguiente cita de otro americano, el extremista religioso **Gary North** (1942):

Seamos frontales: debemos usar la doctrina de la libertad religiosa para lograr la independencia de las escuelas hasta que entrenemos a una generación de personas que sepan que no hay libertad religiosa, ni una ley neutral, ni una educación neutral, ni un gobierno civil neutral. Luego se ocuparán de construir un orden social, político y religioso basado en la Biblia, que finalmente niegue las libertades religiosas de los enemigos de Dios. (perso.wanadoo,es/estudioateo/intolerancia-catolica).

Lo que reivindica esa gente está muy claro. Quiere que le concedan la libertad religiosa más absoluta, y también que se ponga mordazas a todas las voces susceptibles de difundir opiniones que no encajen perfectamente con las suyas.

En diciembre de 1952, apareció en el *New York Herald Tribune* una afirmación del cardenal español **Pedro Segura** (1870-1957), tan explícita como escueta: *La libertad de prensa es uno de los mayores males que amenazan a la sociedad moderna.* ob. cit.

¿En qué siglo se creía aquel cardenal? Ya mucho antes de que naciera, el político y periodista mexicano **Francisco Zarco** (1829-1869) declaraba: *La prensa no solo es el arma más poderosa contra la tiranía y el despotismo, sino el instrumento más eficaz y más activo del progreso y de la civilización.* (muyinteresante.es).

La frase que nos dejó el escritor francés **Víctor Hugo** (1802-1885) es más breve, pero no menos explícita: *La prensa es el dedo indicador de la ruta del progreso.* ob cit.

En países como Rumania, Camboya o Rusia y en los peores tiempos de la dictadura comunista, seguro que Segura lo habría pensado mejor... Según el político y centenario español **Ramón Serrano Suñer** (1901-2003), *el cardenal Segura era una persona de carácter íntegro, de talento integrista y de una intolerancia medieval.* (el pais. com/diario/1976/09/19/ El anacrónico cardenal Segura).

Más o menos en la misma época, **Arnold Lunn** (1888-1974), un escritor y deportista inglés agnóstico que se convertiría al catolicismo a la edad de 45 años, se dio cuenta de que la tolerancia no figuraba en la Biblia. Al constatar esa carencia debió de alegrase mucho, puesto que luego dijo o escribió: *La teoría de que uno debe siempre tratar* *con respeto las convicciones religiosas de los otros no encuentra ningún soporte en los Evangelios.* (perso.wanadoo.es/estudioateo).

Tampoco se encuentra entre las necias y siempre imprecisas profecías de la Biblia, ninguna que predijera que el hombre, al utilizar libremente sus facultades cognitivas y creativas, llegaría a fabricar máquinas capaces de vencer la fuerza gravitacional y de llevar al hombre de paseo ida y vuelta hasta la luna; mientras que otras, sin ocupantes, alcanzaban y superaban sin detenerse los límites de nuestro sistema solar... Tampoco se pronosticó que podríamos enviar, en unos pocos segundos, mensajes, largos textos e incluso libros enteros a cualquier punto del mundo, y además recibir la respuesta al instante. Todo esto a la velocidad de la luz...

Así que, buscar en las (sagradas) pero lamentablemente ignorantes Escrituras un soporte para justificar nuestras acciones, o para no actuar cuando lo correcto sería hacerlo, ha sido siempre y sigue siendo una monumental estupidez.

Al Estado teocrático se asocia la idea de poseer esclavos, y quizá también se echa en falta la época no tan lejana en la que era algo normal y legal. Esa añoranza la debía de sentir el senador de Alabama **Charles Davidson** (1929), cuando recordó que Dios no condena la esclavitud, sino que la aprueba, lo que naturalmente es falso, y también absurdo. Yo diría más bien que la tolera porque, siendo un ser puramente conceptual, carece de los atributos necesarios para poder impedirla, ni tampoco reprobarla. Las siguientes palabras de Davidson son una evidencia de que muchos americanos muy religiosos serían encantados de poder poseer esclavos y, sobre todo, esclavas guapas y complacientes: *La gente que siente un amargo odio hacia la esclavitud obviamente siente odio amargo contra Dios y su palabra, porque rechazan lo que Dios dice y abrazan lo que dicen meros seres humanos acerca de la esclavitud. Este pensamiento humanista es el que abrazan los abolicionistas.* (wanadoo.es/ estudiosateos/citas/intolerancia).

Aquello, Davidson lo dijo en 1996... Pero se equivocó al declarar que los que están en contra de la esclavitud rechazan *lo que Dios dice*. Es que nadie puede rechazar o aprobar lo que dice Dios, porque Dios, además de ser a la vez ciego e invisible, es también mudo. No habla nunca. Si lo hiciera de verdad, quizá con solo pronunciar unas pocas palabras podría cambiar el mundo... Por desgracia, *Jamás, desde que el mundo es mundo, se ha visto a un dios hacernos majestuosamente una visita.* Maître Simón, ob. cit.

En cuanto a Davidson, me gustaría saber lo que opinaría de la esclavitud si él mismo fuera... un esclavo. También me agradaría grabar a puñetazos en su retrasada mente la bonita y sensata frase que cito a continuación: *No hay rey que no haya tenido un esclavo entre sus antepasados, ni un esclavo que no haya tenido un rey entre los suyos.* (frasesypensamientos.com.ar). Se debe a **Hellen Keller** (1880-1968), una intrépida activista estadounidense que a consecuencia de una grave enfermedad quedó ciega y sorda a la edad de dos años.

Un triste individuo llamado **H.A. Buster Dobbs**, que se decía "predicador de Cristo" y era entonces relacionado con la fea publicación "Firm Foundation", no dudó en declarar, seguramente sin reír: *La incapacidad o falta de voluntad para odiar hace inservible a una persona. Si no odiamos las cosas detestables, la calidad de nuestro carácter es sospechosa. La Biblia nos manda que odiemos*). (taringa.net/posts/apuntes-y-monografias).

Siempre oímos decir que Cristo nos manda que amemos a nuestros enemigos —no se habla de los amigos—, y también que si te propinan un bofetón en una mejilla debes ofrecer en seguida la otra... Y resulta que ahora te dicen que debes odiar, sin precisar con claridad el objetivo. Ni siquiera te revelan de dónde proviene la idea, pero esto es fácil de adivinar: de la Biblia, en especial de los primeros libros del Viejo Testamento. Pues, ¡Odiémoslos!

Albert Beveridge, (1862-1927), quien fue senador de Indiana y uno de los impulsores del imperialismo y del segregacionismo en los Estados Unidos, dijo en 1900: *Dios preparó al pueblo americano para ser maestro y organizador del mundo, para instituir el orden donde reina el caos. Dios ha designado al pueblo norteamericano como nación elegida para iniciar la regeneración del mundo.* (**Jaume Botey Vallès**, El Dios de Bush).

Lo que Beveridge no dijo, fue cuándo y cómo Dios preparó al pueblo. En cuanto a la elección de los Estados Unidos como nación encargada de la regeneración del mundo, llegó con al menos treinta siglos de retraso, puesto que según la Biblia Dios había escogido a Israel para difundir su palabra y sus mandamientos, también por todo el mundo.

John David Ashcroft (1942), que fue Fiscal General de los Estados Unidos de 2001 a 2005, declaró en 1999, después de recibir un premio de una universidad ultraderechista y de fuerte tendencia racista: Única entre las naciones, EUA ha reconocido la fuente de nuestro carácter como divina y eterna, no cívica y temporal. Y como hemos entendido que nuestra fuente es eterna, los EUA somos diferentes. No tenemos otro rey que Jesús. ob. cit. Esto parece una broma, pero Jesús, que nunca fue rey y cuya existencia física e histórica ha sido siempre dudosa, era la figura idónea a la que recurrir para impresionar a una audiencia silenciosa y en su gran mayoría fuertemente religiosa.

El político y periodista ultraconservador **Patrick Buchanan** (1938), quien fue dos veces candidato a la presidencia de los Estados Unidos, habría declarado en una ocasión: *Nuestra cultura es superior porque nuestra religión es el cristianismo. Y el cristianismo es la verdad. Y la verdad hace libres a los hombres.* ob. cit. Buchanan se equivocó, o tal vez pretendía enredar a sus confiados oyentes. La verdad no hace necesariamente libres a las personas. Eso depende de quién la maneja y de lo que se pretende obtener con ella. También se debe tener en cuenta que se puede ocultar o adulterar. Y el cristianismo no es la verdad, sino todo lo contrario. Buchanan haría bien en leer (o releer) el Pentateuco y el Malleus maleficarum.

El fundamentalismo cristiano también florece en África y probablemente en muchos otros lugares de todo el mundo. En Uganda, un asqueroso individuo llamado **Joseph Kony**, que en su infancia había sido monaguillo, fundó en 1987 el "Ejército de Resistencia del Señor" (*Lord's Resistance Army* o LRA), con el propósito de hacerse con el poder y de establecer en Uganda un gobierno teocrático. No lo consiguió, pero sus tropas, compuestas principalmente por niños raptados, embrutecidos y a los que se enseñaba a matar, sembraron el terror en el norte del país, cometiendo toda clase de atrocidades.

Se cree que el LRA secuestró a más de 40.000 niños, que fueron utilizados como soldados, e incluso como escudos, enviándolos en primera línea. A los que tardaran en obedecer, les cortaban las orejas, la nariz o los labios.

He leído hace poco que el LRA sigue activo —y nocivo—, aunque habría tenido que dividirse en varias fracciones para hacerse más escurridizo. En cuanto a Kony, al parecer nadie sabe exactamente donde se oculta. A veces me pregunto cómo algunas personas pueden seguir creyendo que se necesita la religión para ser bueno...

El 20 de febrero de 2012, el colectivo "Invisible Children" lanzó una campaña que tiene como objetivo llevar a Kony a la justicia internacional por sus actos inhumanos. (wikipedia.org/wiki/joseph-kony#Ej.c3)

Y cuales serían, en la actualidad, además de algunos estados densamente religiosos de Norteamérica, los países más teocráticos, y ¿por qué?

Se suele citar en primer lugar a Arabia Saudí, porque tiene el Corán como base de su constitución y como ley la Sharia.

Después llega Irán, por el simple hecho de ser una República Islámica, lo que deja poco espacio para el pluralismo a pesar de su presunta separación de los poderes.

En tercer lugar estaría el Vaticano porque, como señala la Asociación Europa Laica, *La cúpula eclesiástica sigue siendo un potente poder fáctico. su influencia en la política es extraordinaria.* (laicismo. org/2011/el-vaticano-estado teocratico-en-europa-8241)

También Israel fue una auténtica teocracia hasta que el profeta Samuel accedió de mala gana al deseo del pueblo de tener, como todos sus vecinos, un rey. Samuel alegaba que el rey, los israelitas ya lo tenían: era Dios. Pero el Dios Yahvé debía de estar harto de reinar sobre un pueblo que solo le causaba problemas, puesto que habría dicho al profeta: *Escucha su voz y nómbrales un rey* (1 Samuel 8,22. Biblia de la Conferencia Episcopal Española). Siempre según la Biblia, Samuel obedeció. Escogió y ungió como rey a Saúl, un fornido y testarudo benjaminita. Fue una elección en mi opinión poco acertada, para no decir equivocada...

Paradójicamente, el joven Estado de Israel se encuentra ahora entre los países menos religiosos del mundo, con un elevado porcentaje de ateos y de librepensadores.

88 - Intocables cadáveres

Bertrand Russell (1872-1970) fue un filósofo, matemático y escritor británico premiado con el Nobel de literatura en 1950. Entre todas sus obras destaca un título: <u>Por qué no soy cristiano</u>. Se trata de un librito basado en una conferencia que tuvo lugar en 1927, en Londres. Las líneas que siguen encabezan el capítulo 2, bajo el título ¿Ha hecho la religión contribuciones útiles a la civilización?: Mi opinión acerca de la religión es la de Lucrecio. La considero como una enfermedad nacida del miedo, y como una fuente de indecible miseria para la raza humana. No puedo, sin embargo, negar que ha contribuido en parte a la civilización. Primitivamente ayudó a fijar el calendario, e hizo que los sacerdotes egipcios escribieran la crónica de los eclipses con tal cuidado que con el tiempo pudieron predecirlos. Estoy dispuesto a reconocer estos dos servicios, pero no conozco otros. El texto completo, de 140 páginas, se puede conseguir gratis en Internet.

En su introducción al <u>Compendio de pacotilla intelectual</u>, una obra menos conocida de Russell, Cristopher Hitchens escribió: *Sus tenaces ideas sobre la libertad sexual, los riesgos de la guerra y el imperialismo hicieron que se le prohibiera varias veces impartir clases en Estados Unidos, y que en Reino Unido pasase más de una temporada en la cárcel. Un solo panfleto, <u>Por qué no soy cristiano</u>, se convirtió en un clásico del que aún no se han recuperado las iglesias cristianas.*

Y llegamos al compendio, del que tan solo citaré aquí algunos pedazos escogidos entre los pasajes que me parecieron más relevantes o divertidos:

El hombre es un animal racional... o por lo menos es lo que nos han dicho. Durante una larga vida he buscado aplicadamente evidencia en favor de esta afirmación, pero hasta ahora no he tenido la buena suerte de tropezar con ella, aunque he investigado en muchos países de tres continentes. Por el contrario, he visto que el mundo se hundía cada vez más en la locura. He visto grandes naciones, que antes estaban en la cabeza de la civilización, extraviadas por predicadores de tonterías rimbombantes.

Solo con mucha lentitud y a regañadientes la Iglesia sancionó la disección de cadáveres relacionada con el estudio de la medicina. El pionero de la disección fue Vesalio, el médico de la corte de Carlos V. Su pericia médica le valió la protección del emperador, pero tras la muerte de este tuvo dificultades. (Abro aquí un paréntesis para recordar que **Ambroise Paré** [1510-1590] fue cirujano, sucesivamente, de cuatro reyes de Francia. Amparado por aquellos monarcas, pudo practicar con cadáveres sin ser molestado por la Iglesia, y llegó a ser considerado como el padre de la cirugía moderna. Mientras tanto **Andreas Vesalio** [1514-1564], aunque muchos menos longevo que Paré, se ganó el honor de ser llamado el fundador de las clases de anatomía humana).

Durante siglos, en la Universidad papal de Roma solo se permitió operar con maniquíes en los que se habían omitido los órganos sexuales.

El carácter sagrado de los cadáveres es una creencia muy difundida [....] En China, la creencia se mantuvo en pleno vigor. Un cirujano francés, empleado por los chinos para enseñar medicina occidental, relata que su petición de cadáveres para diseccionarlos fue recibida con horror, pero le aseguraron que, en cambio, podría disponer de un suministro ilimitado de criminales vivos. Los chinos que lo empleaban no entendieron en absoluto su objeción a esa alternativa.

Hasta finales del siglo XIII existió la teoría de que la locura se debe a la posesión diabólica. Se infería que todo dolor experimentado por el paciente lo sufrían también los diablos, por lo que el mejor remedio consistía en hacer sufrir tanto el paciente que los demonios decidirían abandonarlo. De acuerdo con esa teoría, se golpeaba salvajemente a los locos. Cuando el rey Jorge III enloqueció, intentaron aplicarle este tratamiento, pero no tuvo éxito...

Cuando se descubrieron los anestésicos, las personas piadosas los consideraron un intento de eludir la voluntad de Dios. No obstante, alguien señaló que cuando Dios extrajo la costilla de Adán, sumió a este en un profundo sueño. Esto demostró que los anestésicos pueden ser administrados a los hombres; las mujeres, en cambio, deberían sufrir, a causa de la maldición de Eva. (Christopher Hitchens, Dios no existe)

89- Pobre diablo

Naturalmente, cuando se cree en Dios se debe creer también en sus enemigos. Y el verdadero Dios, con mayúscula, tiene un legendario enemigo con múltiples nombres, apodos y apellidos (25 según el cardenal Medina Estévez). Yo prefiero llamarlo sencilla y cariñosamente "Satán", porque es de verdad un pobre diablo. Fue siempre y sigue siendo calumniado por las maldades que los hombres cometen ellos mismos y sin incitación alguna. Lo mismo le pasa a Dios, lo que podría explicar por qué no se le conoce a ningún amigo. Para el cardenal chileno **Jorge Medina Estévez** (nacido como yo en 1926), *la existencia del demonio no es una opción, algo para tomar y dejar como uno desee... (el demonio) engaña a los hombres convenciéndolos de que no necesitan de Dios y que son autosuficientes.* (Jorge A. Medina Estévez, Satanás y su obra).

¡Ojalá ellos lo creyeran! y así desaparecerían poco a poco todas las religiones del mundo, y entonces el ser humano recobraría la facultad de poder pensar y expresarse en toda libertad. Pero, para que esto sucediera, primero el mismo diablo tendría que existir.

Los homosexuales son como niños que nacen sin un brazo —dijo también el cardenal Jorge Medina, y añadió: *Hay que ayudarlos a sobrellevar ese peso. Es una desgracia y hay que asistir a ese niño para que su limitación no le impida llevar una vida lo más común posible* (wikipedia.org/wiki/jorge-medina).

El problema es que si los homosexuales a veces pueden necesitar, como todos nosotros, asistencia médica, en cambio no necesitan en absoluto asistencia espiritual… Lo que realmente necesitan es que los dejen en paz. Otro famoso eclesiástico, el antiguo arzobispo de Ciudad del Cabo Desmond Tutu, dijo bromeando (quizá no tanto) que la gente negra no ha elegido ser negra ni los homosexuales ser lo que son. Por fortuna los tiempos han cambiado. Ahora incluso los homosexuales se pueden casar legalmente, lo que cada vez más parejas cristianas heterosexuales no hacen, viviendo así, según la Iglesia católica, en estado permanente de pecado mortal. En la actualidad, en 2016, diez y nueve países aprueban y respaldan por ley la unión entre dos personas del mismo sexo, entre los cuales se encuentran España, Portugal, Francia, y Sudáfrica… En muchos otros países, los homosexuales tienen como alternativa las "parejas de hecho".

Lo malo del asunto es que existen también falsos homosexuales, que solo lo son ocasionalmente, en el mejor de los casos por simple curiosidad y en el peor por pura maldad. En este ámbito algunos papas y sus satélites los cardenales y los obispos fueron insuperables. Decir que eran homosexuales es un indulgente eufemismo, ya que practicaban con cualquier mujer o chico que les diera la gana, y sin necesidad alguna de que ellos estuvieran de acuerdo, toda clase de perversiones sexuales. La sodomía con personas de ambos sexos era práctica corriente, como la de sacar dinero de la prostitución. Al final del libro ya citado varias veces Los papas y el sexo, se muestra una lista nominativa de 22 papas "homosexuales" y otra de 17 pederastas. Es de señalar que hubo también papas sádicos y masoquistas (20), incestuosos (10), violadores (9), proxenetas (10) y fetichistas (7). Otros habían estado en algún momento casados, y algunos eran hijos de cura (6), hijos de papa (4), o padres de papas (también 4).

El autor señala, en una nota de pie de página, que en esta lista de los "delitos papales", no se incluyen las canalladas sexuales de los antipapas.

90 - No está el horno para bollos

El pequeño niño está en un horno al rojo vivo. ¡Escuchen el fuego! Le golpea la cabeza contra el techo del horno. Le golpea los pies contra el piso. En la cara de este pequeño pueden ver lo que ven en la de todos los que están en el infierno: desesperación, una horrible desesperación... Este niño cometió pecados mortales muy malos, sabiendo bien lo mal que estaba lo que hacía, y sabiendo que el infierno sería su castigo. Dios fue muy bueno con este niño. Muy probablemente vio que este niño se haría peor y peor, y nunca se arrepentiría, y así pues habría tenido que ser castigado mucho más en el infierno. Así que Dios, en su misericordia, le alejó de este mundo en su temprana infancia (facebook.com). *Tracts for spiritual Reading* (Folleto para la lectura espiritual, libro católico para niños).

Esta verborragia es obra del vicariato de Dublín y fue aprobada por el vicario general. Es poco probable que los niños de a partir de unos ocho años la hayan tomado en serio, pero pudo herir la sensibilidad de los más pequeños. Es también una afrenta al sentido común, ya que si admitiéramos la existencia del alma, tendríamos que preguntarnos cómo un elemento incorpóreo pudo "golpearse la cabeza en el techo del horno y los pies contra el piso". A pesar de sus espantosas palabras, aquel folleto para la "lectura espiritual" no deja de ser un cuento sin pies ni cabeza.

Ninguno de los comentarios de las personas que han leído el texto lo aprueba. Una unanimidad rara vez vista... Alma Gort dice: *Gracias, me acabas de recordar por qué odio las religiones, lo había olvidado.* Y Fernando Krauss se mofa: *Ojalá el buen Dios no sea tan misericordioso conmigo.*

91 - El cura ateo

Jean Meslier (1664-1729) conocía bien la Biblia. Para navegar por sus entresijos había tenido toda una apacible vida, la suya, y un buen conocimiento del latín puesto que era sacerdote de la Iglesia católica romana. Un sacerdote muy formal, que no se querellaba con nadie y cumplía leal, rigurosa y rutinariamente con las obligaciones ligadas al sacerdocio. Celebraba misa, bautizaba, casaba, confesaba, administraba la comunión y la extremaunción. Sin embargo, lo que hacía más a menudo era leer y releer la Biblia, y fue lo que le llevó a convencerse de que la religión no era en absoluto lo que la gente se imaginaba.

Con el paso de los años, el cura Meslier se convirtió en un perfecto ateo, pero supo muy bien mantenerlo secreto y nadie notó el cambio. Nunca se publicó un libro de las memorias de Jean Meslier", pero después de su muerte, cuando hubieron pasado algunos decenios y que nadie recordaba ya tan insignificante personaje, apareció repentinamente "El testamento del cura Meslier". Y eso fue una magistral patada en el condenado culo de la Iglesia romana, que por rebote asustó también a las Iglesias reformadas. Lo que más las molestaba, era que a Meslier ya nadie le podía enjuiciar, y su obra estuvo en buenas manos ateas hasta que se decidió que había llegado el momento de publicarla. Como miembro "librepensador" de la "Unión de los Ateos de Francia", yo había conseguido en los años sesenta una copia mecanografiada del testamento original del cura Meslier, que por desgracia se perdió durante uno de mis numerosos desplazamientos y cambios de residencia.

Existen ahora en España ediciones, en lengua castellana, del Testamento del cura Meslier, normalmente con un título un poco modificado y un texto también alterado y con comentarios intercalados. Cuestión de gusto... Algunas versiones incompletas se pueden descargar gratis. El texto que se muestra a continuación, que no me parece textualmente conforme al original, proviene de la segunda parte de la introducción al testamento.

Nuestra religión católica está construida sobre misterios inasequibles al entendimiento humano. Los argumentos siendo inexistentes para demostrar la religión exigen a sus fieles la fe, aceptar ciegamente lo que la Iglesia determinó como justo y verdadero en el Concilio de Trento. Sin embargo las creencias de la religión católica, no han traído a los hombres ni la paz, ni la felicidad, ni el amor fraternal, pero sí la división, el sufrimiento y la angustia, el odio y la intolerancia. [...]

La fe necesaria a la salvación, la Iglesia dice que es un don de Dios. ¿Por qué entonces ese don no ha sido dado a todos los hombres? Si el hombre no es creyente es porque no ha recibido este don, no es el hombre el culpable. La Iglesia quiere que creamos de forma absoluta y simplemente todo lo que dice, no solamente sin tener ninguna duda, sin buscar, ni siquiera desear conocer las razones, pues eso sería, según ella, una desvergonzada temeridad, un crimen de lesa majestad divina. [...]

Os distraéis, señores, en interpretar y a explicar figurativamente, alegóricamente y místicamente las vanas escrituras que llamasteis en un momento santas y divinas; les atribuís el sentido que queréis, les hacéis decir todo lo que os parece pretendiendo que tienen un sentido espiritual o alegórico que vosotros mismos creáis, con el fin de encontrar y de hacer encontrar una pretendida verdad que no lo es y que nunca lo fue. [...]

Los obispos, que son grandes señores, nos desprecian y no nos escuchan, solo escuchan a la nobleza, a los poderosos. Nos piden de rezar por ellos. ¿qué pediremos a Dios? La gracia para que dejen de maltratar a los pobres y que dejen de despojar a los huérfanos...

Meslier sabía o presentía que a muchos otros sacerdotes franceses, especialmente a los que ejercían en zonas muy alejadas del obispado, se les había escapado la fe y no querían correr tras ella... Es que un cura, a diferencia del común de la gente, en el seminario había estudiado latín. Podía leer y releer de cabo a rabo la Biblia y así obtener informaciones de primera mano sobre las atrocidades y las incongruencias que se narran en el (santo) libro. Además, en aquella época los curas disponían de más tiempo para leer y reflexionar, ya que no solían, como ahora, dedicarse a otros asuntos que el ejercicio del sacerdocio. Pero zafarse de las garrar de la Iglesia debía de ser una empresa bastante arriesgada, que muy pocos quisieron intentar... Quedarse en el puesto y fingir era mucho menos complicado y fue lo que hizo Meslier, desde su ordenación hasta su muerte.

92 - Sagrada ignorancia

Según centenares de encuestas —escribió **Sam Harris (1967)** en su valiosa y estimulante obra El fin de la fe—, *22 por ciento de los norteamericanos están seguros de que Cristo regresará a la Tierra en algún momento de los próximos cincuenta años. Otro 22% cree que es posible que lo haga. Más del 50% tiene un punto de vista negativo o muy negativo de la gente que no cree en Dios. El 70% cree que es importante que los candidatos presidenciales sean "fuertemente" religiosos. Solo un 28 % cree en la evolución. Un 72% cree en los ángeles...*

La ignorancia elevada a este grado, concentrada en la cabeza y en el vientre de tal_superpotencia, se ha convertido en un problema para todo el mundo. (Fragmento de texto tomado prestado del libro de Sam Harris, citado más arriba).

El resultado global de todas esas encuestas, expuesto en el postfacio del libro, es a mi juicio a la vez deprimente y escalofriante. Al parecer toda esa gente se inspira no solo de la Biblia, sino también de aquella imprudente afirmación de **George Washington** (1732-1799), quien fue el primer presidente de los Estados Unidos: *Es imposible gobernar rectamente al mundo sin Dios y sin la Biblia.* (wikiquote.org/wiki/george-washington).

Pues sí, es posible. Y es también muy deseable y además saludable. Acerca del libro de Sam, que leí de cabo a rabo —muchos pasajes más de una vez— y que me gustó tanto como El espejismo de Dios de Richard Dawkins y Dios no es bueno de Christopher Hitchens, dejó caer aquí una pequeña observación: Me parece que al título le falta una palabra. Yo habría especificado: "El fin de la fe religiosa".

93 - ¿Por qué no se calló?

Se cuenta que **George W Bush** (1946), que fue presidente de los Estados Unidos de 2001 a 2009, se habría atrevido a declarar: *No creo que los ateos deban ser considerados como ciudadanos, ni tampoco como patriotas. Esta es una nación católica.* (akifrases.com/autor/george-w-bush). Parece increíble... Menos mal que otro presidente, **Bill Clinton** (1946), rectificó diciendo: *Tenemos en este país la mayor libertad religiosa en el mundo, incluyendo la libertad de no creer.* (taringa.net./posts-y-monografias)

No tenía la intención de incluir en mi ensayo ninguna palabra del ex-presidente Bush, porque nunca me ha gustado. Pero encontré por casualidad las que figuran ahora sobre estas líneas y encima de las de Bill, que me gustaron todavía menos y me incitaron a buscar otras. La cosecha fue tan abundante y las frases me parecieron tan disparatadas que me tomó bastante tiempo decidirme por las que aparecen en esta sección:

Es Dios quien habla a través de mí. De otro modo no podría hacer mi trabajo. ob.cit.

Quiero que lo sepan. Cuando hablo de la guerra en realidad estoy hablando de la paz. ob.cit.

Todo sería más fácil si la forma de gobierno de este país fuera una dictadura. Siempre y cuando yo fuera el dictador. ob. cit.

Espero que los ambiciosos se den cuenta de que es más fácil triunfar con un éxito que con un fracaso. ob .cit. Esto, Perogrullo no lo habría dicho mejor (en el caso de que hubiera realmente existido).

Estamos empeñados en trabajar en ambas partes para llevar el nivel de terror aceptable para ambas partes. ob.cit.

Un número bajo de votantes es indicativo de que menos personas están yendo a votar. (eleconomista.es/gente).

La gran mayoría de nuestras importaciones vienen de fuera del país. (morfic.com/facebook/disparetes-equivocaciones)

Yo sé lo que creo. Seguiré expresando lo que creo y en lo que creo. Creo que lo que creo es lo correcto. ob. cit.

Después de exhibir tan desatinada y además redundante prosa de un hombre que, según las malas lenguas, sería poseedor del récord de las frases tontas, me parece justo mostrar aquí una que tiene bastante sentido y es gramaticalmente correcta, lo que no excluye que sea obviamente mentirosa: *He oído una llamada. Sé que Dios quiere que me presente a las elecciones presidenciales.* (George Bush al telepredicador James Robinson, en 1998. El Dios de Bush.es 126 pdf). Seguro que esta declaración, muchos creyentes estadounidenses se la habrán tomado muy en serio...

Es preciso tener en cuenta que esto no es más que una pequeña muestra de todas las palabras tontas que pronunció Bush durante su mandato, y también antes y después. Pero para ser justo se debe reconocer que cuando se tomaba el tiempo de pensar antes de abrir la boca, podía como todo el mundo decir cosas sensatas...

94 - Bendita esclavitud

He aquí algunas sentencias breves y más edificantes de otro presidente de los Estados Unidos: **Abraham Lincoln (1809-1865),** quien fue el decimosexto en ocupar el cargo y el primero en ser asesinado:

Cuando hago el bien, me siento bien; cuando hago el mal, me siento mal, y esa es mi religión. (frasesypensamientos.com.ar)

Es mejor estar callado y parecer estúpido que abrir la boca y disipar las dudas. (Muy historia) De esta debía inspirarse Bush y recordarla cada vez que iba a decir algo.

Todos los hombres nacen iguales, pero es la última vez que lo son. ob. cit. Esto es indudablemente una gran verdad.

Un amigo es aquel que tiene los mismos enemigos que tú. ob. cit. Exacto, pero también puede ser tu amigo el que tiene los mismos amigos que tú.

La última cita de Lincoln —y también todo el resto de esta sección hasta la última palabra— es para Charles Davidson, el hombre que sueña con restablecer el derecho a poseer esclavos (sección nº 90):

Del mismo modo que no sería un esclavo, tampoco sería un amo. Esto expresa mi idea de la democracia. (taringa.net/post/apuntes y monografías)

El dominicano fray **Bartolomé de las Casas** (1484-1566) peleó para que en los países conquistados en el Nuevo Mundo por los españoles, los nativos no fueran masacrados o sometidos a la esclavitud. ¿Pero quién se opuso al masivo, vergonzoso e interminable traslado de millones de africanos, primero a las viejas colonias y luego a los jóvenes estados de América? Se cree que algunos papas lo condenaron, pero no lo detuvieron... Otros pidieron que al menos a esa pobre gente se la evangelizara, y esto sí surtió cierto efecto puesto que nunca faltan los predicadores...

Se muestra a continuación algunas frases extraídas de un texto encabezado por el pasmoso título: *La riqueza de la Iglesia es dinero manchado con sangre*:

En relación a la inmensa cantidad de propiedades del vaticano, ya no se puede hablar de inmuebles en forma individual, sino más bien de ciudades o barrios.

El periodista Ojetti también investigó en la ciudad italiana de Verona. Imprimió un plano de la ciudad, en el cual más o menos la mitad estaba marcada en negro, para así señalar las propiedades de la Iglesia católica. Él señaló que las relaciones de propiedad en otras ciudades deben ser similares.

Esto fue intolerable para el Vaticano, que calificó el artículo como confuso, irresponsable, escandaloso, anticlerical, inculto y tonto. El director de la revista fue despedido de forma inmediata. Pasaron 21 años hasta que un periodista valiente se atreviera a hablar sobre este tema. (freie-christen.com/riqueza-de-la-iglesia-html), Información n° 3.

Deseoso de verificar la veracidad de la declaración de Ojetti, que a primera vista me pareció muy exagerada, busqué alguna mención al respecto y no tardé en encontrarla en un artículo publicado por "El Librepensador", que parece un hermano gemelo del primer artículo citado. La diferencia radica en que la ciudad tomada como ejemplo no es Verona, sino la mismísima Roma: *El cuarto de la ciudad está en manos del Vaticano. Así lo investigó* **Paolo Ojetti** *en la revista L'Europe en 1977. Su artículo se leía como una guía telefónica, en la que página a* *página registró miles de palacios.* (ellibrepensador.com/2013/07/22/una-iglesia-de-ricos-para-ricos). Publicado por **Patrocinio Navarro**.

Después viene una pregunta: ¿Pero cómo llegó el Vaticano a tener este inmenso patrimonio? La respuesta es en realidad un título: *Dinero ensangrentado a base de la esclavitud:* Y se pasa a otra página:

La trata de personas y la esclavitud aumentaron la riqueza de la Iglesia, algo de lo cual aún hoy vive.

La Iglesia apoyó desde un principio la esclavitud, y la agudizó en muchos aspectos.

El papa Nicolás V legitimó el comercio de esclavos en su bula "Divino amore communiti" (por amor divino a la comunidad) el 18 de junio de 1452. Por eso el comercio de esclavos fue legal y no causó ningún escrúpulo en los participantes. Si la fecha de la promulgación de aquella bula papal es exacta, la posesión y el tráfico de esclavos fueron aprobados y legalizados por la Iglesia antes incluso de la llegada de Colón al continente donde millones de ellos irían a parar,

La Iglesia les prohibió a los esclavos hacer testamentos. A la muerte de un esclavo, sus ahorros iban a la Iglesia. En este caso, el Vaticano y la Iglesia fueron absolutamente irreprochables. Acataron al pie de la letra las palabras de Cristo, quien en una ocasión perdió los estribos y dijo tontamente a sus discípulos: *porque al que tiene se le dará, y al que no tiene, aun lo que tiene se lo quitará* (Marcos 4, 25).

La Iglesia hizo todo lo posible para mantener la esclavitud, y nada para eliminarla. Yo diría más bien: "casi nada". Hay que ser equitativo.

También los conventos tenían esclavos, tanto para el servicio de los conventos como para el servicio de los monjes. De las monjas, no se habla. Es de suponer que ellas no tenían derecho a poseer esclavos o esclavas.

Se calcula que por cada esclavo que llegaba vivo hasta la costa africana, diez morían durante el transporte terrestre, y otros diez más fallecían durante el viaje por mar. Pues, se calcula mal, al menos es lo que opino yo, porque cada esclavo representaba cierta suma de dinero, y si se hubiera perdido, como se dice, un porcentaje tan enorme de la cosecha el negocio no habría sido en absoluto rentable.

Y llegamos a la última cita, un poco menos repulsiva que todo el resto: *El primer barco inglés de transporte de esclavos se llamaba "Jesús"...* (freie-christen, ob. cit).

Mientras tanto, en el este de África, piadosos árabes y africanos convertidos al Islam cazaban esclavos de forma todavía más atroz e inhumana. Eso sí, a escala comparativamente muy reducida. Después de haber recogido informaciones para saber dónde se podía encontrar gente susceptible de ser esclavizada, los cazadores contrataban mercenarios y se ponían en marcha. Cuando el blanco había sido localizado, atacaban por sorpresa para que la población no tuviera la posibilidad de huir.

El ataque era implacable, a sangre y fuego. Se mataba a todos los viejos y a todos los guerreros. Y se capturaba a los jóvenes y a las muchachas, así como a los niños mayores de cuatro o cinco años. Los más pequeños eran sacrificados sin contemplaciones. Todo el que no valía para esclavo debía morir para que no quedase testimonio de la fechoría.[...] Cuando los mercaderes pensaban que ya tenían suficiente número de esclavos entre los capturados y los obtenidos por trueque, volvían a formar la caravana para el regreso. Podían llegar a sumarse hasta mil esclavos en su viaje de vuelta. [...] Por las noches, los árabes que formaban el núcleo jerárquico podían disponer de las mujeres a su antojo, o de los muchachos si eso era su gusto. Todas las mujeres y todos los jóvenes eran sistemáticamente violados durante los meses que duraba el viaje de regreso a la costa. Cualquiera que se rebelara, cualquiera que enfermase, o cualquiera que fuese vencido por la fatiga de la marcha, era degollado al instante., **Javier Reverte)**, <u>El sueño de África</u>.

Cuando por fin la caravana llegaba a la costa, los cautivos sobrevivientes eran trasladados a la ciudad de Zanzíbar, capital de la isla de mismo nombre, donde se escogía y se emasculaba a los niños y a los adolescentes impúberes más aptos para ser subastados como eunucos. A menudo los mercaderes árabes practicaban ellos mismos la "operación", sin anestesia y sin ningún conocimiento de las más elementales reglas de asepsia. Cuando la cosa les salía mal, no dudaban en devolver a la víctima su libertad...

Cuentan viajeros occidentales que, en Zanzíbar, durante los días del apogeo del tráfico de esclavos era frecuente encontrar por las calles niños desangrándose con un agujero en el vientre. ob. cit.

95 - La Biblia del presidente

Retrocediendo aún más en el tiempo, nos pararemos en el tercer presidente. Fue, si no me equivoco, **Thomas Jefferson** (1743-1826), que tampoco era muy religioso. Lo demuestra su idea de comparar el nacimiento milagroso de Jesús a la salida de Minerva, ya adulta, del cerebro de Júpiter expuesto con violencia a la luz. Pero Jefferson no se detuvo en los detalles. Dijo simplemente: *Llegará un día en el que el origen místico de Jesús, en el vientre de una virgen y con el Ser supremo como padre, sea clasificado junto con la fábula de la creación de Minerva en el cerebro de Júpiter.* (monticello.org/site/research)

Sin embargo, a Jefferson le pareció que las enseñanzas y la ética de Cristo no eran de desestimar. Así que emprendió —y terminó— la tarea de reescribir los Evangelios, pero después de haberlos ensamblado en un solo "libro" y despojado de los milagros y de los hechos que le parecieron imposibles o superfluos. Jefferson cuenta a su manera la historia del nacimiento de Jesús, pero sin hacer alusión a su pretendida divinidad. Tampoco habla de la Trinidad, ni de las profecías, ni de la absurda leyenda de la "masacre de los niños judíos de menos de dos años por orden de Herodes el Grande, que tan solo se encuentra en el evangelio de Mateo. Fue así como nació La Biblia de Jefferson.

Veamos algunas muestras cortas de la obra, todas notables por su extrema simplificación:

Capítulo 1. 2 - Todos iban para inscribirse en el censo, cada uno a su ciudad.

Capítulo 1. 22 - Así Juan el Bautista apareció en el desierto.

Capítulo 2. 31 - Pero yo os digo que todo el que mira una mujer para codiciarla ya adulteró con ella en su corazón.

Capítulo 3. 17 - Al que pide pescado le darás una serpiente.

Capítulo 4. 66 - Cuando sopla el viento del sur, decís: hará calor. Y lo hace.

Capítulo 6. 35 - Y cuando os persigan en una ciudad, huid a la otra.

Capítulo 16. 18 - Pero él, dejando la sábana, huyó desnudo.

Capítulo 17. 58 - Uno de los soldados le abrió el costado con su lanza, y salió al instante sangre y agua.

Capítulo 17. 62 - En el lugar donde (Jesús) había sido crucificado había un huerto, y en el huerto había un sepulcro nuevo.

Capítulo 17. 63 - Allí pusieron a Jesús.

Capítulo 17. 64 – Luego hicieron rodar una gran piedra a la entrada del sepulcro y se fueron.

El capítulo 17. 64 es el último de la obra. Así que todo queda muy claro: en La Biblia de Jefferson, Jesús no resucita.

96 - Híbridos sin sexo

Acabo de leer en Internet: ¿Cómo son los ángeles? La tentación de responder simplemente: "no son nada observable o perceptible" es muy tentadora, pero ¿por qué darme tanta prisa? ¿Quién sabe lo que se oculta más adelante? Sigo leyendo y no tardo en tropezar con otra respuesta, menos escueta, menos tajante y más divertida: *Son seres inteligentes capaces de sentir, no tienen sexo* (¡qué pena!), *son una especie diferente de la especie humana.* (chamanpaulino.com/index.php/lecturas-y-contenido/65). ¡Cómo no! es evidente que son híbridos. Tienen pelos al menos en la cabeza, como los mamíferos y las orugas, y grandes alas con plumas, como las aves. Para otros, *Un ángel no tiene más ni menos religión que un cuervo. Son las religiones las que se encargan de la demostración categórica de esta verdad sorprendente.* Maître Simón, ob. cit.

Después de mi inciso, volvamos por un breve momento a la fantasía, con otras divertidas descripciones de los ángeles: *Existen en una frecuencia vibratoria levemente más fina que aquella con la que nuestros sentidos físicos están afinados. Esto significa que no podemos percibirlos comúnmente con nuestros ojos y oídos, pero ellos sí pueden percibirnos a nosotros...* (https//books.google.es/books?isbn).

Luego quien habla es uno de ellos. Sí, un ángel, e hizo bien en revelarnos su identidad. Así podemos entender por qué lo que dice nos parece a nosotros, pobres humanos ápteros y con los pies pegados al suelo, una retahíla de palabras sin ton ni son: *Algunos podríamos parecernos a esferas multidimensionales; otros a rayos de luz, espirales de luz, conos de luz, y el tamaño varía desde una mota hasta una galaxia.* Entre los singulares consejos que te dan para llegar a "conocerlos", he retenido este*: Si necesitas desarrollar tu fe y tu confianza puedes empezar a comunicarte con ellos a través de oráculos y juegos de cartas, por ejemplo.* (mind-surf.net/puerta8).

¡Uf! Yo me paro aquí. Pero ellos continúan, hasta llenar más de diez páginas con su desatinada prosa, por suerte amenizada por buenas imágenes de los arcángeles Miguel, Uriel, Rafael y Gabriel.

Mientras estaba examinando aquellas figuras, recordé que hace muchísimo tiempo me sorprendí al ver en la vitrina de una librería dos libros también con ángeles pintados en la cubierta, todos con hermosa caballera rubia y grandes alas emplumadas. Los títulos eran casi —aunque no exactamente— idénticos, y no dejaban ninguna duda sobre el contenido de los libros. Eran modelos de cartas para que uno mismo pudiera comunicarse por correo con su ángel de la guardia... Ese recuerdo reavivó mi curiosidad y me puse a husmear en Internet para ponerme al día de lo que ahora, en el siglo XXI, se dice y se hace al respecto. No tuve que buscar mucho para encontrar, no un modelo de carta, sino consejos para redactarla, que se citan a continuación sin modificar el estilo original:

La técnica de escribir una carta a tu ángel hace que tus deseos sean claramente expresados, concisos y verdaderos, de manera que no haya equivocación. En alguna oportunidad una señora necesitaba una suma de dinero para una fecha exacta, la cual pidió con mucho sentimiento. Días después, antes de que expirara la fecha en que se cumplía su compromiso económico, su hija tuvo un accidente de auto y murió, heredando ella la indemnización del seguro. (circuloangelical. com-una-carta-para-los-angeles).

Por supuesto, la culpa de la muerte de su hija la tuvo la señora, no los ángeles: Esa tonta no se había fijado en que debía añadir a su petición la siguiente fórmula: *Bajo la gracia y de manera perfecta con todo el mundo.* Esto me parece una buena muestra de humor negro angelical.

97- Mentiras nada divinas y artimañas muy humanas

El rostro luminoso del Dios benévolo ilumina la existencia del pueblo de Israel y de todo buen israelita, lo colma de bienes, le guarda de todo peligro, en una palabra, le concede la paz. Num 6,22-27 (Comentario de pie de página) Biblia de la Conferencia Episcopal Española.

Este texto es muy bonito, pero también muy engañoso. La fea realidad impugna cada una de las palabras que lo componen: Según las divinas Escrituras Dios no tiene un rostro que uno pueda ver sin perecer al instante y, por lo tanto, no puede ser luminoso ni iluminar la vida de los israelitas. Por lo contrario, tiende a ensombrecerla. En vez de colmar al pueblo de bienes, los pocos que tiene se los quita, dejándole por toda comida maná e insectos, mientras a Él se le ofrece grandes cantidades de carne de reses sin ningún defecto, con flor de harina y aceite virgen. En vez de guardar al pueblo de todo peligro, como se dice, al obligarlo a desplazarse continuamente y a rendirle un culto que únicamente los sacerdotes entienden perfectamente, lo expone a toda clase de mortales peligros. Tampoco concede la paz: incita más bien y reiteradamente a la guerra. (Texto tomado de mi libro <u>Dios no es malo.</u>

Esta es una de las dos más descaradas, atrevidas y flagrantes mentiras que se pueden ver en el Antiguo Testamento. La otra se describe en la sección nº 46, la cual lleva el título (cómo no) "Mentira sin tapujo".

Uno de los más singulares ejemplos de lo que Christopher Hitchens llama "La charlatanería evangélica" tuvo como figura estrella a Marjoe Gortner (1944), un personaje que fue ordenado por su padre, un pastor de la Iglesia Pentecostal, a la increíble edad de cuatro años. El curioso nombre de pila de este niño está formado por los nombres bíblicos mal ensamblados María y Jesús.

Tenía solo tres años de edad cuando su padre notó que poseía ciertas habilidades de tipo comunicacional. Era un niño muy hábil para expresarse corporalmente y no tenía ninguna vergüenza en hacerlo en lugares públicos o delante de cualquier persona, imitando a varios personajes conocidos con gran versatilidad. En verdad era un niño con talento. Para aprovecharse de esta circunstancia el pastor contó que " Durante un paseo Marjoe había sido a punto de ahogarse y que al sacarlo del agua, Dios lo había resucitado y les había hablado durante una visión, diciéndoles que el niño era un escogido para sembrar su palabra..." (Una mentira que habremos escuchado tantas veces...)

Entonces, desde ese momento comenzaron a prepararlo para que se convirtiera en predicador, enseñándole arte dramático y expresión corporal, para dar mejor énfasis a lo que sería la "unción" que el niño debía presentar ante su audiencia... Cuando cumplió cuatro años, su padre lo ordenó como predicador... Y comenzó la "estafa espiritual" (Una más....). Logró posicionar a su hijo Marjoe en una escena de una película de la Paramount en que se celebraba un matrimonio, y lo presentó como el predicador más joven de la historia. Luego organizaron una larga gira de "predicaciones de avivamiento" por todos los Estados Unidos. Le había hecho memorizar predicaciones enteras y, además, le enseñó estrategias para hacer dinero con las mismas, incluso vendiendo "artículos ungidos o santos", que supuestamente permitían curar de sus dolencias a las personas que los compraban. Cuando Marjoe cumplió 16 años, ya había amasado tres millones de dólares. Una pequeña fortuna que su padre, el pastor, le arrebató, huyendo con el dinero y causándole una enorme desilusión. Abatido, Marjoe también abandonó a su madre. (Misión hasta lo último de la Tierra. 24 de febrero de 2013. Depredadores de la fe: Marjoe Gortner o cómo engañar a los cristianos incautos).

El blog se puede descargar sin ningún problema. Lo que lo hace recomendable no es únicamente su texto, del que acabo de presentar una muestra, sino también las numerosas imágenes que lo iluminan. Son fotografías de Marjoe en diferentes etapas de su agitada vida. Algunas provienen de las películas en las que actuó.

Sin afecto, sin tiempo libre para jugar y continuamente presionado por unos padres siempre guiados por su insaciable codicia, Marjoe Gortner tuvo seguramente una infancia anormal, penosa y muy triste... Pero cuando por fin estuvo libre se desquitó con brillantez de los agravios sufridos, revelando y explicando en un documental todos los efectos especiales y los trucos que su padre y él mismo utilizaban para engañar a la gente creyente e incitarla a ser generosa. Una de sus tretas más impactantes —capaz de hacer que las santurronas más impresionables echen a llorar, griten o se desmayen— consistía en dibujar sobre la frente del pequeño predicador una cruz con una tinta invisible, pero que aparecía de repente cuando el niño empezaba a sudar...

Aprovechándose de su talento innato y de todo lo que le había enseñado su padre, Marjoe se hizo actor. Su documental llamado también "Marjoe" obtuvo un Oscar y un globo de oro en 1972. Aparece también en varias películas, siendo la más notable "Terremoto", protagonizada por Charlton Heston y ganadora de un Oscar al mejor sonido.

Al parecer las revelaciones y las demostraciones de Marjoe Gortner apenas hicieron mella en las convicciones religiosas de la época. Lo refleja la burlona afirmación de Christopher Hitchens en su libro Dios no es bueno: *Los molinos de los telepredicadores continúan moliendo y los pobres continúan financiando a los ricos.*

Existen muchos niños predicadores por todo el mundo. Algunos son seguramente sinceros, mientras que otros, como Marjoe Gortner, se utilizan descaradamente como pasarela para llegar, primero al corazón y luego a los ahorros de los crédulos creyentes. Entre los émulos más conocidos de Marjoe destaca el peruano Nezareth Casty Rey, al que su madre leía pasajes de la Biblia antes de haberlo alumbrado...

98 - La espalda y nada más

Todos los dioses sin excepción son no solamente invisibles, sino también intocables, en todas las acepciones posibles del segundo adjetivo.

A Moisés, que insistía para que Dios le mostrara "su gloria", Este le contestó: *Concedo mi favor a quien quiero y tengo misericordia con quien quiero... Pero mi rostro no podrás verlo porque nadie puede verme y seguir con vida* (Éxodo 33, 19-20).

Quien se tome el texto del Éxodo al pie de la letra entenderá que si Dios no quería matar a Moisés enseñándole la cara, era porque lo necesitaba para seguir representándole en la Tierra. Sin embargo, decidió hacerle un favor mostrándole otra parte de su divino cuerpo. Entonces le dijo, desde luego sin dejarse ver: *Aquí hay un sitio junto a mí; ponte sobre la roca. Al pasar mi gloria, te meteré en la hendidura de la roca y te cubriré con mi mano hasta que yo haya pasado. Luego apartaré mi mano, para que veas mi espalda, pero mi rostro no lo verás* (Éxodo 33, 21-23).

Ya sabíamos que Dios tenía al menos un dedo, que utilizó para grabar sus mandamientos en las tablas del Testimonio. Ahora acabamos de enterarnos de que tiene también una gran mano capaz de ocultar a un hombre de pie, y también una espalda que Moisés debería haber visto pero que seguramente no vio. Cuando Dios estuvo a punto de retirar la mano, se habrá acobardado pensando: "si al Señor se le ocurre girar la cabeza para mirarme me muero"... Y entonces se habrá tapado los ojos con ambas manos...

99- Los que nunca serán beatificados

En una de las primeras páginas de La puta de Babilonia, el atrevido ensayo de **Fernando Vallejo** (1942), el autor declara refiriéndose a la Iglesia católica: *La impune bimilenaria tiene cuentas pendientes conmigo desde mi infancia y aquí se las voy a cobrar.*

"Y también conmigo" pensé yo nada más ver esas palabras, y rememoré las horribles imágenes del Vía Crucis que tenía delante de los ojos en la gélida iglesia de mi niñez y que, durante la noche, me perseguían hasta meterse en mis sueños y convertirlos en pesadillas... Yo mis últimas cuentas con la Iglesia acabo de cobrárselas pacíficamente al leer esta cita del escritor portugués **José Saramago** (1922-2009): *Yo tengo unas cuentas pendientes con Dios porque hay cosas que no le perdono, como que supuestamente exista. No soporto la maldad y la hipocresía que han crecido a la sombra no solo del cristianismo, sino de las religiones en general, que nunca han servido para unir a los hombres.* (Palabras recogidas en marzo de 2009, por el diario *La Provincia*, en Las Palmas de Gran Canaria).

Así que, pensé yo, ahora somos por lo menos tres... Lo que a mí me llenó de alegría, y supongo que a José Saramago le pasó lo mismo, fue imaginando el revuelo y el descontento que causó en el Vaticano la atribución del premio Nobel a este escritor, que según ellos era: *un comunista recalcitrante con visión sustancialmente antirreligiosa del mundo.*

Aquella opinión descortés, grotesca y expresada con palabras huecas, me recordó que tenía apuntada otra cita de José, que no dudo en colocar aquí ahora como réplica póstuma, en su nombre, al Vaticano. Espero que algunos de los lectores que también escriben habrán tenido la misma idea que yo. *A las insolencias reaccionarias de la Iglesia hay que responder con la inteligencia viva del buen sentido y de la palabra responsable. No podemos permitir que la verdad sea ofendida todos los días por presuntos representantes de Dios en la Tierra, a los que en la realidad solo les interesa el poder.* (eluniversal. com.mx/notas).

La verdad es que a los "representantes de Dios en la Tierra" no les interesa solo el poder, sino también el dinero... De lo que podemos estar seguros, es que ni Fernando Vallejo ni José Saramago serán beatificados por la Iglesia católica. Yo tampoco.

100 - Las devoradoras

Frente a un sujeto receptivo, las religiones y las sectas actúan como lo haría un insidioso parásito. Una vez que el cerebro del individuo está contaminado, extienden poco a poco sus tentáculos para aprisionarle el entendimiento e incitarle a actuar como a ellas les convenga. Es así como *La religión devora los recursos,* según **Richard Dawkins**.

Según **Aldous Huxley** (1894-1963), *la eficacia de una propaganda política o religiosa depende esencialmente de los métodos empleados y no de la doctrina en sí. Las doctrinas pueden ser verdaderas o falsas, sanas o perniciosas, eso no importa... si el adoctrinamiento está bien conducido, en condiciones favorables, prácticamente todo el mundo puede ser convertido en lo que sea.* (wordpress.com/2013/la-frase-del-dia). Por supuesto, Aldous exageró, pero quizá no tanto como se podría pensar...

Dijo también: *La felicidad es un mundo tiránico, sobre todo la felicidad de los demás.* Y se hizo a él mismo, o quizá más bien al mundo entero, aquella pregunta que no pide respuesta: *¿Y si este mundo fuera el infierno de otro planeta?*

Es posible que estas dos frases hayan sido tomadas de otro de sus libros: Un mundo feliz, que me propongo leer cuando haya acabado con mis "Veinte buenas razones"....

Aldous murió el mismo año que el presidente John Kennedy. Pero él no tuvo la suerte de ser asesinado sin previo aviso: lo mató poco a poco un maldito cáncer de la lengua. A pesar del sufrimiento terminó su último libro, Literatura y ciencia, y lo publicó dos meses antes de su muerte.

101 - Sobran pruebas

"Durante demasiado tiempo, el contrato social se ha inspirado en un Dios sin justicia; ya es hora de que se inspire en una justicia sin Dios"

Estas palabras son de **Sebastián Faure** (1858-1942), escritor y filósofo francés, autor de Las doce pruebas de la inexistencia de Dios. Desde luego esta abundancia de pruebas no convence a los creyentes, y debo reconocer que a mí tampoco. El estilo de Faure, al menos en esa obra, es en mi opinión demasiado enrevesado para retener la atención del lector durante mucho tiempo. Además, los ateos y los librepensadores tenemos pruebas mucho más eficientes: el Antiguo Testamento y, en cierta medida, también el Nuevo, aunque sus textos sean menos negativos, pero de lectura más aburrida.

Sería injusto citar a un conciudadano mío, que para probar lo improbable tuvo que calentarse las neuronas hasta casi quemárselas, y no incluir aquí al menos una de sus famosas doce pruebas. Será, pues, la novena, porque al principio me pareció inatacable. Pero yo estaba equivocado...

Prueba número 9: El infierno existe, la Iglesia lo enseña: es la terrible visión, con cuya ayuda se siembra el espanto en los niños, en los viejos, en los temerosos y en los pobres de espíritu. Es el espectro que se instala en la cabeza de los moribundos a la hora en que la muerte les arrebata todo su valor, toda su energía y toda su lucidez.

El Dios de los cristianos, que dicen es de piedad, de perdón, de indulgencia, de bondad y misericordia, arroja a una parte de sus hijos, para siempre, a un antro de torturas, las más crueles; y de suplicios, los más horrendos. ¡Cómo es de bueno! ¡Cuán misericordioso!

Conoceréis sin duda estas palabras de las Escrituras: "Muchos son los llamados, pero pocos los elegidos". Estas palabras significan, sin abusar de su valor, cuán ínfimo será el número de los salvos, y considerable el de los condenados. Esta afirmación es de una crudeza tan monstruosa que se ha intentado darle otro significado. Poco importa: el infierno existe y es evidente que los condenados —muchos o pocos— sufrirán los más crueles tormentos.

Conviene preguntarse: ¿a quién puede beneficiar los tormentos de los condenados? ¿Acaso a los elegidos? Evidentemente, no. Por definición, serán los virtuosos, los fraternales, los compasivos, y sería absurdo suponer que su felicidad, ya incomparable, pudiera ser acrecentada con el espectáculo de sus hermanos torturados.

¿Será, pues, a los condenados mismos? Tampoco, puesto que la Iglesia afirma que el suplicio de esos desgraciados no acabará ja-

más. Entonces, aparte de los condenados y de los elegidos solo existe Dios. ¿Será, pues, Dios quien obtendrá beneficio de los sufrimientos de los condenados? Si esto es así, este Dios se me aparece como un feroz inquisidor, el más implacable que se pueda imaginar. La existencia de un Dios de bondad es incompatible con la existencia del infierno. O bien el infierno no existe, o bien Dios no es infinitamente bueno.

Sin intención alguna de hacer mella en el crédito póstumo de mi compatriota, tengo que decir, porque es obvio, que su famosa prueba número nueve no prueba absolutamente nada. Y eso porque incluye un elemento radicalmente erróneo: Es exacto que el sufrimiento de los condenados no beneficia a ellos mismos, ni a los elegidos, ni a Dios. Pero es falso afirmar que no beneficia a nadie, porque puede asustar a todos los que aún no han sido juzgados, simplemente porque todavía están vivos. Para esos, el quedar informados de lo que les espera si no cumplen con los sagrados mandamientos sí que es una gran ventaja: Les da la oportunidad de decidir si vale la pena pecar, y también la de arrepentirse si todavía no lo han hecho. Es extraño que a Sebastián no se le ocurriera mencionar a ese tercer grupo de personas, en mi opinión el más importante e interesante porque era y sigue siendo real.

Algunos no comprenderán nunca que empeñarse en querer demostrar que Dios es tan inconsistente como el espacio intergaláctico es tiempo perdido. Incluso si Sebastián hubiera aportado pruebas tangibles de la inexistencia del infierno, eso no habría implicado la inexistencia de Dios. Un dios moderadamente justo puede muy bien prescindir del infierno, lo que además sería mejor para la imagen que la gente se hace de Él. Pero no os alegréis, amigos creyentes: Dios sigue siendo, hasta que se demuestre lo contrario, un ser insustancial e inamovible, que lleva milenios atrapado entre la existencia y la inexistencia. Hasta ahora nadie ha conseguido sacarlo de ahí, lo que no es de la incumbencia de los que lo ignoran o lo niegan, sino de quienes creen en Él.

Si yo afirmo ante los creyentes que el verdadero creador del universo es en realidad Satán, vencido y echado del cielo por el usurpador que ahora llamamos Dios, lo primero que ellos me dirán será eso:

Si quieres que te creamos, pruébalo. Y, naturalmente, tendrán toda la razón. Sin embargo, ¿cómo saber quién de ambos es el verdadero Dios? Contabilizando las muertes atribuidas a la voluntad del Dios del Antiguo Testamento y a sus consecuencias a largo plazo, se llega a un total de varios millones. En cuanto a Satán, él mató tan solo a diez personas, las tres hijas y los siete hijos de Job, a consecuencia de una apuesta con Dios y con la complicidad de Este. (Libro de Job 1. 6 a 20).

En realidad, tuvieron que acabar también con algunos pastores, esclavos y servidores de Job, que andaban por ahí haciendo su rutinario trabajo, pero a los ojos de Dios y de la Iglesia esa gentuza no cuenta... En cualquier caso, todo eso da mucho que cavilar...

102 - Ideas cojas de una persona sabia

En 1917, en Fátima, los peregrinos que cometieron la tontería de mirar directa y fijamente el Sol lo vieron agitarse de extraña manera, como si se iba a caer. Ese fenómeno, lo describe **Guy Le Rumeur** en su libro _Apocalypse mariale_ (Apocalipsis mariana), con otras supuestas manifestaciones de la Virgen en La Salette, Kerizinen, Garabandal y San Damiano. El coronel Le Rumeur (1901- ?) católico romano y creacionista intransigente, fue durante más de diez años uno de mis vecinos, en Francia, después de haberse retirado. Durante nuestras acaloradas discusiones, siempre amenizadas por un ponche preparado por la coronela, me afirmó una y otra vez que el milagro de Fátima era incuestionable, porque más de cincuenta mil personas pudieron observarlo detenidamente y al mismo tiempo, y era imposible que tanta gente pudiera tener simultáneamente la misma ilusión.

Richard Dawkins, en El espejismo de Dios, rozó la realidad al escribir: "_Mirar fijamente el Sol no debe de ser demasiado bueno para la vista._ Ahora se puede afirmar que no hubo ninguna ilusión. El observador veía realmente el Sol desplazarse, porque era la imagen alterada que reflejaba la retina de sus ojos bajo los efectos nocivos de ese mismo Sol, que no soporta sin rebelarse que lo miren fijamente durante varios minutos.

Se puede alegar que muchos peregrinos debían de llevar puestas sus gafas de sol. Seguramente algunos las llevaban, aunque hace cien años su uso no era tan extendido como ahora. Además esa gente era creyente, y yo apostaría a que muchos de los que las tenían no se las pusieron, convencidos de que si el Sol se agitó porque lo quiso Dios, no iba a hacerles ningún daño. Estoy convencido incluso que muchos de los que las llevaban puestas y por eso no veían nada anormal, no dudaron en quitárselas para poder observar el fenómeno.

Recuerdo que durante una fría tarde de invierno, me encontraba con Le Rumeur ante el ponche humeante que su mujer acaba de depositar en la mesa, cuando se me ocurrió preguntarle de sopetón:

—Si desapareciera repentinamente la luna, ¿Qué pasaría?

—Nada bueno para nosotros —respondió sin inmutarse ni pararse a reflexionar—. El efecto más notable sería la reducción al menos a la mitad de la diferencia de nivel de las aguas entre bajamar y pleamar. Además, la pérdida total de la fuerza gravitatoria que ejerce la luna sobre la Tierra podría conllevar impredecibles efectos colaterales.

—¿Y si desapareciera más bien el sol?

—Sería menos desagradable, puesto que nos congelaríamos todos al instante.

—¿Y si desapareciera Dios, qué sucedería? ¿Tiene usted una opinión al respecto?

—Desde luego. Dígame usted la suya y enseguida le revelo la mía.

—Pues no sucedería absolutamente nada, porque nadie se daría cuenta.

—Habría apostado cualquier cosa a que usted iba a decir esto —replicó el coronel, seguro de sí—, y habría ganado, puesto que si desapareciera Dios, al morir iríamos todos, buenos y malos, directamente y sin remedio al infierno. Para que eso no sucediera, tendrían que desaparecer al mismo tiempo Dios y el diablo.

El viejo zorro tenía respuesta para todo. Como creía también en la transubstanciación, es decir en la presencia real de Jesucristo en la hostia, en otra ocasión le pregunté lo que pasaba con el divino cuerpo cuando la "galletita" en la que se ocultaba llegaba al estómago del comulgante. Antes de decidirme a incluir su respuesta en mi ensayo, quise saber lo que opinaban del asunto otras personas. Entre todas las respuestas encontradas elegí la siguiente, porque me pareció un tanto cachonda:

La eucaristía, sin duda el rito culminante del catolicismo, plantea algunas delicadas cuestiones que convendría que los teólogos solventaran de una vez por todas en lugar de esconder la cabeza bajo el ala. [...] Veamos: Jesucristo está realmente presente, nada de metáforas, con su carne y con su sangre, en la eucaristía. Sobre esto no cabe duda alguna. Cuando el creyente comulga ingiere a Jesucristo vivito y coleando en la aparente oblea de trigo, sólo aparente, ¡ojo! Esa carne y esa sangre que el comulgante ingiere con unción va a parar a su estómago, donde se digiere y pasa al intestino. El camino y el proceso, todos lo sabemos, es el usual de cualquier alimento, sea o no espiritual: Una parte se absorbe, entra en el torrente sanguíneo y se transforma en la propia esencia corporal del cristiano que, de este modo, se cristianiza aún más. [...] Ahora bien, una parte de esa sustancia hostial, aunque sea mínima, pero que contiene a todo Dios, no lo olvidemos, no se digiere sino que, tras deambular por el intestino delgado y por el grueso, desemboca en el recto y se expele con las heces.

Aquí viene la parte verdaderamente escatológica, plenamente escatológica, de este asunto. (Yo diría más bien "doblemente escatológica", y que los que no lo entienden abran sus diccionarios...) El autor se despide y firma: La paz sea por todas partes. Ramón Francisco

Fuente: (es.answers.yahoo.com/) Sociedad y cultura - Religión y espiritualidad.

Había dejado pendiente la escueta y para mí inolvidable respuesta de Le Rumeur. Aquí la tienen: *Al llegar al estómago, el cuerpo de Jesús se atomiza y escapa a través de los tejidos, de las vísceras y de la piel del comulgante. Lo que queda no es más que un poco de pan ázimo.*

—Y esto —le pregunté yo al coronel— ¿usted lo cree realmente?

Su respuesta fue inmediata, breve y tajante:

—No, no lo creo. Lo sé.

Guy Le Rumeur escribió también buenos libros sin relación con la religión, algunos con el seudónimo de Claude Fillieux. Acabo de verificar que siete de ellos siguen figurando en Amazon, aunque se informa que varios títulos ya no son disponibles. Publicó además un ensayo titulado *"La queue du scorpion"* (La cola del escorpión). Se trata de una cáustica crítica del pensamiento y de las obras del jesuita, paleontólogo, filósofo y evolucionista francés **Pierre Teilhard de Chardin** (1881-1955).

Según Teilhard, la vida y el pensamiento estarían también involucrados en el proceso de la Evolución, y para definir este punto de vista echó mano al término de *complejidad-conciencia*. Sus obras fueron prohibidas por el Vaticano a instigación del cardenal Ottaviani —que ya conocemos, por su implicación en el asunto de los curas pederastas—, por ofender a la doctrina católica. También fueron atacadas con virulencia por el creacionista Le Rumeur, que consideraba a Teilhard como un traidor. Lamento no poder incluir en este ensayo una pequeña muestra de la exaltada y correctísima prosa del viejo coronel en "*La queue du scorpion*", por haber perdido, como tantas otras cosas en mi agitada vida, el ejemplar con guasona dedicatoria que él me había regalado y que yo no tuve la paciencia de leer hasta el final.

No creo que exista en algún diccionario publicado en España una fotografía del ahora difunto coronel Le Rumeur, pero en la página 1504 del Pequeño Larousse en Color (editado en 1991 en Barcelona) se encuentra una buena imagen de un personaje histórico que se le parece bastante. Se trata del mariscal Tito...

103 - No se bromea con la Tontísima Trinidad

Ni con estos ni con aquellos estoy conforme ni diserto en todo. Todos tienen parte de verdad y parte de error, y cada cual descubre el error en otro sin ver el suyo. (wikiquote.org/wiqui/miguel-servet/).

Eso afirmó **Miguel Servet**, el médico español que descubrió la circulación pulmonar y explicó cómo la sangre venosa, al pasar por los pulmones, se transforma en sangre arterial. Aunque Servet era creyente, opinaba que la trinidad era una estupidez. Yo también, pero a mí no me van a quemar vivo porque ahora estamos en el siglo XXI. Además de alegar con razón que ese dogma carecía por completo de base bíblica, Servet se burlaba de las tres inseparables divinidades del (sagrado) trío, llamándolas "*los tres fantasmas*", o bien "*el Cerbero de tres cabezas*". Eso podía pensarlo, pero no debía decirlo... El contraataque no se hizo esperar y fue muy violento. Más bien muy caliente: Miguel fue perseguido, alcanzado y condenado por las dos Iglesias: la católica y la reformada.

En la plaza del ayuntamiento de Annemasse, en Francia, se halla un monumento en su recuerdo, con una placa conmemorativa que reza: *A Miguel Servet, apóstol de las libres creencias, nacido en Villanueva de Aragón el 20 de septiembre de 1511, quemado simbólicamente en Vienne por la inquisición católica el 17 de junio de 1553, y quemado vivo en Ginebra el 27 de octubre de 1553 a instigación de* **Calvino.**

En 1889 se erigió en un lugar de Roma llamado *Campo de' Fiori* (Campo de Flores), un monumento en recuerdo de otro mártir del librepensamiento y de la libre expresión: el italiano y ex dominico **Giordano Bruno** (1548-1600), que fue también astrónomo, matemático y filósofo. El monumento representa a un hombre encapuchado y encaramado en un pedestal, con la extraña inscripción: "A Bruno - el siglo que predijiste - aquí donde ardió la hoguera" ¡Lástima que la capucha impide que a Giordano se le vea la cara!

Entusiasmado partidario del sistema heliocéntrico defendido sucesivamente por Heráclides, Aristarco, Copérnico y Kepler, Giordano Bruno fue más lejos. Mucho más lejos: Afirmó que el Universo no tenía límites, y también que todas las estrellas eran en realidad soles parecidos al nuestro y probablemente rodeados de planetas. Si las veíamos como simples puntos luminosos en el cielo, se debía simplemente a su gran alejamiento.

Sin embargo, Giordano no fue perseguido por sus ideas vanguardistas, aunque no del todo nuevas, sobre el cosmos. Tanto el Vaticano como las Iglesias reformadas no habían empezado todavía a tomarse muy en serio el asunto del heliocentrismo, sin duda porque la lucha contra la herejía y la supuesta brujería les parecía más importante y más urgente. Pero Giordano Bruno, a los ojos de la Iglesia, era un hereje impenitente y muy peligroso: No admitía la virginidad perpetua de María, ni la presencia real de Jesús en la (santa) hostia, ni muchas cositas más, entre las cuales la tripartición de Dios en varias personas milagrosamente no separables...

Perseguido por la Inquisición, Giordano huyó a Suiza, donde no fue bien recibido por los calvinistas. Se trasladó a Francia, deteniéndose en Lyon, en Tolosa y en otras ciudades menos conocidas, antes de pasar a Inglaterra y finalmente volver a Francia e instalarse en París. En Londres, donde se cree que se quedó dos años, dio cursos en Oxford (o quizá fue más bien en Cambridge). En Paris, obtuvo incluso una cátedra en la Sorbona. En ambas capitales, sus enseñanzas fueron bien acogidas, en especial por los jóvenes franceses. Pero Giordano cometió la imprudencia de volver a Italia, en realidad a Venecia. Fue apresado y encarcelado, y cuando al cabo de siete años salió de la cárcel, fue para ser juzgado y ejecutado, es decir quemado vivo. Se dice que plantó cara a sus verdugos, no quiso besar el crucifijo que le presentó un inquisidor y murió sin abrir la boca para protestar, gritar y proferir quejidos o maldiciones.

Según Isaac Asimov, su muerte tuvo un efecto disuasorio en el avance científico de la civilización, particularmente en los países católicos. Pero a pesar de esto sus observaciones científicas continuaron influyendo en otros pensadores y se le considera uno de los precursores de la revolución científica. (wikipedia.org/wiki/giordano-bruno)

No quiero apartarme del recuerdo de Giordano sin citar aquí una muestra de lo que pensaba y enseñaba: *No hay un arriba o abajo absolutos, como enseñó Aristóteles, ninguna posición absoluta en el espacio, sino que la posición de un cuerpo es relativa a las de los otros cuerpos.* (lailuminación.com/temas/la-iluminacion.asp/) ¿No es esto una buena aproximación a la teoría newtoniana de la gravitación universal? Si Giordano hubiera vivido veinte años más, quizá se hablaría ahora de la "teoría bruniana" de la gravitación universal.

104 - No tan tontos

William Tyndale (1494-1536) *fue un sacerdote católico que tradujo el Nuevo Testamento al inglés. Estudiante destacado en griego y latín, se graduó en la universidad de Oxford... Acosado constantemente por la Iglesia católica, fue condenado como hereje y ejecutado, es decir estrangulado y quemado todavía vivo.* (wikipedia.org/wiki/william-tyndale).

Siendo sacerdote, Tyndale no podía ignorar que se estaba jugando el pellejo. Además, traducir casi una tercera parte de la Biblia al inglés era una tarea de larga duración, difícil de llevar a cabo a escondidas. Se dice que la traducción de Tyndale, sin florituras ni opacidad estilística, era asequible para cualquier inglés que supiera al menos leer y escribir. Pero lo que más disgustó a las Iglesias fue que eliminó del texto traducido palabras como "purgatorio", "confesión", "penitencia", "Iglesia" e incluso "sacerdote", que había reemplazado por "anciano".

Martín Lutero tradujo también la Biblia, desde luego al alemán, lo que estaba estrictamente prohibido. Los textos bíblicos debían quedar en latín, de manera que la plebe no pudiera leerlos y, por ende, entenderlos. Pero Lutero no fue tan tonto como Tyndale: Cuando empezó la traducción, en 1521, ya se había puesto fuera del alcance de la Iglesia romana y de su maldita inquisición. Había creado su propia religión reformada...

El ejemplo de Lutero tuvo seguidores entre los integrantes de las Iglesias reformadas. Tenemos constancia de que una Biblia traducida al francés se publicó en 1535. La traducción fue obra de Pierre Robert, llamado también olivétan, probablemente suizo y seguramente también protestante, ya que se cree que era primo de Calvino.

Tuvieron que pasar unos treinta años más antes de que apareciera la Biblia del Oso, redactada en castellano y con la imagen de un oso como tapadera en su cubierta. El autor de la traducción, un religioso español pasado a la Iglesia reformada, publicó su obra en 1569, también en Suiza.

Es de señalar que ya existían algunas buenas traducciones que habían sido patrocinadas o amparadas por reyes, como la Biblia alfonsina de Alfonso X el Sabio, la traducción al portugués que se hizo bajo el reinado de Dionisio I (el Labrador), y una impresión en catalán "de segunda mano", obtenida de una versión anterior en francés. También es posible que a partir del año 1471, ya existiera una Biblia traducida al italiano.

Con el concilio de Trento (1542- 1563, se permitió la lectura de algunos ejemplares de la Biblia traducidos con autorización de obispos e inquisidores. Pero en 1596, el nuevo índice (es decir, la lista de los textos que no les estaba permitido leer a los católicos) rehabilitó la prohibición absoluta de cualquier obra de vulgarización, y ordenó el secuestro y la destrucción incluso de las obras autorizadas con anterioridad.

Entre finales del siglo XVI y principios del XVII centenares de ediciones del Viejo y del Nuevo Testamento fueron dados a las llamas

por disposición de las autoridades eclesiásticas, con la consterna-
ción de muchos creyentes, que no comprendían cómo había libros
sagrados que podían ser prohibidos de un día para otro.

Todavía tres siglos después, el papa Pío VII (1800-1823) afirma-
ría que "... las asociaciones formadas en la mayor parte de Europa,
para traducir en lengua vulgar y expandir la ley de Dios, me causan
horror... Hay que destruir esta peste con todos los medios posibles..."
Jacopo Fo ob. cit.

105 - Los peores no son siempre los más odiados

Hace poco se me ocurrió preguntarme cuales son los libros más
dañinos, desde luego no por sí mismos, sino por el pésimo ejemplo
que representan para la gente que se los toma demasiado en serio.
Busqué en Internet y en la primera lista que encontré, titulada *Ran-*
king de los 12 libros que han hecho más daño a la humanidad, noté
sin demasiada sorpresa que el número uno había sido atribuido a
<u>Mein Kampf</u> (Mi lucha), la bien conocida y poco apreciada obra
maestra de Hitler, por su proyecto de exterminación del pueblo judío y por difundir sus ideas equivocadas sobre la pureza de la presunta "raza alemana".

Aunque en la sección 19 del presente ensayo se encuentran algunas citas de Hitler sobre Dios y la religión, viene a continuación
una más, de primera mano, que me parece muy ilustrativa: *La lucha*
contra la sífilis y su compañera inseparable, la prostitución, es una
de las más importantes misiones de la humanidad, sobre todo por-
que no se trata, en este caso, de la solución de un solo problema
sino de la remoción de una serie de males que originan esa pesti-
lencia. La enfermedad física, en el caso en cuestión, es apenas la
consecuencia de la enfermedad del instinto sexual, moral y racial.
Si esa lucha es dirigida por procedimientos cómodos y cobardes,
dentro de quinientos años los pueblos desaparecerán. Nunca más
se podrá ver en el hombre la imagen de Dios, sin inferirle una gra-
ve ofensa al Creador. (**Adolf Hitler**, <u>Mi lucha</u>. Primera edición electrónica,
2003. Jusego-Chile. Página 157). Si la alusión de Hitler a "la imagen de
Dios" y a "una grave ofensa al Creador" no constituye una eviden-

cia indiscutible de que él era creyente, prueba al menos que quería que sus súbditos lo fueran.

La segunda plaza la ocupa la Biblia, por la ingente cantidad de muertes y el retraso intelectual debidos a la intolerancia y a la agresividad de las grandes religiones monoteístas que la utilizan como fundamento. En esta lista debía citarse no detrás de Mein kampf, sino delante, puesto que los nefastos efectos de sus prohibiciones y persecuciones se extendieron por casi todo el mundo y perduraron más de quince siglos. Por fortuna, las locuras de Hitler y sus secuelas no duraron tanto.

En tercera posición están los Protocolos de los sabios de Sión, una obra que también fomenta el odio racial y se menciona en todas las listas. Apareció en 1902, en Rusia, probablemente para justificar los pogromos que se perpetraban esporádicamente en aquel país. El libro fue traducido a casi todos los idiomas de Europa y se utilizó como acicate para fomentar el antisemitismo, en especial en la Alemania nazi y en algunos países de Asia y de África de religión mayoritariamente musulmana. Que yo sepa, ese manual de consejos para odiar, engañar, oprimir y matar no parece haber sido prohibido por las iglesias cristianas, ni por el Islam.

Para la persona desprevenida, parece ser obra de una poderosa y oculta organización judía, que ambicionaba nada menos que subyugar a todos los Estados del mundo. Para conseguirlo, y según lo que se deduce de la lectura de los "protocolos", sus autores contaban con la ayuda de los comunistas y de los masones. Pero la realidad es que no fueron ideados por los judíos, sino por los enemigos de los judíos, para echar más leña al fuego de su fervor persecutorio... Toda la obra no es más que una taimada falacia, que según Wikipedia habría sido montada en 1902 por la Ojrana, la policía secreta zarista. Hasta ahora, ni siquiera se llegó a saber si existió realmente en algún lugar del mundo una asociación judía llamada "Los sabios de Sión".

Los fragmentos de aquella siniestra obra que aquí se muestran han sido escogidos tanto por su originalidad, como por sus desmadradas ambiciones y las estrambóticas tácticas ideadas para lograrlas.

Protocolo I: *Es de notar como el número de hombres con instintos perversos supera el de aquellos con instintos nobles. Por tanto, la violencia y la intimidación son preferibles a los discursos elegantes cuando se trata de gobernar al mundo. Todo hombre aspira al poder: cada uno desearía ser un dictador; casi todos sacrificarían el bienestar del prójimo por alcanzar sus metas personales.*

Nuestra divisa debe ser fuerza e hipocresía. Solo la fuerza da la victoria en política, sobre todo cuando se oculta con destreza por quienes gobiernan un estado. La violencia debe ser un principio. El engaño y la hipocresía son las reglas de oro de aquellos gobiernos que no quieren caer ante un nuevo poder.

Protocolo III: *Los pueblos serán esclavizados con el yugo del pan. La miseria que los habrá de oprimir será mucho mayor que la que conocieron durante el mando de sus antiguos señores; de aquellos ricos podían desatarse de una u otra manera, pero nadie los librará luego de la indigencia absoluta. Los derechos que hemos consignados en las constituciones son ficticios para las masas, no son reales.*

Nuestra misión es aparecer como los libertadores del trabajador. Debemos hacerles creer que van a salir de la opresión si ingresan en nuestros ejércitos socialistas, anarquistas y comunistas. Debemos hacerles ver que les ayudamos con espíritu de fraternidad, que estamos animados por esa solidaridad humana que pregona nuestra masonería socialista.

Protocolo IV: ¿Quién podría destronar un poder escondido? Nuestra fuerza es invisible. La logia masónica sirve para encubrir nuestros designios. El uso que hagamos de este poder, al igual que el emplazamiento de nuestros cuarteles generales, siempre será ignorado del público.

Protocolo V: *Los judíos queremos establecer un todopoderoso gobierno central que nos permita maniobrar a todas las fuerzas sociales. Legislaremos la vida social de nuestros súbditos considerándoles como piezas del engranaje de una máquina. La legislatura los irá despojando gradualmente de las libertades y los privilegios que los cristianos les habían concedido. Nuestro gobierno alcanzará tal grado de despotismo que podremos despedazar y sojuzgar a los opositores y a los descontentos cuando y donde sea.*

En algún momento, una coalición de cristianos podría dominarnos. No obstante, estamos protegidos contra ellos por la profunda discordia y el intenso odio que hemos sembrado en sus corazones. Hemos logrado desarticular a los gentiles, enfrentando a los unos contra los otros en sus cálculos individuales y nacionales, con aborrecimientos religiosos y étnicos que llevamos alimentando veinte siglos De ahí que ningún gobierno cristiano encuentre apoyo en el de su vecino en contra nuestra. **Ana Claver Barceló**, Análisis crítico del discurso antisemita: <u>Los protocolos de los sabios de Sión</u>. (repositori.upf.edu/bitstream handle/10230/5341)

En cuarta posición aparece <u>La caja negra de Darwin</u>, un libro que no debería estar ahí. El autor, **Michael Behe** (1952), es un conocido bioquímico estadounidense, defensor del diseño inteligente. La obra, cuyo título no deja ninguna duda sobre el objetivo de Behe, arremete contra el darwinismo —más bien contra el neodarwinismo— valiéndose para sostener sus afirmaciones no de un reloj, como ya se hizo, sino de un artefacto nuevo y mucho menos complicado: una trampa para ratones... Se cree que el peligro radica en la posibilidad de que su "teoría de la complejidad irreducible", aunque rechazada por la mayoría de los científicos, podría ser aprovechada por los creacionistas, incluso por los que no la entienden. Yo pienso que al colocar este ensayo en el "Ranking de los 12 libros que han hecho más daño a la humanidad" se le dio demasiada relevancia. Sin embargo, cito a continuación una opinión más contundente, que quizá se acerque más a la realidad: *La complejidad irreducible es un argumento utilizado por el creacionismo para intentar desacreditar la evolución de las especies. A pesar de haber sido formulado por un bioquímico, ninguna corriente científica lo asume, dado que es completamente falso. Únicamente es empleado por predicadores creacionistas como recurso en sus sermones, y tiene un gran efecto sobre las personas sin formación científica, ya que juega con la intuición y no con la investigación.* (divinoplacebo.com/michael-behe-un-mediocre-famoso).

Con el número cinco llega <u>El eje de la civilización</u>, de **Margaret Sanger** (1879-1966), una enfermera y activista feminista estadounidense. Abogó por la legalización de la anticoncepción en su país, donde abrió la primera clínica para el control de la natalidad. En la

India, ayudó a crear la Federación Internacional de Planificación Familiar. Fundó la revista femenina *"The woman rebel"*, con el lema "Sin dioses ni maestros". Tuvo que vérselas con la Iglesia católica y fue detenida varias veces, pero la opinión pública estaba de su lado y Margaret Sanger llegó incluso a ser considerada como una heroína. Desde luego no por las iglesias cristianas. Un artículo publicado el 10 de agosto de 2015 por la periodista católica Magdalena del Amo llevaba como título "Margaret Sanger, o el mal en estado puro". (magdalenadelamo.es/margaret-sanger-o-el-mal-en-estado-puro/)

Es que Margaret Sanger no era, como Teresa de Calcuta, una (santa). Una (santa) que disfrutaba viendo sufrir a la gente pobre. Margaret no creó conventos por todo el mundo ni recogió ingentes sumas de dinero para inflar las cuentas bancarias del Vaticano, pero, según un artículo publicado por la Federación Estadounidense de Planificación Familiar en Nueva York, Margaret Sanger cambió el mundo para siempre y para mejor. Estas diez palabras son el título de un opúsculo de 12 páginas de doble columna, que se puede descargar al instante. (Plannedperenthood.org/files/9113/2501/Margaret-Sanger-heroína-del-siglo XX-).

¿Cuál de estos dos artículos recíprocamente contradictorios se acerca más a la cruda realidad? Prefiero no responder aquí a esta pregunta, y aconsejo al lector interesado que los lea y se haga su propia opinión.

Al Corán le toca el número seis. A mi juicio, los versículos del Corán son menos sangrientos que los del Antiguo Testamento, aunque tienen el mismo origen, pero son más aburridos y admito de buena gana que no tuve la paciencia de leerlos todos. Sin embargo, opino que el *Corán* debería situarse justo después de la Biblia.

También el Malleus maleficarum (El martillo de las brujas), aquí en séptima posición, está demasiado alejado de la Biblia. Debería encontrarse antes de La caja negra de Darwin, una obra muchos menos dañina, para no decir (casi) inofensiva.

El número ocho lo lleva El libro del bebé, obra del negativamente célebre Dr. **Benjamin Spock** (1903-1978), que volveremos a encontrar en la segunda lista.

En novena posición se colocó El manifiesto del partido comunista. La obra de **Karl Marx** (1818-1883) no merece tal desprecio: Yo la habría puesto después del Corán.

Al número diez le corresponde El príncipe, que también volveremos a ver. A pesar de ser una obra maquiavélica, opino que este antepenúltimo puesto es todo lo que se merece.

El penúltimo puesto lo ocupa Adolescencia, sexo y cultura en Samoa, de la antropóloga **Margaret Mead** (1901-1978), quien en una ocasión habría dicho: *Yo no creo en el uso de las mujeres en combates, porque la mujer es demasiado feroz.*

La obra, un libro de 280 páginas cuya autora aparece en la cubierta junto a un niño samoano, es un poco aburrida, pero absolutamente inofensiva para cualquier persona normal y sensata. No entiendo por qué la han colocado en esta lista, junto al Manifiesto del partido comunista... Margaret pasó ocho meses en Samoa, donde investigó con adolescentes de doce a veinte años. Allí se dio cuenta de que la transición de la niñez a la edad adulta de los samoanos, que no tienen nuestros prejuicios sexuales, era menos problemática que lo que pasaba con la turbulenta adolescencia norteamericana.

Con Democracia y educación, de **John Dewey** (1859-1952), se cierra la lista. Al parecer el libro (que no he leído) y su título no gustan a todo el mundo. Siendo yo una persona con muchos años y sin un solo descendiente todavía vivo, no siento ningún interés por la pedagogía. Sin embargo, se dice que se trata de una obra importante y se habla del "pensamiento deweyniano". También he leído que: *Durante las dos últimas décadas de su producción, Dewey critica las creencias y prácticas de una sociedad con una democracia reducida y residual.* Ahora comprendo por qué su obra fue incluida en esta lista: Debe de ser muy molesta para la gente que todavía sueña con un Estado teocrático. Yo la habría dejado fuera. En su lugar habría puesto el execrable libro (comentado en la sección 89) Las leyes del reino, del acaudalado, misógino y sumamente desagradable **Pat Robertson**, por propugnar la sumisión total de la esposa al esposo, como si ella fuera una esclava...

106- Tan solo faltan los más dañinos…

He aquí otra lista, establecida por personas que tenían una opinión distinta del grado de peligrosidad de cada una de las obras citadas.

Según estas personas, son *los libros que más daño han hecho a la humanidad*, lo que dista muchísimo de ser exacto.

Número uno: Esta vez se lleva la palma el Malleus maleficarum, que ya conocemos.

Número dos: Manifiesto del Partido Comunista, por el mal uso que se hizo de la obra. Es cierto que se utilizó como pretexto para cometer aberraciones y atrocidades, en especial en Rusia, en China, en Camboya y en Corea del Norte, algo que seguramente **Marx** y **Engels** no habían previsto.

Número tres: El príncipe, de **Nicolás Maquiavelo**, una obra que, sin llegar a ser tan popular como El principito de **Saint Exupery**, fue muy apreciada por los reyes y los dirigentes, que se inspiraban gustosos de los malos consejos que se exponen en sus páginas. Se dice que **Stalin** tenía siempre un ejemplar sobre su mesilla de noche.

Número cuatro: Mein Kampf, la tristemente célebre obra de **Hitler**, llena de odio y sumamente desagradable de leer. En esta lista donde no compite la Biblia, se debía atribuir a Mein Kampf el número uno.

Número cinco: Reaparece aquí un libro ya largamente comentado en la sección precedente: Los protocoles de los sabios de Sion. Por fomentar el odio racial, esta publicación se halla en casi todas las listas que he consultado.

Número seis: El eje de la civilización de **Margaret Sanger**. Lo que opino de Margaret y de sus obras, lo expuse en la primera lista, junto con los datos necesarios para que el lector pueda acceder a dos textos, respectivamente a favor y en contra de Margaret. Como el de Khathanine Dexter Library) es el más largo, intercalo aquí unas pocas palabras tomadas de los primeros párrafos de dicho artículo: *Margaret Sanger luchó durante toda su vida para ayudar a que las mujeres del siglo XX obtuvieran el derecho de decidir cuándo tener un hijo o no tenerlo —un derecho suprimido en todo el mundo durante al menos 5.000 años... Anticipando el cambio más reciente del milenio, la revista LIFE nombró a Margaret Sanger una de las personas estadounidenses más importantes del mundo (Life 1990), conjuntamente con 15 otros elegidos, entre los cuales se encuentran Albert Einstein, Henry Ford, Eleanor Roosevelt y Margaret Mead* (quien figura en la primera lista).

Margaret Sanger fue una mujer de logros heroicos, pero no una santa. La historia de su vida nos ofrece un retrato colorido, audaz, fascinante, formidable y muy humano. (plannedparenthood.org/file/margaret-sanger-heroina/).

Añado yo que Margaret luchó siempre para que la mujer obtuviera los mismos derechos que el hombre, en especial el derecho a la enseñanza, el derecho de expresar libremente sus opiniones, de disfrutar del sexo y de no ser considerada por los varones como una máquina de parir y criar niños o de fregar platos.

Con el número siete, reencontramos El libro del bebé, del **Dr. Spock**. Con su enternecedor título el libro se extendió por todo el mundo, se tradujo a 39 idiomas y llegó a ser uno de los best seller más vendidos de todos los tiempos. Se calculó que a finales del siglo pasado se habían despachado 50 millones de ejemplares. ¡Lástima que algunos de los consejos que daba aquel médico estaban equivocados! He leído que habrían sido la causa (indirecta) de unas 50.000 muertes. Es posible que en la mayoría de los casos la culpa haya sido de los padres, no del médico autor del libro. Pero, si este libro no puede ser en ningún caso dañino, como afirman numerosas personas, ¿por qué, entonces, se encuentra en esta lista de *los libros que más daños han hecho a la humanidad*?

Con el número ocho, el último de esta lista, caemos otra vez en La caja negra de **Darwin** y su famosa trampa para ratones, que ahora se encuentran en el lugar que les corresponde.

De la Biblia tan solo se hace una breve mención, al comienzo, porque está relacionada con las cruzadas. También se señala incidentalmente el Corán al citar otra forma de lucha armada: "la yihad". Es posible que esta segunda lista haya sido pensada y elaborada por personas profundamente religiosas, que creen de verdad que la Biblia y el Corán son obras sagradas, o al menos demasiado respetables para figurar junto a títulos como Mein kampf y El manifiesto del partido comunista. Mas para los fanáticos de la fe religiosa, la peor de todas las obras citadas podría ser más bien El eje de la civilización de Margaret Sanger, por su lucha incesante para ayudar a las mujeres a liberarse de ese estúpido y pernicioso prejuicio, difundido por la religión, de que ellas son inferiores porque su legendaria antepasada común Eva habría sido creada después del hombre, lo que ni siquiera es exacto.

Cuando se empieza a leer la Biblia desde la primera línea, salta en seguida a la vista que el derecho de primogenitura no es aplicable a la primera pareja humana, porque Dios creó a ambos cónyuges por separado y de una sentada... Esto es lo que se relata claramente en el primer capítulo de las Biblias, que en toda justicia (sea divina o sea humana) tiene prioridad sobre el segundo, el cual fue visiblemente redactado o añadido después... En la sección nº 28 (Viva Eva) de este ensayo se comenta con más detalles ese molesto pasaje, que al parecer los deshonestos progenitores (todos machos y además machistas) de la Iglesia desatendieron a sabiendas de que estaba ahí.

107 - Epítome de la mejor prosa "a los ojos de Dios"

Ahora propongo mi propia lista, más sencilla, reducida al esencial y encabezada por una de las obras "literarias" en mi opinión más siniestras de todos los tiempos, constituida por numerosos libros de autores desconocidos (salvo uno), y que no solo recogió en sus textos destrucción y muertes a raudales, sino que luego las suscitó durante unos tres mil años. Aquella obra, naturalmente, es el <u>Antiguo Testamento</u>. No puedo afirmar que sea la peor literatura de todo lo que se ha escrito. Quizá algunas obras de Homero, Eurípides, Sófocles y otros autores clásicos, y también la novela negra moderna la ganen en atrocidad y terror. Pero a esas nadie les pega la etiqueta "sagrada", ni pretende que han sido inspiradas por Dios. Y ni los sacerdotes ni los predicadores les extractan pasajes cuidadosamente escogidos y sabiamente manipulados para citarlos como ejemplos que se deben imitar, lo que sí se hace continuamente con la Biblia.

Donde acaba el Antiguo Testamento comienza el Nuevo, con menos odio y destrucción, pero con todavía más sinrazón y fantasía. Después de los cuatro <u>Evangelios</u> llegan los <u>Hechos de los Apóstoles</u>. Al converso Saulo de Tarso, alias (san) Pablo, se le atribuye la autoría de la mayor parte de las <u>Epístolas</u>, y a (san) Juan la del <u>Apocalipsis</u> con el dragón y la bestia y también, por orden creciente y entre muchas otras jocosidades por el estilo: los dos testigos, los cuatro jinetes, los siete ángeles con sus siete copas, los diez cuernos de la bestia y las doce puertas que son doce perlas... Ha nacido la nueva religión y se está extendiendo a trompicones. Llegan entonces las prolíficas y a menudo contradictorias <u>bulas</u> de los papas, los escritos de los "padres de la Iglesia", el <u>Malleus Maleficarum</u>...

Mientras aquella nociva prosa circulaba libremente, se prohibían, decomisaban y quemaban —a veces junto con el autor— una enorme cantidad de valiosas e irreemplazables obras literarias y científicas. Sorprende ver en el Índice de los libros prohibidos por la Iglesia, junto con las obras de Copérnico, Galileo, Giordano Bruno y Darwin (aquellas no podían faltar), nombres como Rabelais, Descartes, Diderot, Immanuel Kant, Diego de Zúñiga, Francis Bacon, Víctor Hugo, Flaubert, Dumas, D'annunzio... Y también títulos como <u>Los miserables, El gran diccionario universal</u> de Pierre Larousse, <u>El lazarillo de Tormes,</u> y todas las <u>versiones de la Biblia</u> traducida al castellano, al francés, al inglés, al alemán o a cualquier otro idioma vernáculo. Entre las obras científicas, las más castigadas por la Inquisición fueron los tratados de historia natural y los de medicina, es decir los que habrían sido de más provecho para la humanidad.

También publicaron sus libros la Iglesia ortodoxa y las Iglesias reformadas, como <u>Las 95 Tesis</u> de Lutero, que ya conocemos, y <u>la Institución de la Religión Cristiana,</u> de Calvino, que se merece una corta digresión no por la importancia de su contenido, sino por haber sido el primer tratado de teología redactado en latín y luego traducido por su autor mismo a un idioma vernáculo (el francés). Por desgracia esta obra no aporta nada nuevo e incita más bien a retrotraerse. Calvino enfatiza la influencia ya muy negativa del estulto dogma del "pecado original" y tiende a acentuar la miseria intelectual del hombre y de la mujer de su época, despojándolos de su libre albedrío y sometiéndolos enteramente a la benevolencia divina... El libro fue traducido al español en 1597 por Cipriano de Valera. A las personas que deseen hacerse una idea general de la obra, me permito dar este consejo: Lean primero la "<u>tabla de contenido, Juan Calvino al lector</u>". Este índice se encuentra al final del texto y es por sí solo como un pequeño libro.

A eso se añade todo lo que publicaron el Islam, los mormones, los testigos de Jehová y las sectas que utilizan como principal fuente de inspiración el Viejo Testamento. A veces, también el Nuevo.

Entre los comentarios que siguen la segunda lista (la de los ocho libros), muchos destacan por echar en falta la ausencia de la Biblia. En cambio, a algunas personas les parece plenamente justificada, ya que para ellos la Biblia es un libro sagrado y por lo tanto "intocable". Lo más curioso es que dicen y repiten que los que critican esa obra "divina" deberían más bien leerla... Pues yo la Biblia la leí, el Viejo Testamento en profundidad —muchos pasajes varias veces— y el Nuevo más superficialmente, como el Corán, porque la lectura de estas dos obras no me resultó muy entretenida...

Admito que en todos los libros del Antiguo Testamento hay fantasía y muchísima exageración, lo que no impide que aún hoy en día algunos sigan interpretándolos literalmente, desde luego con consecuencias menos desastrosas que en otros tiempos. Pero el ejemplo sigue siendo deplorable, en especial para los niños y las persones sensibles.

No es en absoluto concebible que el Dios de los judíos y de los cristianos, que según ellos creó el universo y la vida, sea quien dijo a Moisés, en Peor: *"Toma a todos los jefes del pueblo y empálalos en honor del Señor, a la luz del sol"* (Num 25,4).

Y al rey **Saúl**, con la boca del profeta **Samuel**: *"Darás muerte a hombres y mujeres, a muchachos, niños de pecho, a vacas y ovejas, a camellos y asnos"* (1Sam 15,3).

Y al profeta **Ezequiel,** condenado a quedar acostado sobre el lado izquierdo durante 390 días para expiar la culpa de Israel: *"Comerás una torta de cebada que cocerás a la vista de todos sobre excrementos humanos"* (Ez 4,12).

Tampoco habría ordenado a **Josué,** después de la derrota y la masacre indiscriminada de los pueblos del norte de la "tierra prometida": *"Tú les desjarretarás los caballos y les quemarás los carros"* (Jos 11,6). Este acto de sadismo contra unos nobles e indefensos animales es por sí solo una prueba tajante de que los libros del Viejo Testamento no fueron ni inspirados ni aprobados por un dios omnipotente, inteligente y justo. (Fuente de las cuatro últimas citas: Biblia de la Conferencia Episcopal Española). Por su letra grande es mi preferida, y es también la que aconsejo a las personas mayores. Los que no quieran lanzarse a leerla atenta y detenidamente no pueden imaginar lo que se están perdiendo.

El Antiguo Testamento, algunos sí lo leen... para luego poder interpretarlo a su manera. Por lo general lo malo del libro, lo ignoran. Lo neutro, lo transforman. Lo bueno, lo amplifican; y si no lo encuentran, lo inventan. No, no exagero, y la prueba viene ahora mismo con el siguiente fragmento de texto, escogido entre muchos otros por ser uno de los más "edificantes": *"La maldad más grande que un ser humano puede hacer a otro es intentar matar al dios en el que este cree [...] Decir que el Dios de la Biblia tiene "un lado negativo" es desconocer la esencia misma de Dios, y lo que es peor, hablar de un ser al que se desconoce. Porque cuando se le conoce, se le ama. Y cuando se le ama, se descubre que todo en Él es amor, luz y vida. La ignorancia es atrevida, y la ignorancia de este siglo a lo bueno llama malo y a lo malo, bueno"*. (Comentario de **Baichell** al libro *La espada asesina,* de **Vidal Mario**).

Al comentario de Baichell añadí el mío, rematándolo con estas palabras: "Donde tan solo hay odio, tiranía, traición, crueldad y muerte, Baichell ve amor, luz y vida, lo que hace sospechar que nunca ha leído detenidamente los primeros libros del Antiguo Testamento".

A diferencia de Baichell, **Julio Bonino**, un cura —o quizá un obispo, ya que existe uno en Sudamérica con los mismos nombre y apellido— de la Iglesia católica romana, no ignora ni rechaza lo malo de la Biblia. Tampoco se molesta en darle una vuelta completa como hizo Baichell. Con él lo malo queda malo y eso le parece muy bien e incluso necesario. No duda en declarar que *"No ha de considerarse pecado los "crímenes" que la Iglesia cometió, ya que fueron un mal necesario, dado que fue debido a esos "errores" que el Evangelio prosperó.* Fuente: El Librepensador, marzo de 2014. Fragmento de un comentario fechado 14 de abril 2015.

Así que para aquel buen sacerdote, el genocidio llevado a cabo por los invasores hebreos en la "tierra prometida", la eliminación de los paganos cuando la Iglesia se hizo romana, las masacres de los albigenses en el sur de Francia y de los hugonotes en París, las hogueras de la maldita Inquisición, los pogromos que se perpetraron por toda Europa, el Malleus maleficarum con su incitación a la caza de las brujas en pleno renacimiento, los crímenes y las proezas sexuales de algunos papas fueron "males necesarios". Necesarios, pero ¿para qué? Simplemente para que la Iglesia pudiera prosperar. Y prosperó ¡Coño!

108 - Puntualización

Los librepensadores no rechazamos a Dios, ya que la nada no se puede ni aceptar ni rechazar. Lo que hacemos es constatar su irrealidad, y también lamentar que tanta gente desperdicie su tiempo, sus momentos de ocio, su dinero y sus facultades cognitivas no solo en proclamar su fe, sino también en tratar de contagiarla a otras personas. Yo no soy en contra de la existencia de un dios creador del universo y de la vida; tan solo me rindo ante nuestra insoslayable incapacidad para verificarla.

Para mí un ser realmente todopoderoso, omnisciente, justo y conocedor de las debilidades y de las virtudes humanas, sería bienvenido. Pero el Dios que veneran los judíos, los cristianos y los musulmanes no es así. Ni muchísimo menos... Además, es un personaje puramente hipotético, lo que deja a los que pretenden representarlo en la Tierra el campo libre para hacer cualquier disparate y decir que lo quiso Él.

Ese dios bíblico, que se suele llamar El, Yahvé, Jehová e incluso "Yo soy", pudo haberlo ideado **Moisés**, mientras se aburría vigilando los rebaños de su suegro **Jetro**, en Madián. Lo habrá creado a su propia imagen, tanto física como mental. Cuando se examina esa hipótesis, se entiende perfectamente por qué el dios de Israel odiaba a los egipcios, a los cananeos y a todos los pueblos que seguían fieles a sus divinidades tradicionales. Quizá ni siquiera existió Moisés... Pudieron inventar a la vez a Yahvé y a Moisés los autores anónimos del Pentateuco, la obra que recoge los cinco primeros libros del Antiguo Testamento. Israel necesitaba un dios propio y exclusivo. Sus jerarcas lo crearon y lo impusieron al pueblo con presiones y castigos. Eso pudo suceder, como ya se ha sugerido en el presente ensayo, mucho después de las supuestas correrías de Moisés y de su turba por el desierto del Sinaí.

Desde el siglo XVII, los expertos comenzaron a preguntarse quién había escrito la Biblia. Moisés fue la primera víctima de los avances de la investigación científica, que planteó cantidad de contradicciones. ¿Cómo es posible —preguntaron los especialistas— que halla sido el autor del Pentateuco cuando el Deuteronomio, el último de los cinco libros, describe el momento y las circunstancias de su propia muerte?

El Pentateuco "es una genial reconstrucción literaria y política de la génesis del pueblo judío, realizada 1500 años después de lo que siempre creímos", sostiene el arqueólogo israelí Israel Finkelstein. *Añade que estos textos bíblicos son una compilación iniciada durante la monarquía de Josías, rey de Judá, en el siglo VII a. C. En aquel momento, ese reino israelita del Sur comenzó a surgir como potencia regional, en una época en la cual Israel (reino israelita del Norte) había caído bajo el control del imperio asirio. El principal objetivo de esa obra era crear una nación unificada, que pudiera cimentarse en una nueva religión. El proyecto, que marcó el nacimiento de la idea monoteísta, era constituir un solo pueblo judío, guiado por un solo dios, gobernado por un solo rey, con una sola capital, Jerusalén, y un solo templo, el de Salomón.* **Luisa corradini**, La Nación, miércoles 25 de 2006.

Luisa corradini es corresponsdiente en París del periódico argentino La Nación, desde unos treinta años. **Israel Finkelstein** (1949) es director del Instituto de Arqueología de Tel Aviv. Es también ateo y coautor, con el arqueólogo estadounidense **Neil Asher Silberman** (1950), de La Biblia desenterrada.

En cuanto al rey Josías, reinó en Judá de 640 a.C. a 609 a.C. aproximadamente, hasta que cometió la estupidez de enfrentarse al faraón Neco, quien lo mató no se sabe exactamente cómo, ya que existen dos versiones bíblicas de los hechos.

109- Placebos religiosos

Se oye a menudo afirmar que confiar en Dios y rezar alivia la aflicción y las pequeñas dolencias, o al menos ayuda a superarlas. No lo dudo. La fe y la oración son placebos tan buenos como cualquier otro, pero con una diferencia: el placebo experimental o terapéutico se suele administrar bajo vigilancia médica, pero no el "placebo religioso", lo que conlleva para el creyente confiado el riesgo de quedar sumergido en una atmósfera de confianza y pasividad que puede impedir que se tome en serio un peligro real o un problema de salud grave. Además, para que la fe y la oración funcionen como consuelo o alivio del dolor, es preciso que el usuario no haya leído cuidadosamente los seis primeros libros del Antiguo Testamento, es decir el Pentateuco y el sangriento Libro de Josué.

Se dice también que los creyentes suelen afrontar la cercanía de la muerte con más serenidad que los escépticos. Parece lógico y por eso casi todo el mundo se lo cree, pero en la mayoría de los casos ocurre exactamente lo contrario. Para averiguar lo que opinan al respecto los católicos sinceros e incurables —tengo uno entre mis allegados—, ideé para ellos un sistema de acogida *post mortem* con tres puertas superpuestas. La puerta del purgatorio está a ras del suelo, la del paraíso justo encima y la del infierno justo debajo, es decir en el subsuelo... Parece una tontería, ¿verdad? Y para mí lo es, pero para la persona que cree realmente que estos lugares existen, puede llegar a ser una pesadilla. Es difícil que uno no se pregunte, por ejemplo:

"¿Adónde irá a parar mi alma? ¿Qué puerta se abrirá para recibirla? Debería ser la del paraíso porque he sido siempre una persona honrada, caritativa, pía y temerosa de Dios... Pero ahora recuerdo que un domingo no fui a misa, por mi culpa y con una mala excusa: tenía una resaca... Y también me acosté con mi novia un poco antes de haberme casado con ella... Seguro que eso al Señor no le gustó nada y que por ese pecado me va a colocar en el purgatorio. Aquello lo confesé, pero el cura me dijo que debía también arrepentirme... ¡Y cómo me iba yo a arrepentir con sinceridad de unos momentos que fueron los más felices de mi vida! Ahora que lo he pensado bien, aceptaría gustoso una temporada en el purgatorio... Es que... nunca se sabe... Dios mío, por favor, no me envíes al infierno". Pues, esto no es serenidad.

Expuse mi "tesita" de las tres puertas a un primo segundo mío ahora fallecido, quien en su juventud había sido seminarista. Insistí para que me dijera qué puerta creía él que le abriría Dios. Me dijo que no lo sabía y que mi pregunta era diabólica. Pasaron un par de años, mi primo enfermó y cuando fui a visitarlo, unos pocos días antes de su muerte, me miró con cara de pocos amigos y me dijo con tono nada amable: "Para tu sucia alma cuya existencia te empeñas en negar, la puerta que se abrirá será seguramente la de tu maldito subsuelo, pero a ti eso no te asusta porque no crees en nada".

Es exacto que lo que pueda suceder después de mi muerte no me afectará en absoluto, porque estoy convencido de que al morir cesaré de existir. Volveré a ser lo que era antes de haber sido concebido, es decir nada. En realidad, no exactamente nada... En mi caso, cuando me habrán incinerado quedarán de mí cuerpo un puñado de cenizas y valiosos gases, que podrán ser aprovechados por algunos seres vivos, tanto terrícolas como acuáticos. Y esto será materia liberada, purificada por el fuego, concentrada y disponible para ser reciclada por la naturaleza. Tarde o temprano sus moléculas recobrarán vida al ser incorporadas a nuevos organismos vivos de vegetales y de animales. Y, ¡quién sabe! quizá también de algunos seres humanos. Así que no tengo ningún motivo para asustarme. Sin embargo, me preocupa un poco lo que me va a pasar justo antes, porque el acto de morir, si nadie nos asesina limpiamente y sin previo aviso, puede ser muy desagradable. Pero en eso los escépticos ganamos también a los creyentes, porque ellos antes de morir tienen el mismo problema y las mismas preocupaciones que nosotros, a los que se añaden la incertidumbre acerca del lugar adonde irá a parar su desamparada alma y el miedo a que ese lugar sea el infierno. Deberían más bien entender que si la existencia de un Dios creador se puede admitir como hipótesis, la de un Dios que recompensa y castiga no es siquiera concebible. ¿Por qué desperdiciaría su tiempo haciendo tal cosa? ¿Por qué tendría que molestarle si no nos portamos bien los unos con los otros, y cómo podría enterarse de todo lo que hacemos? Creer que Dios nos conoce individualmente y está informado de nuestros actos, de nuestras palabras y hasta de nuestros pensamientos es tan disparatado como creer que nosotros sabemos, en todo momento, dónde está y qué hace cada una de los centenares de millones de bacterias que albergamos en nuestro cuerpo. Mi primo habría podido ahorrarse, quizá no el sufrimiento físico, pero sí la angustia que le causó hasta el último momento su infundado temor al infierno.

Ahora bien, si yo fuera Dios, sí castigaría de alguna manera y globalmente a los seres humanos, porque le estamos estropeando, devastando, contaminando y arruinando una de las obras más valiosas de su supuesta creación: nuestro maravilloso y acogedor planeta Tierra. Desde luego, no iría hasta cometer la estupidez de recurrir al diluvio, como algunos creen que ya se hizo. Mi castigo sería benigno, al menos al principio, pero también reiterativo y aleccionador. No sería eterno, como la condenación al infierno de las iglesias cristianas, lo que no aporta absolutamente nada positivo. Los humanos tendríamos la posibilidad de hacerlo cesar, simplemente reparando el daño que ya le hemos hecho a la Tierra. Y así tampoco sería necesario recurrir a la solución extrema que nos describe cada domingo *Discovery Max,* en su poco realista serie "Evacuar la Tierra".

110 - Fundamentalismo saludable

Anthony Clifford Grayling (1949), es profesor en una universidad de Londres. Es también periodista y autor de varias obras ensayísticas. A los creyentes que alegan que las personas que no creen en ninguna divinidad y no practican ninguna religión pueden ser también fundamentalistas, Anthony responde con humor y pertinencia:

Ha llegado la hora de enterrar los errores y los supuestos en los que se funda el calificativo que algunos religiosos usan para aludir a quienes admiten abiertamente no creer en ninguna religión: la expresión de "ateo fundamentalista". ¿Qué sería un ateo no fundamentalista? ¿Acaso sería alguien que se limitara a creer que no existen entidades sobrenaturales en el universo, sino más bien algo como una parte de dios (un pie divino, por ejemplo, o una nalga)? ¿O que los dioses existen solo a ratos (por ejemplo los miércoles y los sábados)? (A. C. Grayling, <u>Contra todos los dioses)</u>.

En el mismo libro, se puede leer: *Todo el mundo es libre de creer lo que quiera, siempre y cuando no moleste (ni coaccione, ni mate) a los demás; pero nadie tiene derecho a reclamar privilegios por el simple hecho de ser devoto de una u otra de las muchas religiones del mundo.*

Anthony nos recuerda que las iglesias cristianas, para impedir que se les escaparan los feligreses han tenido que renunciar a su intolerancia agresiva y a su execrable costumbre de perseguir, encarcelar y quemar a la gente por naderías como la herejía, la apostasía y la supuesta brujería. En cuanto al castigo sin fin del infierno, podría ahora no ser tan eterno como antes. Podría consistir en la privación de la vista de Dios. Podría incluso ser puramente metafórico... Al parecer entre las iglesias no hay consenso.

En su forma moderna condescendiente, modesta y consoladora, el cristianismo es una reciente versión, profundamente modificada, de lo que durante la mayor parte de su historia fue por lo general una ideología violenta y opresora. Basta pensar en las cruzadas, en la tortura, en las hogueras, en la esclavitud de las mujeres condenadas a parir reiteradamente [...], en la condena de la sexualidad humana, en el uso del miedo. La amenaza del infierno, la exigencia de pobreza y castidad, la doctrina de que solo unos pocos se salvarán y la mayoría se condenará, se han disipado y reemplazado por las sesiones de guitarra y las sonrisas empalagosas. Para mantener el poder sobre los crédulos, el cristianismo se ha reinventado a sí mismo tantas veces, y con una hipocresía tan pasmosa, que un monje medieval que resucitara hoy, como el de Woody Allen en "El dormilón", sería incapaz de reconocer esa fe que lleva el mismo nombre que la suya. ob. cit.

Es que también la religión ha evolucionado, pero a una velocidad sin parangón con la pausada y a menudo aleatoria evolución de los seres vivos. *Y hasta el católico contemporáneo, si dice a Dios "que tu voluntad se cumpla", añade: "y la mía también".* **Maître Simon**, <u>Paseo humorístico a través de las religiones</u>.

Christopher Hitchens se fijó en la pequeña obra de A.C. Grayling, de apenas cien páginas, y la incluyó entera en la suya (<u>Dios no existe</u>), de más de seiscientas, con una pequeña nota de presentación que no incita a la melancolía. Yo la coloco aquí, también entera, a modo de colofón:

Cuando los fieles empezaron a tener que defenderse, desarrollaron una serie de tácticas desesperadas, mezquinas y tontas. Una de ellas fue el argumento de que también los no creyentes eran "fundamentalistas". El filósofo moral británico Anthony Grayling somete este pequeño incendio de matojos, sin ninguna importancia, a una ducha del agua más fría y pura de la razón, insistiendo de paso en que debe de haber alguna relación entre las palabras y su significado, con lo cual asesta un doble golpe a la religión.

111 - El último acto

A **Gonzalo Puente Ojea**, que me lleva dos años y es tan escéptico como yo a pesar de haber sido embajador de España en el Vaticano, tampoco le asusta la muerte. Parece incluso que, también como yo, se la toma a broma, por ejemplo cuando escribe: *Solamente tal que exige la tarea de adquirir conocimientos, y la decisión de desvelar el sentido de los acontecimientos, nos permitirán sentir la pulsación de la vida hasta el momento de la muerte asumido lúcidamente como el último acto de vivir.*

El último acto de vivir... La expresión me gusta y trataré de recordarla e incluso de ponerla a prueba... De Gonzalo tengo otra cita, y para mí es un placer compartirla con mis lectores: *El juego sucio de la Iglesia consiste en lanzar sus fantasías o engaños y, una vez han sido asimilados por la fe, atrincherarse detrás de esta y desentenderse cínicamente de la verdad.* De esta por lo menos conozco la proveniencia —el libro de Puente Ojea <u>La religión ¡vaya timo!</u> que tengo ahora mismo delante de los ojos—, mientras que no puedo recordar de dónde saqué la primera.

112 - Verdades y fantasías acerca de nuestro mundo

"En su obra <u>De Caelo</u>, Aristóteles (388-322 a.C.) da una explicación razonada de por qué la Tierra es una esfera y cita un valor para su circunferencia, que es el correcto dentro de un factor de dos." (recordado por Wikipedia.org/wiki/sobre-el-cielo/) **Aristóteles** fue con mucho la persona que más se acercó a la realidad, al menos en cuanto a la forma y a las dimensiones de nuestro planeta, ya que no llegó nunca a compartir la opinión de Heráclides de Ponto y de Aristarco de Samos, quienes fueron los primeros seres humanos en darse cuenta de que nuestro planeta no es estático ni está en el centro del Universo.

Y resulta que ahora, unos 2300 años después, para algunos la forma y los movimientos de la Tierra son únicamente una cuestión de fe: *Johnson afirmaba que la teoría de la Tierra redonda era una conspiración de la ciencia para hacernos ver la Biblia como un chiste, ya que por supuesto él no admitía otra interpretación de la Biblia que fuera diferente de la literal. Según él, si la Tierra fuera redonda no existiría ni un arriba ni un abajo, por lo tanto, no habría lugar para Dios en este universo* (carbovolo.com/2005/05/la-gran-mentira-de-la-tierra-redonda). Aquel individuo debía de ser muy corto de miras, por no haberse percatado de que los lugares idóneos para ocultar a un ser tan inconsistente y escurridizo como Dios abundan, tanto en la Tierra como en todo el universo. Lo que pasa es que ya están ocupados, respectivamente por el vacío interatómico y el vacío intergaláctico.

Charles K. Johnson (1924-2001), que fue presidente "*of the international flat earth*", decía que si la Tierra fuera redonda y, además, girara continuamente sobre sí misma, cuando Dios baja hasta el suelo para vigilarnos, no sabría luego que dirección tomar para volver a su celestial residencia. Ergo, la Tierra es necesaria y evidentemente plana. Tan plana como la opinión que Johnson tenía de Dios: un dios incapaz de saber, sin bajar hasta la Tierra, lo que hacen sus criaturas...

Un bromista en una ocasión dijo: *Si la Tierra es redonda y se la llama "planeta", si fuera plana ¿se la llamaría "redondeta?* (topfrasesgraciosas.com/si-la-tierra-es-redonda-y-se-la-llama-planeta...). Al ver estas palabras, se podría pensar que fue un error llamar "planetas" a unos cuerpos celestes esféricos y sin luz propia. Pues, no. Al contrario, habría sido una equivocación llamarlos "redondetas", "esferitas" o "globulitas"... Es que la palabra "planeta", derivada del griego "*planetes*", es de las más apropiadas, ya que significa "errante", o "vagabundo".

Para la mayoría de los creyentes del mundo moderno, la esfericidad de nuestro planeta no es ningún sujeto de preocupación: Según ellos, Dios lo puede todo, incluso orientarse sin puntos de referencia y sin necesidad de utilizar, como lo hacemos nosotros, una brújula o un GPS. Además es omnipresente, lo que significa que está en todas partes a la vez y en todo momento. Puede así enterarse de todo lo que sucede en la Tierra sin necesidad de desplazarse. También es omnipotente y omnisciente y por lo tanto no necesita la ayuda de nadie para nada.

¡Desgraciado Dios! ¡Qué desabrida y eternamente deprimente debe de ser tu vida!

En el bien documentado y muy entretenido libro de **Ernesto Carmena** (1974), El creacionismo ¡vaya timo!, el autor nos cuenta que intentó visitar el sitio Web de la sociedad de la Tierra plana, y que solo encontró este corto mensaje: *Desafortunadamente, este sitio Web, junto con la persona encargada del mantenimiento, pa-*

recen haberse caído por el borde de la Tierra. Volveremos a estar disponibles pronto.

Los redactores de la revista QUO también lo intentaron y se dieron cuenta de que la sociedad se estaba recuperando. Así rezaba el nuevo mensaje: *Con sede en Londres, la Sociedad de la Tierra plana ha reabierto sus puertas para que se inscriban nuevos miembros. De momento, esta asociación apenas suma 400 miembros (entre ellos, dos españoles)* (leído en la revista QUO).

Sin embargo, algunos opinan que: *El mito de la Tierra plana está volviendo a cobrar fuerza, demostrando que el ser humano está condenado a tropezar dos, tres e infinitas veces en la misma piedra.* (omicrono.com/2016/01/mito-de-la-tierra-plana).

Tenemos también el increíble "Veredicto islámico de la forma de la Tierra":

La Tierra es plana, y cualquiera que rechace esta afirmación es un ateo que merece ser castigado. (Sheik Abdel Aziz Ibn Baaz, suprema autoridad religiosa de Arabia Saudí. Fuente: rationalskepticism.org). Muy astuto: Puesto que no se permite trastocar los textos (sagrados), se cambia la forma de la mismísima Tierra, por fortuna solo virtualmente.

Acerca del "borde de la Tierra" al que hizo alusión Ernesto, se rumorea que no existe más. Los adeptos más listos (o menos tontos) de la sociedad del planeta plano lo habrían eliminado para instalar en su lugar una cadena continua de glaciares... Un obstáculo difícil de sortear, salvo para los suicidas con buenos conocimientos de escalada en paredes de hielo. Otra función evidente de aquella gélida muralla es impedir que el agua de los océanos se derrame por el espacio. Pero ¿quién la protege contra los terremotos, los actos terroristas y el calentamiento global? ¿Y qué forma tendría esta tierra plana? Depende de quien la ha dibujado; hay para todos los gustos, puesto que cada uno la representa como la imagina. Solo con teclear "Tierra plana", Internet te regala toda una colección de *"Imágenes de la teoría de la tierra plana"*.

¿Y qué opinaban al respecto los pensadores de las grandes civilizaciones prehelenísticas? *Todos los hombres que vivieron en los imperios anteriores a los griegos suponían que la Tierra era plana, como así parecía ser, a excepción de valles y montañas. [...] Aun así, se planteaba otro problema: ¿Por qué no se derrumbaba por los bordes el océano? Quizá porque el cielo era una coraza resistente y se unía con la Tierra por todas partes: De hecho, así parecía ocurrir: Entonces el universo podía ser como una caja, sus lados y parte superior eran el cielo, y en el fondo estaban las mares y la Tierra.* (astronomia-iniciacion.com/astronomia/tierra-plana).

En este blog se muestran curiosas imágenes, entre las cuales resaltan nuestro planeta reposando sobre el lomo de una tortuga gigante y dos barcos llegando al borde del océano. Un poco de fantasía nunca está de más...

Representar el cielo como una gigantesca caja, con la Tierra y sus mares en el fondo. tendría sentido, pero solamente si la caja fuera redonda. Yo habría imaginado más bien una Tierra cubierta por una gran campana azul, con la periferia de su base "soldada" al borde (único y circular) del planeta.

También existe el mito de la Tierra hueca, sobreviviente de antiguas creencias que yo creía extintas. Pero estaba equivocado. Han sido no solo recuperadas, sino también manipuladas para adecuarlas a la vida moderna: *Los defensores de esta creencia propugnan que existen dos aperturas, una en cada polo, custodiadas en secreto por algunos gobiernos del mundo. También existirían cuevas y sistemas de túneles en todo el planeta Tierra, que podrían unir lugares muy distantes por el subsuelo.* (wikipedia.org/wiki/creencia-en-la-tierra-hueca).

En algunas religiones se sigue enseñando que en aquel gran hueco de la Tierra está el infierno... Esto no puede ser, porque los condenados al fuego eterno se volatilizarían nada más llegar al lugar, debido al intenso calor que reina allá abajo. Por lo tanto, el castigo quedaría sin efecto. Por la misma razón, tampoco podrían existir cuevas profundas aprovechables ni túneles transitables. En el fondo del pozo que los rusos cavaron en Siberia, hasta una profundidad de no mucho más de doce kilómetros, la temperatura superaba ya los 180 grados. Y conviene tener en cuenta que la profundidad alcanzada equivale a tan solo 0,01 por ciento del diámetro de la Tierra...

Dando un paso más hacia el culmen de lo absurdo, algunos han barajado una "teoría de la Tierra cúbica". En mi opinión, ningún astro del tamaño de la luna o de la Tierra podría adquirir tal forma: la fuerza de la gravedad no lo permitiría. Sin embargo, unos matemáticos estadounidenses imaginaron un planeta perfectamente cúbico. Lo muestran a reducida escala y revestido de los continentes y las mares de nuestra Tierra, con su luna y su único habitante: el Principito de Saint-Exupéry... Este planeta, según el comentario que acompaña la imagen, *sería en realidad como seis mundos independientes, con seis océanos y atmósferas no relacionados entre sí [...] Dos de las caras permanecerían siempre heladas (las de los polos) y eso del clima "global" pasaría a ser un concepto extravagante, ya que cada cara sería un compartimento estanco [...] De hecho, las atmósferas podrían ser muy diferentes entre sí (irrespirables para los organismos que vivieran en otras caras).* (quo.es/ciencia/y-si-la-tierra-fuera-cúbica).

Para que esto sucediera, el planeta tendría que ser enorme y con una atmósfera muy tenue. Si la forma de nuestra Tierra, por ejemplo, fuera la de un cubo perfecto, no tendría este problema. Es cierto que sus dos caras polares nunca verían el sol, pero cada una de las cuatro restantes lo tendrían durante seis horas cada día, con amaneceres hermosos y largos crepúsculos. Los vientos huracanados pasarían sin dificultad de una cara a otra, generando en los vértices una erosión intensa. Las rocas, la tierra y la arena desprendidas, bajo el efecto de la imparable fuerza de la gravitación se irían acumulando en el centro de cada una de las caras, hasta que al cabo de algunos miles de millones de años el planeta afectado adquiriera una forma más o menos redondeada.

113 - El moribundo geocentrismo

El geocentrismo, es decir la teoría de una Tierra fija (y no necesariamente plana) con todos los astros girando a su alrededor, al parecer sigue teniendo adeptos. Me tomo la libertad de citar aquí un fragmento de un artículo de **Fernando Cuartero**, profesor de Informática en la Universidad de Castilla-La Mancha: *Recientemente hemos visto "una noticia" en la que se nos informaba que un profesor universi-*

tario de la Universidad del País Vasco y un doctor en Matemáticas por la Universidad de Murcia defendían la tesis del geocentrismo como un hecho en pleno siglo XXI, como si no sirvieran de nada todos los conocimientos de la física y las matemáticas de los últimos cuatro siglos. Estamos acostumbrados a todo tipo de chifladuras extravagantes en medios de comunicación de carácter completamente anticientífico, pero parece más extraño en gente con una supuesta formación científica. (hablandodeciencia.com/articulos/2013/02/18/geocentrismo-en-el-siglo XXI) Quizá estos profesores solo pretendían gastar una necia broma a sus colegas.

Para algunos, la prueba de que la tierra es inmóvil está claramente expuesta en la Biblia, más exactamente en este pasaje —aquí un poco condensado— del <u>Libro de Josué</u>: *Mientras los derrotados seguían huyendo bajo una mortal granizada, Josué de repente se detuvo y gritó: "¡Detente, Sol, en Gabaón!"* (Jos 10,12).

"¡Aquí está la prueba!" proclaman triunfalmente los geocentristas. "Josué detuvo el Sol, no la Tierra". Para ellos, el argumento es inapelable. Se añade que el sol obedeció y tardó un día en ponerse. Es lo que se cuenta, pero nadie pudo verlo, porque durante todo el combate estuvo oculto por una espesa capa de nubes de tormenta.

Que el sol se detenga puede sorprender, pero no que tarde un día en ponerse, porque en nuestras latitudes, cuando se levanta el sol tarda siempre un día en ponerse, sin que sea necesario reducir o detener el movimiento de rotación de la Tierra. Josué detuvo también la Luna, pero en el valle de Avalón, y nadie pudo observar el fenómeno porque aquella noche era luna nueva...

Efectivamente, desde nuestro planeta vemos la luna, el sol, las estrellas, las nubes y las aves migratorias pasarnos encima de la cabeza, mientras que nosotros, si queremos desplazarnos tenemos que caminar, subirnos al lomo de un animal o fabricar y usar un artilugio flotante, rodante o volador... Para la gente de la edad del bronce, parecía obvio que la Tierra era el centro del universo. Pero se acabó la edad del bronce y entonces apareció **Heráclides de Ponto** (388-315 a.C.), y luego **Aristarco de Samos** (310-230 a.C.), y ellos lo pensaron mejor. Heráclides fue probablemente el primer sabio griego en proponer la hipótesis de que la Tierra gira sobre su eje, dando una vuelta completa cada 24 horas. Aristarco fue más lejos, al darse cuenta y señalar que junto con los otros planetas nuestra Tierra gira también alrededor del sol y tarda un año en dar una vuelta completa. Por desgracia, aquellos importantísimos hallazgos fueron rechazados por la mayoría de los pensadores de la época, en especial por Aristóteles, quien impuso su teoría geocéntrica, más fácil de entender aunque fuera falsa. Fue la que la Iglesia católica adoptó sin dudarlo, porque no contradecía sus sagradas Escrituras. Ya que no pude encontrar una mención satisfactoria del proceso que utilizó Aristarco para llegar a la conclusión de que lo que en realidad se mueve es la Tierra y nosotros con ella, les ofrezco a continuación un esmirriado texto de segunda o tercera mano de otro gran hombre de la época, **Arquímedes de Siracusa** (287-212 a.C.) Es mejor que nada. Arquímedes nos cuenta que *Aristarco de Samos sacó un libro conteniendo algunas hipótesis, en el cual las premisas conducían al resultado de que el tamaño del universo es mucho más superior a lo que ahora recibe este nombre. Sus hipótesis son que las estrellas fijas y el sol se mantienen inmóviles, que la tierra gira alrededor del sol en la circunferencia de un círculo, con el sol situado en el centro de la órbita.* (astronomia.com.biografias/aristarco)

Como se puede ver, Arquímedes no hizo ninguna alusión a la rotación de la Tierra sobre sí misma, lo que no significa que Aristarco ignoraba ese detalle, sino más bien que Arquímedes lo pasó por alto. Antes de que Aristarco hubiera nacido, Heráclides de Ponto había señalado que el hecho de ver todos los cuerpos celestes girar alrededor de nosotros era una ilusión debida al movimiento de rotación de nuestro soporte, la Tierra. Tanto Aristarco como Heráclides se habían dado cuenta de que las estrellas más alejadas no podían de ninguna manera dar una vuelta completa alrededor de nuestro planeta en tan solo un día y una noche. Pero fue Aristarco quien tuvo el mérito de intuir que la Tierra giraba también, en unos 365 días, alrededor del Sol.

114 - De Ptolomeo a Newton

A principios del siglo II, empezaba a edificarse a duras penas una nueva religión, que ya destacaba por su sectarismo y su intransigencia. Más adelante se llamaría a ella misma "católica romana". El astrónomo **Claudio Ptolomeo** (100-170), de Alejandría, había escrito su Almagesto, una suerte de calendario estelar por la época bastante preciso, pero por desgracia basado en un sistema planetario geocéntrico. En su obra Ptolomeo había colocado la Tierra en el centro de todo el cosmos. Y así se quedó, con el beneplácito de las religiones y de las sectas monoteístas que hunden sus raíces en los dos Testamentos. Se quedó hasta que el astrónomo polaco **Nicolás Copérnico** (1473-1543) se percató del error y estableció un sistema planetario donde el sol ocupa el sitio que le corresponde.

Copérnico era un sacerdote de la Iglesia católica. Un sacerdote probablemente poco creyente. Sin embargo, algunos autores afirman en sus obras que a pesar de haber sido administrador en la catedral de Frauenburg, nunca fue sacerdote, lo que de todos modos ahora y para nosotros poco importa.

Nicolás sabía que se había metido en un terreno resbaladizo, pero era un hombre precavido y muy listo: Supo suavizar sus observaciones y presentó su obra como si se tratara de una simple teoría. Además, publicó la parte más importante y potencialmente peligrosa de su libro *De revolutionibus orbicum coelestium* (Sobre las revoluciones de las esferas celestiales) al final de su vida. Había también tomado la precaución de mencionar, en la introducción a la obra, que la dedicaba al papa, que en aquella época era **Pablo III** (1468-1549.

Es posible que aquel papa no se molestara en leer detenidamente el libro, o lo intentó y tuvo que desistir porque le pareció difícil de entender y muy aburrido. O quizá no vio un peligro inmediato para la fe cristiana en "*De revolucionibus*", que solamente era legible por la reducida minoría realmente culta de la época, porque estaba redactado en latín. Y resultó que esa gran obra vanguardista y un tanto revolucionaria de Copérnico pudo circular libremente, durante algún tiempo, antes de que la Iglesia católica, y luego las iglesias reformadas, se dieron cuenta de que no era tan inofensiva como ellas se imaginaban. Solo entonces fue incluida en el Índice de los libros prohibidos.

La tumba de Copérnico fue descubierta, o tal vez redescubierta, en 2005, bajo un tilo cerca de la catedral donde había sido canónigo. *En noviembre del año 2008, después de comparar el ADN extraído de un diente y unos restos óseos encontrados en la tumba, con el de unos cabellos hallados en un libro del científico, titulado "Calendarium Romanum Magnum", se pudo confirmar que efectivamente los restos hallados en 2005, en la catedral polaca, eran verdaderamente de Copérnico. También se realizó por parte de la policía científica polaca una reconstrucción facial a partir del cráneo de la tumba, que coincide con los retratos de Copérnico que se poseen.* (wikipedia.org/wiki/tumba-de-copérnico/).

El astrónomo danés **Tycho Brahe** (1546-1601) fue célebre no solo por sus observaciones y mediciones celestes, sino también por llevar una nariz postiza... Había perdido la suya en un estúpido duelo generado por un desacuerdo acerca de un problema de matemáticas.

Llegó a poseer el observatorio astronómico más importante de la época, pero sin telescopio, un instrumento que todavía quedaba por inventar y perfeccionar. Fue el primero en describir una supernova, que apareció en un punto del cielo donde antes no se veía ninguna estrella. Midió con precisión la posición de más de mil estrellas y elaboró un calendario estelar como nunca se había visto antes.

Se dice que la teoría sobre el Universo que presentó Tycho es una transición entre la teoría de Ptolomeo, defendida por la Iglesia, y el sistema heliocéntrico de Copérnico, quien durante algún tiempo habría trabajado con él. La realidad es que el paso que dio Tycho hacia el heliocentrismo fue muy corto: Para él la luna y el sol giraban alrededor de una Tierra siempre inmóvil, mientras los otros planetas giraban alrededor del Sol.

Johannes Kepler (1571-1630) durante algún tiempo fue ayudante de Brahe y a la muerte de este pudo beneficiarse de los descubrimientos y mediciones del maestro para sus propias investigaciones. Él era no solo astrónomo sino también matemático. Después de numerosas observaciones y vacilaciones, llegó a convencerse de que las órbitas de los planetas no eran círculos, sino elipses. Este descubrimiento iba a llamarse la *primera ley de Kepler,* y fue a mi juicio la más importante de las tres que se le atribuyen. De la segunda y de la tercera, después de haberlo pensado bien he decidido no decir una sola palabra. Es que para comprenderlas es preciso tener algunas nociones de geometría, y yo en el instituto era sobresaliente en francés y en latín, regular en casi todas las otras asignaturas e incurablemente nulo en geometría.

Kepler no era, como Copérnico, nativo de la muy católica Polonia. Era un alemán protestante devoto, que llegó a decir que veía en la disposición de los cuerpos celestes a las persones de la Trinidad. Cuando se decantó abiertamente por el sistema heliocéntrico de Copérnico, no fue perseguido ni molestado por las autoridades religiosas de la Iglesia luterana. Se interesó también por la óptica y la naturaleza de la luz, y se cree que estuvo muy cerca de adelantar a Newton en la carrera hacia el concepto de la gravitación universal. Durante varios años contemporáneo de Galileo, utilizó y quizá también perfeccionó el telescopio.

En reconocimiento por la obra de Kepler, a este se le confirió el honor póstumo de compartir su nombre con un cráter de la luna. El cráter de Kepler es joven; mide casi 30 kilómetros de diámetro y la nada desdeñable profundidad de 2,6 kilómetros.

Galileo Galilei (1564-1642) tomó el relevo y fue mucho más lejos: Entre otros múltiples y muy importantes logros, fabricó su propio telescopio y estableció la ley de la inercia. Esta ley permite entender por qué una piedra, lanzada verticalmente hacia arriba, si nada perturba su trayectoria cae siempre en el punto de donde ha sido lanzada. y eso a pesar del movimiento de rotación de la Tierra. Pero la Iglesia no lo entendió, o hizo como si no lo entendiera, y al pobre Galileo por poco lo envía a la hoguera...

Cuando la Iglesia romana sentenció a Galileo a arresto domiciliario y lo amenazó con entregarlo al tribunal de la Inquisición, fue sobre todo porque él, a diferencia de Copérnico, Kepler y Giordano Bruno, aportaba pruebas de lo que exponía. Con un telescopio al principio rudimentario, pero que se iba perfeccionando con el paso de los años, hizo sensacionales descubrimientos: Estrellas en lugares aparentemente vacíos del cielo, montañas y cráteres en la luna, las fases de Venus, manchas insólitas en la superficie del "incorruptible" Sol; y las lunas de Júpiter, una prueba más de que todos los cuerpos celestes no giran alrededor de la Tierra. Y eso se podía verificar con cualquier telescopio, incluyendo el de Galileo, al que muchos de sus detractores no quisieron ni acercarse, para no ver con sus propios ojos la prueba de lo que ellos no querían admitir.

Todo esto era más de lo que la Iglesia romana, la curia vaticana y el mismo papa podían tolerar. Este era **Maffeo Barberini** (1568-1644), recién elegido como **Urbano VIII** cuando se juzgó a Galileo, quien había sido durante algunos años su amigo.

Isaac Newton (1643-1727), nacido un año después del fallecimiento de Galileo, llegó a punto para asestar el golpe final a la teoría del geocentrismo, al menos era lo que entonces se creía. Tuvo la suerte de nacer, estudiar y trabajar en un país donde no se permitía que la Iglesia romana metiera sus apestosas narices en las investigaciones de sus científicos. Newton puso un poco de orden en los descubrimientos de sus cuatro ilustres predecesores, que le fueron de gran ayuda para edificar y explicar la ley de la gravitación universal, su obra maestra. Estableció también las bases de la mecánica moderna y del cálculo infinitesimal, e hizo muchos descubrimientos más que se exponen en Los Principia (abreviación de *Philosophiae Naturalis Principie Mathematica*), una obra que se publicó por primera vez en el Reino Unido en 1687.

La primera edición en castellano de este libro vio la luz en España en 1982, es decir casi 300 años después de su publicación en Gran Bretaña... La causa de tal monumental retraso es bien conocida y no necesita ser explicada... Es cierto que Newton tuvo problemas, en su país, acerca de la publicación de su obra, pero no con la religión, sino con otro científico...

Robert Hooke (1635-1703), un inventor también bastante prolífico, se enemistó con Newton, al que disputaba la paternidad de la ley de la gravitación universal. No logró hacer mella en la reputación de Newton, pero le causó muchos disgustos y molestias.

Es bien sabido que también los sabios tienen sus pequeñas (a veces incluso grandes) imperfecciones y sus caprichos. Newton no era ninguna excepción: Creía en la alquimia...

115 - Los precursores

El rechazo de las creencias en los dioses y de las ideas sin fundamento no es ningún fenómeno exclusivo de la vida moderna. *Los griegos presocráticos dieron un gran paso hacia la ciencia moderna cuando comenzaron a buscar explicaciones a los fenómenos naturales sin referirse a la religión* (**Steven Weinberg** (1933), <u>Explicar el mundo</u>).

Por suerte, algo de lo que opinaban al respecto los grandes pensadores escépticos de la Antigüedad sobrevivió a la locura destructora de la Iglesia y está ahora fuera de su alcance. Asumiendo el riesgo de merecer la desaprobación del lector por servirle platos de segunda mesa, recuerdo aquí brevemente algunos fragmentos de los pensamientos de aquellos ilustres hombres que más me gustaron (tanto los hombres como los pensamientos).

Sin embargo, empezaré citando algunas palabras sobre el origen de los elementos, que me parecen muy ingenuas y, además, radicalmente erróneas: *Todas las cosas se originaron por el grado de consideración o enrarecimiento del aire, a causa del frío y del calor.* (lifeder.com/pensamientos-filosoficos). Esto suena absurdo, al menos para mí, pero cabe tener en cuenta que fue ideado por **Anaxímenes** (570-500 a.C.), un filósofo de la escuela jónica supuestamente fundada por Tales de Mileto, y que hasta finales del siglo XIX nuestros científicos modernos creían todavía en el éter, el fluido inventado por **Aristóteles** para rellenar los vacíos del espacio.

Tales de Mileto, (640-545 aproximadamente), formaba parte del grupo de los siete sabios más destacados de la Antigüedad. Se dice que era desinteresado, y también muy distraído por haberse caído en un pozo (poco profundo) mientras caminaba mirando las estrellas, pero no el suelo donde apoyaba los pies. Fue probablemente el primer filósofo en proponer que se prescindiera por completo de la superstición y de las divinidades, siempre que haya sido realmente el autor de la siguiente frase que tradicionalmente se le atribuye: *Del día de hoy en adelante, las explicaciones y teorías relativas a la manera en que el mundo funciona, se basarán estrictamente en argumentos lógicos. Ni una superstición más. Que no se invoque más a Atenea, Zeus, Hércules o Ra.* (divinoplacebo.com/ateismo-felicidad/)

Tales fue probablemente el primer hombre en experimentar con la electricidad, al frotar un pedazo de ámbar (en griego, *elektron*) contra una de sus prendas y observar que los hilos sueltos eran atraídos por el mineral. Pudo también observar que otro mineral, la magnetita y ciertos metales, como el hierro, se atraían recíprocamente. Además, al frotar el metal contra el hierro, le comunicaba sus propiedades. Tales de Mileto, un filósofo que no creía en los dioses. había descubierto la electricidad y el magnetismo, pero luego tuvieron que pasar unos dos milenios antes de que nuestros sabios modernos empezaran a estudiarlos para finalmente reunirlos en una única fuerza ahora imprescindible: el electromagnetismo...

Nada existe excepto átomos y espacio vacío. Todo lo demás son opiniones. ob. cit.. Quien dijo eso fue **Demócrito de Abdera** (460-370 a.C.). Habría sido sorprendido si alguien le hubiera demostrado que, en realidad, el átomo es divisible; pero su alusión a un "espacio vacío" fue genial, porque efectivamente existe. Entre un núcleo atómico y sus electrones la distancia es enorme, lo mismo que la que separa los astros esparcidos por el cosmos, pero a otra escala.

Todos los sabios griegos contemporáneos de Demócrito, como Sócrates, Hiparco y Diógeno, coinciden en que fue muy longevo, pudiendo haber alcanzado la edad de 110 años. Esto, yo no me lo creo. Sin embargo, en la Biblia (inspirada por Dios) se puede leer que Noé tenía 600 años cuando emprendió la construcción del arca, y también que su abuelo Matusalén rozó el milenio de edad, con 969 años. Y esto, algunos sí se lo creen.

A **Anaxágoras de Clazomene** (500-428 a.C.) debemos este famoso axioma, al que no falta ni sobra una sola palabra: *Nada nace ni nada perece. La vida es una agregación y la muerte una separación.* (citasyproverbios.com/frases) ¡Qué afirmación a la vez tan explícita, escueta y en gran medida exacta! Demócrito y Anaxágoras no permitían que sus ideas y opiniones fueran infestadas por elementos espirituales, ni por complacientes alusiones a hipotéticas divinidades. Y tengo dos más:

Si me engañas una vez, tuya es la culpa. Si me engañas dos veces, la culpa es mía. ob. cit. Pues la Iglesia nos engañó a todos una y otra vez, y algunos siguen dejándose engañar sin reaccionar. Desde luego, la culpa la tienen ellos. Y la última: *La ciencia daña tanto a los que no saben servirse de ella, cuanto es útil a los demás.* ob. cit. Así que, si no sabes como funciona una complicada y peligrosa máquina, más vale que no la toques.

Protágoras de Abdera (480-411 a.C.) sí hace alusión a los dioses, pero no para alabarlos: *Sobre los dioses no puedo saber ni que existen ni que no existen.* (aleteia-muip.com/2012/). Esto, nadie puede saberlo, y cuando no se sabe se puede dudar o creer. Es evidente que Protágoras dudaba. En la actualidad, a pesar de los abrumadores progresos de la ciencia, se tiende más bien a creer. La misma frase aparece, un poco modificada y más explícita, en las páginas de Wikipedia: *Respecto a los dioses, no tengo medios de saber si existen o no. Me lo impiden la oscuridad de la cuestión y la brevedad de la vida humana.* (wikipedia. org/wiki/protagoras/escepticismo/).

En cuanto a **Sócrates** (470-399 a.C.)**,** él no sabía nada y lo decía: *La verdadera sabiduría está en reconocer la propia ignorancia.* Se reportó que en otra ocasión declaró: *Yo solo sé que no sé nada.* (citayproverbios.com/). Se tiende a pensar que si dices que no sabes nada, no puedes ni mentir ni estar equivocado. No obstante, es evidente que Sócrates estaba mintiendo. Entre las incontables palabras, descabelladas, acertadas o radicalmente equivocadas, que Sócrates llegó a decir y a escribir a lo largo de toda su vida, alguien recogió estas, posiblemente apócrifas: *Solo Dios es el verdadero sabio.* ob.cit. Esta corta frase me parece sospechosamente moderna, pero si se admite que es auténtica, se debe reconocer que ese dios al que hizo alusión Sócrates no tiene nada que ver con el dios tripartito en uso en la actualidad, que en la época de Sócrates aún no había sido creado.

Lo más extraño y sospechoso de aquella alusión a un dios único, es que Sócrates fue condenado a muerte por *despreciar a los dioses y corromper la moral de la juventud, alejándola de los principios de la democracia.* Según Platón en su apología de Sócrates, este habría podido eludir la pena y quedar con vida, pero él prefirió acatarla y beber la infusión mortal de cicuta.

Se cree que **Platón,** (427-347 a.C.), cuyo verdadero nombre pudo haber sido en realidad **Arístocles,** dijo con acierto: *Los amigos se* *convierten con frecuencia en ladrones de nuestro tiempo.* (frasescele-bres.net/filosofos/platon html). Y también, pero con menos acierto: *¿Quién es el creador y padre de este universo? Difícil es encontrarlo; y cuando se ha encontrado, imposible hacer que la multitud lo conozca.* (sabersinfin.com/frases/).

No estoy de acuerdo con la segunda afirmación de Platón, y supongo que no soy el único. No es exacto que el "creador del universo" sea difícil de encontrar; la verdad es que no se puede de ningún modo encontrar. Admito que es imposible que la multitud lo conozca, pero es muy fácil hacer que crea en él sin necesidad de conocerlo.

La visión que Platón tenía del Universo destaca por su originalidad: *En la concepción platónica el Universo es esférico, finito y excluye completamente el vacío. Lo considera dotado de expansión circular y privado de todos los demás tipos de movimiento y desplazamiento...* (rincondelvago.com/heliocentrismo-y-configuracion)

La Tierra también es esférica, está suspendida en el centro de dicha esfera celeste; no necesita de ninguna fuerza para no caer, debido al equilibrio e igualdad del cielo consigo mismo en todas las partes. ob.cit.

Se debe reconocer que Platón acertó al menos en un punto: la esfericidad de la Tierra, una noción en la época de Platón nada nueva. Todo el resto no es más que fantasía, en especial su visión de un universo que "excluye completamente el vacío", haciendo caso omiso de la alusión de Demócrito a un vacío interatómico e intersideral universal.

Además de sus Diálogos y otros escritos clásicos, Platón es el artífice del "Mito de la caverna", que yo presento aquí a mi manera y muy comprimido:

"Desde su niñez, algunos hombres están encerrados en una extraña cueva. Han sido colocados y atados de tal manera que no tienen la posibilidad de enterarse de lo que se halla y de lo que sucede detrás de ellos. Ignoran que ahí está la vasta entrada de la cueva y, más allá, todo un mundo que aquellos secuestrados no pueden ni imaginar.

En la cueva, delante de una hoguera siempre encendida pasan animales y personas transportando y exhibiendo toda clase de objetos. Pero los prisioneros no los ven. Todo lo que pueden ver son sus sombras, proyectadas sobre el fondo de la cueva iluminado por las llamas parpadeantes del fuego. Esto es todo su mundo, y no conocen ni saben que pueda existir otro".

"Supongamos ahora que uno de los secuestrados es liberado o expulsado de la cueva. Al comienzo, cegado por la luz del sol y sorprendido por el ajetreo al que se tiene que someter para sobrevivir en el mundo exterior, lo pasa bastante mal... Pero se acostumbra y empieza a disfrutar de la libertad y de la vida. Entonces, como es buena persona, decide volver a la cueva y sacar de ella a sus antiguos compañeros de cautividad. Pero ellos se resisten. Algunos lo intentan, pero el sol les quema los ojos y todo lo que ven les asusta. Finalmente, optan por quedarse en la cueva con su ignorancia y seguir creyendo en la realidad de las sombras"

Existen varias interpretaciones posibles del mito de la caverna de Platón, algunas notables por su innecesaria complejidad. La que propongo yo es en cambio sencilla y corta. La cueva de Platón, para mí, representa el ambiente familiar de un matrimonio muy religioso, con unos padres que se toman su fe demasiado en serio. La inculcan a sus vástagos como si no existiera nada mejor en el mundo y les ocultan todo lo que podría indicarles el camino de la duda... Las sombras, por lo tanto, simbolizan lo irracional, lo ilusorio y lo engañoso de las religiones, como el nacimiento milagroso de Jesús, su presencia real en la hostia, su fusión con Dios y el Espíritu (santo) para formar la Trinidad, su muerte presuntamente redentora y su imposible resurrección...

Y llegamos al mundo exterior que se oculta a los hombres encerrados en la cueva de Platón. Para mí es el abandono de los sueños en provecho del conocimiento. Es desear firmemente aprender y saber en vez de seguir creyendo... Es el rechazo de las sombras por la luz, es decir de las trabas intelectuales debidas a la religión por la libertad de pensamiento y de expresión.

Con **Homero** (alrededor de 400 a.C.), los que hablan son los dioses. Y con razón se quejan: *Vean ahora como los hombres nos echan la culpa a nosotros los dioses por todo lo que ha sido producto de su propia locura.* (tatoeba.org/spa/sentences/).

Si Homero lo dice, es que en su época ya era práctica corriente involucrar a los dioses en las malas acciones que se cometían en la Tierra. Una práctica que ha perdurado sin interrupción hasta nuestros días y cuyos puntos culminantes fueron la arrasadora conquista de parte de Cisjordania por Israel, las cruzadas y otras "guerras santas", la exterminación de los cataros y la inhumana y estúpida guerra contra las brujas. En cuanto a Homero Simpson, el homónimo moderno y ficticio del autor de la Ilíada y de la Odisea, él habría dicho entre muchas otras chistosas ocurrencias sobre Dios y la religión: *Dios es mi personaje de ficción favorito* (20minutes.es/lista/frases-en-los-simpson-sobre-religion-)

De **Aristóteles** (384-322 a.C.) he recogido dos citas, ambas de una lógica inatacable. La primera, aunque breve es explícita: *La duda es el principio de la sabiduría.* (taringa.net/post/info/). Efectivamente, dudar es la mejor estrategia que puedes seguir para no caer en las redes de las religiones, donde no encontrarías la sabiduría. Todavía hoy en día muchas personas, que no han aprendido a dudar, siguen sumergidas hasta las narices en su irrazonable fe.

La segunda cita de Aristóteles no es más que la repetición de algo que ya en su época había sido recalentado. Sin embargo, hizo bien en repetirlo porque algunos siguen sin entenderlo: *Los hombres crean dioses a su propia imagen, no solo en cuanto a su forma, sino también en cuanto a su modo de vida.* ob.cit. No es de extrañar que estos dioses copiados tengan casi siempre los mismos defectos que nosotros. Conviene recordar también que Aristóteles fue el padre de la teoría equivocada del geocentrismo, que fue adoptada y difundida por la Iglesia. Perduró casi hasta hoy en día, y hemos visto más arriba que ni siquiera está completamente extinta.

Aristóteles —dijo la escritora Ayn Rand, que volveremos a encontrar más adelante— *puede ser considerado como el barómetro cultural de la historia de occidente. Cuando su influencia ha dominado, ha preparado el camino para las eras brillantes de la historia. Cuando su influencia ha caído, así lo ha hecho también la humanidad.*

El conflicto de Aristóteles frente a Platón es el conflicto de la razón contra el misticismo. (wikiquote.org/wiki/citas-de-ayn-rand-sobre -el-misticismo).

Lo que dice **Epicuro** (341-270 a.C.) acerca de los dioses refleja más o menos lo que opino yo. Así que no añadiré nada a esas juiciosas palabras suyas: *¿Dioses? Tal vez los haya. Ni lo afirmo ni lo niego porque no lo sé ni tengo medio para saberlo. Pero sé, porque eso me lo enseña diariamente la vida, que si existen no se ocupan ni se preocupan de nosotros.* (frasesypensamientos.com.ar/).

Epicuro insistía en que: *No es pobre el que tiene poco, sino el que teniendo mucho desea todavía tener más.* ob.cit. Y tenía razón. Es un hecho comprobado que los que poseen bienes y dinero, sueñan con obtener más dinero para comprarse más bienes, lo que puede llevarlos a emplear medios ilegales para conseguirlo. El cuñado del rey, por tomar un ejemplo, debía de creerse pobre si se le ocurrió comparar su "modesta" fortuna con la de **Bill Gate** o la de **Christy Walton**. Tenía que intentar algo para salir del apuro y fue lo que hizo...

Se atribuye a **Euclides** (330-275 a.C.) la siguiente cita, que lleva el número 195: *Lo que es afirmado sin pruebas puede ser negado sin pruebas.* (akifrase.com/frases-de-Euclides). (No he podido dar con otras citas, y si no existen, ¿por qué poner a esta un número?)

En cuanto a las palabras, algunos prefieren decir, *"sin evidencias"*, lo que no cambia nada al hecho de que en este terreno los creyentes nos ganan siempre a nosotros, los escépticos, por uno a cero. Ellos no tienen pruebas para afirmar, pero tienen la fe, mientras que a nosotros también nos faltan las pruebas para negar y, además, no tenemos ni queremos la fe... En teoría, la aserción de Euclides es genial, pero cuando se utiliza con un creyente testarudo y listo, no funciona.

Aunque nació unos veintitrés siglos antes que yo, Euclides entendía muchísimo mejor que yo de matemáticas. Por algo lo llamamos padre de la geometría, una materia a la que yo ni siquiera me acerco por miedo a quedar ridículo. Por eso no me da reparo señalar que en lo de las "pruebas", Euclides se equivocó.

116 - Un paso más hacia Darwin

El filósofo romano **Tito Lucrecio Caro** (99 a.C.-55 d.C.) fue uno más entre los pensadores de la Antigüedad que presintió e intentó explicar cómo, en nuestro mundo, con el paso del tiempo todo tiende a moverse y a transformarse: *El universo se renueva siempre, y se prestan la vida los mortales; crecen unas especies y se acaban, y en poco tiempo las generaciones se mudan y la antorcha de la vida cual ágiles cursores se transmite.* (akifrases.com/frases7el-universo).

Como se puede constatar, Darwin tuvo varios predecesores, cuyas ideas por desgracia quedaron sin efecto, porque nadie se molestó en someterlas al criterio de la observación y de la comprobación.

117 - Libertad de pensamiento y de palabra

El último día coloca a cada hombre en la misma situación en la que estaba antes de nacer. (akifrases.com/autor/plinio-el-viejo). Con esta afirmación a la vez humilde y admirable, **Plinio el Viejo** (23-79) supo expresar en pocas palabras lo que todos sabemos y admitimos, puesto que no tenemos otra alternativa. Pero conviene deplorar que el viejo Plinio no haya escrito, "cada persona", en vez de "cada hombre".

De haber nacido tres o cuatro siglos después, cuando Constantino y la Iglesia mandaban en Roma, Plinio habría sido perseguido por herejía y quizá incluso ejecutado.

Lo mismo habría sucedido a **Cayo Suetonio** (69-140) si hubiera dicho con tono burlón a un cristiano: *Si no sabías a la edad de cinco años que los dioses son inventados y los mitos historias imposibles, eres un tonto.* (frasesgratis.org/ateismo/si-no-sabias/) Estas inequívocas palabras de Cayo Suetonio, romano y autor de <u>La vida de los doce césares</u>, prueban que en la Roma precatólica cada cual podía en toda libertad rendir culto a los dioses de su agrado o a ninguno. Y también que el monoteísmo no aporta la paz, sino todo lo contrario.

118 - Las precursoras

También las mujeres de la Antigüedad tenían buenas ideas y en algunos países habrían podido expresarlas libremente, como los hombres, hasta que la Iglesia católica se hizo fuerte y empezó a meterse en todo y a desbaratarlo todo... Por desgracia, al parecer tenían otras preocupaciones y no les gustaba mucho escribir. Mi cosecha de las palabras, de los pensamientos y de los actos de aquellas damas sobre la ciencia, la filosofía, la religión y los dioses, fue menos abundante que la que obtuve con los varones. Sin embargo, en algunos casos fue más interesante. Donde a mi juicio las mujeres de la Antigüedad igualaron e incluso superaron a los hombres fue en la rama de la fisiología y de la medicina.

Alrededor del año 2.700 a.C., en la ciudad egipcia de Menfis ejercía como médica y profesora de medicina **Merit-Ptah**. Su nombre significa "amada de Ptah" el dios creador. Apareció grabado o pintado en jeroglíficos en los restos de una antigua necrópolis, cerca de la pirámide de Saqqarah. Se conserva también de ella una imagen, a decir verdad demasiado estilizada para ser considerada como una fiel representación de su rostro, con sus rasgos originales.

Ya en tiempos de Merit-Ptah, existían médicos y médicas especializados en obstetricia, en odontología, en oftalmología, en gastroenterología e incluso en proctología. No llegué a saber cuál era la especialidad de Merit-Ptah. En aquella época, en Egipto, junto con las prácticas médicas, se recurría a los dioses e incluso a la magia, lo que a veces ayudaba... como placebo.

Hace más de 4.000 años, los egipcios y las egipcias ya habían adquirido unos conocimientos en ciencia y medicina que luego suscitaron la admiración y la envidia de los eruditos griegos. Estos logros se debieron en gran medida al hecho de que las mujeres tenían el mismo derecho a la enseñanza y al ejercicio de una profesión que los hombres, y que ninguno de los treinta y nueve principales dioses y diosas del panteón egipcio era misógino. (rebelwomenbroidery´wordpress. com/2015/03/11/merit-ptah).

"Conozco" a **Safo de Lesbos** (650-610 a.C.) por haber leído, cuando todavía era un niño, un relato (seguramente ficticio y sin embargo apasionante) de su vida. Safo, una poetisa entonces para mi encantadora, no era, como se dice, homosexual. Era bisexual. Le gustaban tanto los hombres como las mujeres, con tal que fueran guapos y guapas. Al morir, a los 40 años, nos dejó algunas de sus poesías, la palabra "lesbiana" (de Lesbos, la isla donde vivía) y algunos dichos de los cuales retuve esta corta muestra: *Si la muerte fuera un bien,* *los dioses no serían inmortales.* Ignoro si Safo se había dado cuenta, como muchos de los grandes pensadores de su época, de que los dioses no son ni mortales ni inmortales.

Aspasia de Mileto (470-400 a.C.) es conocida por haber sido la concubina del célebre político ateniense **Pericles** (495-429 a.C.), quien dejó su nombre a todo un siglo. Con Pericles, Aspasia tuvo un hijo, Pericles el joven. Luego, se separaron.

Aspasia tenía una profesión: enseñaba retórica, lo que habría tenido cierta influencia positiva sobre la vida cultural de los atenienses de la época. A diferencia de lo que a veces ocurre con algunos personajes del mundo antiguo, la existencia de Aspasia no deja lugar a dudas. Se menciona en los textos de **Platón, Aristóphanes, Jenofonte** y **Plutarco** en su biografía de Pericles.

Alrededor de 432 a.C., cuando llevaba compartiendo con Pericles unos quince años de vida en común, Aspasia fue acusada de impiedad, la misma acusación por la que fue condenado a muerte el filósofo Sócrates en el año 399 a.C. La otra acusación contra ella era la de suministrar a Pericles "mujeres libres" para los escarceos eróticos de su compañero.[...] Además de Aspasia, fueron acusados de impiedad Fidias, Anaxágoras y, probablemente, el trágico Eurípides. Es decir, personas muy bien relacionadas con Pericles. (**Teresa Mª Mayor Ferrándiz**. Publicación digital de Historia y Ciencias sociales, artículo 184).

Así que en el mismísimo "Siglo de Pericles", los atenienses escépticos podían ser acusados de impiedad, al menos los que no sabían o no querían fingir que rendían culto a los dioses, o que se atrevían a burlarse públicamente de ellos...

En torno al año 320 a. C., nació en Atenas **Agnodice de Alejandría,** quien llegaría a ser la primera mujer ginecóloga de Grecia oficialmente reconocida. Para eludir la prohibición de estudiar a la que se enfrentaban las mujeres griegas, con la complicidad y la ayuda de su padre, se hizo un corte de pelo masculino y se disfrazó de hombre. No llegué a saber si se puso también una barba postiza, pero es de suponer que sí tuvo que hacerlo. Agnodice pudo así estudiar con el célebre médico y anatomista **Herófilo de Calcedonia** (335-280 a.C.) de la escuela de Alejandría, la única en todo el mundo donde se permitía las disecciones de cadáveres humanos. Agnodice salió de la escuela con un título de médico y ginecólogo y, siempre con su disfraz de hombre empezó a trabajar...

Pronto las pacientes afluyeron a su consulta y los demás médicos, celosos por su éxito, hicieron correr el rumor de que se estaba aprovechando de su profesión para seducir y corromper a las mujeres casadas. Acusada de violación a dos pacientes, Agnodice se vio obligada a revelar su identidad —las malas lenguas pretenden que lo hizo levantando su túnica para que todos y todas vieran que no era un hombre— *y corrió el riesgo de ser condenada a muerte por haber ejercido siendo mujer. Una multitud de sus pacientes declaró ante el templo que si Agnodice era ejecutada moriría con ella. Presionados por esa multitud, los magistrados absolvieron a Agnodice y le permitieron continuar el ejercicio de la medicina.*

Al año siguiente, el consejo ateniense modificaría la ley y autorizaría a las mujeres a estudiar medicina. (Agnodice, primera mujer médica y ginecóloga, voltairenet.org/article125698.html)

Agnodice dejó entonces de ser llamada "médico" y se le confirió el título de "médica", y también el de Ginecóloga.

Moraleja: Cuando en un conflicto no se permite que intervengan los dioses, ni se apela a poderes ocultos, es mucho más fácil llegar a un acuerdo que satisfaga a todos los contrincantes.

Posiblemente en el siglo II d. C., En Alejandría vivía y trabajaba en paz **María la Judía**. La ciudad aún no había sido infiltrada por los cristianos, los cuales tenían que vérselas con las autoridades romanas, casi siempre por motivos políticos. De lo contrario a María le habría pasado lo mismo que a Hipatia.

La identidad de María la Judía ha llegado un tanto oscurecida. Algunos la asocian con María Magdalena. Los alquimistas del pasado creían que era Miriam, la hermana de Moisés y del profeta Aarón, pero las pruebas que apoyan esta pretensión son escasas. (wikipedia.org/wiki/naria-la-judia). En realidad, no son escasas. Son inexistentes, ya que Moisés, si es que existió, según los libros del Antiguo Testamento llevaba unos quince siglos muerto cuando nació María la Judía.

La referencia más concreta de su existencia se da gracias a Zó-simo de Panópolis, erudito alquimista de Alejandría que en el siglo

IV d. C. recopiló las enseñanzas de muchos iniciados anteriores para formar lo que llegó a ser una enciclopedia de arte hermético. En sus escritos cita a María casi siempre en pasado, mencionándola como una de los "sabios antiguos", y también describe varios de sus experimentos e instrumentos. ob. cit.

María la Judía era alquimista, pero de la alquimia pasó a la química y fue también una inventora bastante prolífica: *Las teorías alquímicas de María tuvieron una importante repercusión, pero lo que más nos llamaría ahora la atención fueron los aparatos de laboratorio que inventó. El baño María ha sobrevivido hasta nuestros tiempos como una pieza esencial del equipamiento de un laboratorio químico.* (Technologie in ancient Alexandria Maria and Hipatia. Women's studies International Quarterly 4: 305.312, 1981).

Sabemos gracias a Zósimo, quien tuvo la honestidad de no atribuirse algunos de los inventos de María la Judía, que ella ideó, además de la "técnica" del "baño" que lleva su nombre, diversos artilugios entre los cuales destacan el "tribikos" un alambique de mesa con tres brazos, y el kerotakis, considerado como el más importante de sus inventos. Era un aparato utilizado para fundir o vaporizar sustancias como el azufre, el mercurio y el arsénico. Se obtenía así un sulfuro negro (el negro de María), primera etapa para finalmente llegar a producir una aleación que se parecía al oro. *María la Judía y sus colegas creían que la reacción que tenía lugar en el kerotakis era una reconstitución mística del proceso de formación del oro que ocurría en las entrañas de la tierra. Gran parte de la obra de María la Judía se perdió debido a la persecución en el siglo III del emperador romano Dioclesiano hacia todos los alquimistas de Alejandría.* ob. cit.

Si Dioclesiano hubiera dejado a los alquimistas de Alejandría en paz y perseguido más bien a los cristianos, ellos no habrían podido asesinar a Hipatia.

Unos cien años después de la muerte de María la Judía, nacía **Hipatia de Alejandría** (370-416). Era hija de **Teón de Alejandría** (335-405), de quien se dice que fue el último director de la segunda biblioteca de Alejandría. No creo que se sepa quién fue su madre. De un comentario sobre la película Ágora, que tiene como principal protagonista a Hipatia, he tomado prestado el texto siguiente:

Existen suficientes datos históricos como para estar razonablemente seguros de tres cosas, las tres muy relevantes en la trama astronómica de la película:

- Hipatia fue una reconocida maestra.

- Fue una gran filósofa (hoy diríamos científica) experta en filosofía y, en particular, en las secciones cónicas, es decir, en las cuatro familias de curvas que surgen al cortar un cono (elipse, parábola e hipérbola).

- Fue una gran astrónoma e inventora (o, al menos, usuaria avanzada) de algunos instrumentos físicos, como el hidrómetro para medir densidades, y astronómicos. Muy probablemente participó junto a su padre en el desarrollo del astrolabio plano, uno de los instrumentos más importantes hasta la invención del telescopio, mil doscientos años después.

Los guionistas de Ágora han juntado esas tres facetas históricas en una trama inventada pero verosímil, en la cual Hipatia recorre, a lo largo de la película, un viaje intelectual para descifrar el enigma de las órbitas planetarias y la estructura del universo entonces conocido. El viaje se inicia con el viejo modelo geocéntrico de Ptolomeo y acaba con las elipses de Kepler, adoptando, a media película (en la escena del barco de Oreste) el modelo heliocéntrico de Aristarco que la Hipatia de ficción no abandonará ya hasta el final. (caosyciencia. com/ideas/articulo.php?id=301109).

Por desgracia, la magnífica y floreciente Alejandría, capital cultural del mundo entonces conocido, había sido infestada por los cristianos, y para ellos Hipatia era una pagana.

El nuevo obispo de Alejandría, **Cirilo** —*luego canonizado por la Iglesia*—*, la tachó de bruja y hechicera, y se cree que estuvo detrás de su trágico final. Hipatia fue golpeada, desnudada, violada, arrastrada por la ciudad y, finalmente, asesinada por los parabolanos, un grupo de monjes integristas.*

Hipatia fue una de las primeras víctimas del fanatismo religioso y la última gran sabia de la Antigüedad" (muyhistoria.es/h-antigua/articulo/ hipatia-de-alejandria).

Por supuesto que (san) Cirilo estuvo detrás del asesinato de esa persona admirable y admirada. Yo diría más bien que aquel individuo estuvo delante, ya que los parabolanos integraban el cuerpo de guardia del obispado y hacían lo que les mandaba el obispo, les guste o no. Las funciones de aquellos hombres, además de cuidar de la integridad física de su jefe, incluían la valiosa labor de ayudar a los más desgraciados a sobrevivir a las epidemias, a las hambrunas y a cualquier otra calamidad, y también de sepultar a los muertos. Pero debían quedar disponibles para combatir a los enemigos de Dios, de la Iglesia verdadera y del obispo, como los judíos, los paganos y los disidentes de la propia religión católica. Por lo tanto el responsable del abominable asesinato de Hipatia fue Cirilo. Incluso si no exigió que sus esbirros la mataran, tenía el poder de impedir que lo hicieran. Y no lo usó...

Desde luego, muchos creyentes modernos niegan la participación de (san) Cirilo en el crimen. Una de las pruebas invocadas consiste en afirmar que Cirilo murió varios años antes que Hipatia. Les queda explicar cómo y de dónde han obtenido la información.

119 - Resurgimiento

Unos catorce siglos después de la muerte de Agnodice, ejercía en la ciudad Italiana de Salerno otra médica, de nombre no menos "bárbaro" para nuestros sensibles oídos modernos: **Trótula** (siglo XI d.C.). Era no solo médica, sino también profesora en la famosa (y probablemente también la única en el mundo) escuela de medicina salernitana. Se cree que aquella escuela, donde no mandaba la Iglesia, fue la primera en aceptar mujeres como alumnas y como profesoras.

A pesar de ser muy culta y autora de varias obras, Trótula de Salerno creía, como casi todo el mundo en aquella época, en la culpabilidad de Eva en la trapacería de la fruta prohibida. Sin embargo, a diferencia de lo que opinaban sus colegas varones, ella pensaba que las mujeres, siendo más débiles y más sensibles a las enfermedades, debían ser atendidas con más cariño.

Sus escritos reflejan ideas muy avanzadas para su tiempo: un ejemplo es su apoyo a que se suministrasen opiáceos a las mujeres durante el parto para mitigar el dolor, una práctica que entonces era perseguida por las autoridades. También afirmaba que los impedimentos a la concepción podían ser debidos tanto a los hombres como a las mujeres, en claro contraste con la arraigada creencia de que la esterilidad de una pareja siempre era debida a la mujer. (Wikipedia.org/wiki/trotula-de-salerno).

Juana de Arco (en francés Jeanne d'Arc) (1412-1431), a diferencia de casi todas las demás mujeres citadas en este ensayo, era católica romana y profundamente creyente. Sin embargo fue perseguida, encarcelada, calumniada, maltratada, engañada y literalmente asesinada por los misóginos y sádicos miembros de un tribunal eclesiástico, con la aprobación de los altos cargos (tanto los ingleses como los franceses) de la Iglesia romana entonces todavía unida. Tan solo el papa habría podido oponerse a ellos e impedir que Juana fuera condenada a la hoguera, pero ¿qué habría ganado? Así que se desinteresó por completo de la cuestión.

¿Y qué crimen había cometido ella? Pues oía, o creía oír, o pretendió haber oído voces que le instaban a que fuera a luchar contra las tropas ingleses que estaban a punto de apoderarse de la ciudad de Orleans. Proclamó que Dios quería que se pusiera a su disposición y a sus órdenes un ejército, para que así ella misma pudiera luchar contra los invasores. Increíblemente, funcionó. Aprobada su petición por algunos renombrados teólogos, el delfín de Francia le concedió lo que había pedido. Entonces la "generala" Juana y sus soldados, que al parecer la siguieron con entusiasmo, infligieron a los ingleses una buena paliza en Patay, lo que los obligó a olvidarse de Orleans. Y esto fue solo el principio... He leído que Juana *Ya con 17 años encabezaba el ejército real francés, lo que le ayudó a recobrar fuerzas y permitió que el delfín fuera coronado y pasara a ser llamado Carlos VII.* (fuente de la información: probablemente Wikipedia).

Este logro, impensable antes de la primera victoria de la joven heroína, a los ojos de la Iglesia podía ser considerado como un auténtico milagro, con efectos inmediatos, palpables, positivos y muy beneficiosos. Pero lo que hizo la Iglesia fue exactamente el contrario: Juana, apresada por los borgoñeses, que por motivos no muy claros eran aliados de los ingleses, fue trasladada a Ruán. En esa ciudad, después de diversas peripecias y traslados de una prisión a otra, cayó en las manos de un tribunal eclesiástico encabezado por el arzobispo

Pierre Cauchon. Como Juana era buena cristiana, para presentar cargos contra ella, Cauchon y su equipo tuvieron que inventarlos.

En total, se presentaron contra ella hasta setenta cargos, siendo el más grave el invento de falsas revelaciones y apariciones divinas [...]. Las actas del proceso fueron sometidas a múltiples correcciones por orden del arzobispo Cauchon, para introducir datos falsos[...]. Había secretarios escondidos detrás de las cortinas de la sala, esperando instrucciones para borrar o agregar datos a las actas. (wikipedia.org/wiki/juana-de-arco).

Juana fue quemada viva a finales de mayo de 1431, en la plaza del Viejo Mercado, en Ruán, donde se había instalado estrados para que el cardenal Winchester, sus invitados y los miembros franceses del tribunal pudieran disfrutar del espectáculo.

Unos veinticinco años después, el rey Carlos VII pidió a la Iglesia que revisara el proceso, pero el papa, que era entonces Nicolás V, no le hizo caso... Por fortuna Nicolás V no tardó demasiado en cascar, y entonces: *Fue elegido papa el español Calixto III (Alfonso de Borja) el 8 de abril de 1456, y fue él quien dispuso que se reabriera el proceso. La inocencia de Juana fue reconocida en un proceso donde hubo numerosos testimonios y se declaró herejes a los jueces que la habían condenado.* ob. cit.

Esto, se lo tenían bien merecido. Supongo que habrán acabado, como su víctima, en la hoguera, pero no encontré ninguna mención al respecto. En cuanto a ese papa español, debió de ser un buen hombre, aunque se dijo de él que trató de excomulgar la cometa Halley porque temía que fuera una mensajera del demonio. Pero aquel acto no causó ningún perjuicio a nadie, y por haber ratificado la inocencia de Juana se ha ganado el privilegio (póstumo) de que yo le llame por su nombre de pila. Pues, muchísimas gracias, Calixto... Perdón, quería decir: Alfonso.

Juana de Arco fue beatificada en 1909 y canonizada en 1920. El mismo año, fue declarada (santa) patrona de Francia.

Recuerdo que en el instituto católico donde mi madre me había colocado sin mi consentimiento, después de una clase de instrucción religiosa en la que se habló de Juana de Arco, oí que un alumno le decía a otro:

—El obispo Cauchon se merecía su sucio apellido. Era realmente un cerdo.

—Yo no diría esto —le reprendió otro alumno.

—¿Por qué, te gustó lo que hizo aquel individuo?

—En absoluto, pero me gustan el jamón, el chorizo y las salchichas; y también me hace gracia observar los cerditos cuando están mamando o jugueteando. Comparar aquel asesino sádico a uno de ellos es insultar a un animal que no hace daño a nadie y cuya carne se puede aprovechar de múltiples maneras.

Es que el apellido "Cauchon" se pronuncia, en francés, casi exactamente como *cochon*, que significa "cerdo", "puerco", "cochino" e incluso "persona sucia".

Después del odioso asesinato de Hipatia, tuvieron que pasar casi 1400 años antes de que la gente pudiera volver a expresarse libremente. Por fortuna, la raza de las mujeres a la vez sabias y sin religión no estaba extinguida. **Mary Ann Evans** (1819-1880), una novelista inglesa que en la cubierta de sus libros aparece como George Eliot, *en ningún momento ha dudado de que las mujeres son tontas. Al fin y al cabo, el Todopoderoso las creó a imagen y semejanza de los hombres.* (sabiduría.com/autor/george-eliot/). Lo que Mary Ann no podía ignorar y no se atrevió a señalar, es que según el Génesis Dios hizo al hombre a su propia imagen y semejanza; luego Él también es tonto.

Mary Ann Evans escribió novelas imperecederas con el seudónimo de George Eliot. Tradujo el libro de **David Friedrich Strauss** <u>Das leben Jesu</u>, *con subversiva afirmación de que los hechos del Nuevo Testamento eran míticos. Desafiando la moral victoriana, formó un hogar con el librepensador casado* **George Henry Lewes** *[...]. En 1855, publicó un ataque a un pastor evangélico de gran renombre.* (Christopher Hitchens, <u>Dios no existe).</u>

Once años antes de la muerte de Mary Ann Evans, nacía **Emma Goldman** (1869-1940). Emma, quien fue anarquista feminista y escritora, nació en una familia lituana de origen judío. Emigró a los Estados Unidos antes de haber alcanzado los veinte años. Se casó con un emigrante ruso, y aunque se separaron ella no quiso divorciarse para conservar la nacionalidad estadounidense. Fue encarcelada al menos cuatro veces, la última por haber conspirado contra la ley que obligaba al servicio militar. Finalmente, fue deportada a Rusia. En su libro <u>Mi desilusión con Rusia</u>, no duda en revelar que su simpatía por la Unión Soviética se había transformado en odio. Acerca de esta obra y de su autora, Christopher Hitchens escribió:

Con quienes más represivas han sido la mayoría de las religiones es con las mujeres impías; las han quemado o lapidado al gusto, pero las que resistieron tanta tiranía suelen tener mucho más peso que sus equivalentes varones. La anarquista Emma Goldman, rusa de nacimiento, fue uno de los grandes paladines de los derechos civiles y laborales en Estados Unidos. Deportada en 1919 a la Rusia bolchevique por un gobierno americano todo menos compasivo, en castigo a su oposición al militarismo y la guerra, fue una de las primeras voces críticas con el experimento soviético.

En este ensayo pone la religión dentro del mismo saco que otros sistemas absolutistas y enemigos de la libertad creados por el hombre. ob.cit.

Marie Curie (1867-1934), la única fémina premiada dos veces con el Nobel y cuyos restos fueron acogidos —con mucho retraso— en el Panteón de París, aunque estuvo siempre muy ocupada se tomó el tiempo de pensar y anotar este adagio: *No hay que temer a nada en la vida, solo hay que comprender.*

¿Y qué quiere decir eso? Simplemente que el "temor a Dios", que la Iglesia y los creyentes consideran como una gran virtud, es en realidad una sonada idiotez. Lo de "comprender" no me parece tan claro. Supongo que ella habrá querido decir que más vale no creer en lo que no se entiende perfectamente. Otras palabras de Marie Curie, como las que se muestran a continuación, son menos austeras, más elegantes e incluso románticas: *Soy de las que piensan que la ciencia tiene una gran belleza. Un científico en su laboratorio no es solo un técnico; es también un niño colocado ante fenómenos naturales que le impresionan como un cuento de hada* (akifrases.com/frase/150712).

Según el blog "Ateísmo para Cristianos", **Ayn Rand** (1905-1982), una novelista y guionista estadounidense de origen ruso, habría sido en su época *la atea más famosa de todos los tiempos.* Además, después de esa insólita declaración el ensalzamiento continúa: *Dentro de mil años se recordará un solo nombre del siglo XX por haber sido, en la forma más sorprendente y positiva posible, el* único cerebro que tuvo un pensamiento filosófico original en este siglo: Ayn Rand. (ateismoparacristianos.blogspot.com.es). Es obvio que el autor de estas líneas se dejó llevar por la admiración que sentía por aquella carismática mujer. Dentro de mil años, si todavía quedan seres humanos sobre la Tierra, seguro que en sus conversaciones entre amigos se sacarán también a relucir otros nombres como Newton, Einstein, Mozart, Shakespeare, Marie Curie, Hitler, y seguramente incluso los de algunos de los personajes más famosos de la Antigüedad... He aquí unos fragmentos del pensamiento de Ayn, también recogidos por Ateísmo para Cristianos:

Una moralidad mística hace imposible el emitir juicios morales. No puedes juzgar según un estándar incomprensible.

El individuo tiene derecho a existir para sí mismo, sin sacrificarse por los demás, ni sacrificando a los demás para sí mismo.

La realidad existe de forma absolutamente objetiva. Los hechos son los hechos, independientemente de los sentimientos, deseos y temores del hombre. ob. cit.

Sí, los hechos son los hechos, pero esta sentencia tiene un corolario: las creencias son las creencias. Mezclarlos, como hacen tantas personas, no me parece una buena idea. Y lo de intentar trastocar los hechos para hacerlos encajar con las creencias es una ofensa al entendimiento humano y una irrecuperable pérdida de tiempo.

No hay diferencia entre comunismo y socialismo, excepto en la manera de conseguir el mismo objetivo final: el comunismo propone esclavizar al hombre mediante la fuerza, y el socialismo mediante el voto. Es la misma diferencia que hay entre asesinato y suicidio. (akifrases.com/ayn-rand). Como Emma Goldman, Ayn colocaba en el mismo costal religión, comunismo y socialismo.

Katharine Hepburn (1907-2003) fue más explícita cuando dijo: *Creo en el aquí, y pienso que debes hacer cualquier cosa para ayudar a otras personas y no para simplemente pasarlo bien en el otro mundo y ganar puntos para el cielo* (ateismo para cristianos/blogspot.com. es/2014/frases-celebres-ateas). Y también: *Yo soy atea, y eso es todo. Creo* *que no hay nada que podamos saber, excepto que debemos ser amables entre nosotros y hacer lo que podamos por los demás* ob.cit.

He leído no recuerdo dónde ni cuándo ni en qué idioma, que a aquella gran actriz de los viejos tiempos, ganadora de nada menos que cuatro Oscar, algunos la llamaban "Diosa de la pantalla". Muy gracioso: una diosa atea...

La actriz inglesa **Helen Mirren** (1945), premiada con un Oscar, tres Globos de Oro y un Emmy, expuso en unas pocas palabras lo que las personas sensatas y libres de trabas espirituales pensamos: *No creo en Dios. Creo, en cambio, en tratar a otras personas como me gusta que me traten, y en ser empática.* (humanistasguatemala.org/12-mujeres-famosas-y-no-creyentes)

Esto es la Regla de oro ética. Gracias, Helen, por recodármela. Desde luego, se puede ajustar para que coincida con el punto de vista de quien desee aplicarla. Por ejemplo, yo diría más bien: "No hagas a los demás lo que no te gustaría que te hicieran a ti; y hazles lo que a ti te gustaría que te hicieran, pero solamente si te lo piden o si estás absolutamente seguro de que les va a gustar... Debes tener en cuenta que sus gustos y preferencias pueden no coincidir con los tuyos".

La estadounidense atea **Elizabeth Anderson** (1959) es la autora de una pequeña obra cuyo título es una pregunta: Si Dios ha muerto, ¿todo está permitido? Se halla recogida en el libro de Christopher Hitchens Dios no existe, después de la corta introducción que viene a continuación: ¿Cómo no incurrir en el asesinato, la violación. el robo, el perjurio y el genocidio si creemos que el cielo está vacío? La pregunta está formulada al revés, patas arriba y sin ton ni son, tal confirma este ensayo elegante y resoluto.

¿Por qué —escribe Elizabeth Anderson— *habría que considerar que la religión es necesaria para la moralidad? Tal vez por la idea de que la gente desconocería la diferencia entre el bien y el mal si no se la revelase Dios, pero eso es imposible. Cualquier sociedad estable castiga el asesinato, el robo y el falso testimonio, enseña a los niños a honrar a sus padres y condena la envidia de las posesiones del prójimo. Todas esas reglas se le ocurrieron a la gente mucho antes de cualquier contacto con las grandes religiones monoteístas, lo cual parece indicar que el conocimiento moral no surge de la revelación, sino de las experiencias de los seres humanos al vivir juntos.*

La autora piensa y afirma, como yo, que lo que hace que la gente actúe mal con el prójimo no es la aceptación de la evidente inexistencia de Dios, sino más bien la creencia ciega en su existencia y en su poder. En cuanto a las crueldades y las aberraciones del Antiguo Testamento, decir que han sido inspiradas por Él no aboga en absoluto en su favor. Del Éxodo a los Jueces el Dios Yahvé desde la sombra manda, exige, prohíbe, hostiga, castiga, condena y mata. Mata a los hijos de Israel, por decenas de miles a la vez. Los habitantes de las regiones conquistadas se consagran más bien al exterminio y se eliminan... Liz incluye en su ensayo una larguísima sarta de todas esas incongruencias y atrocidades, con las debidas referencias bíblicas.

Nigella Lawson (1960), una famosa chef de cocina y presentadora de televisión, dijo —ignoro dónde, cuándo y a quién—: *Fui criada atea y siempre he permanecido así. Pero en ningún momento fui llevada a creer que la moral no importa o que lo bueno y lo malo no existen. Creo apasionadamente en la necesidad de distinguir el bien y el mal, y me confunde que me digan que necesito a Dios, a Jesús o a algún miembro del clero para que me ayude a hacerlo.* ob.cit.

Es que la noción del bien y del mal según las religiones es un concepto versátil y flexible. Para un cristiano de la Edad Media o del Renacimiento, denunciar una herejía era una buena acción, mientras que no hacerlo se veía como un pecado grave, que además te hacía cómplice del hereje. Y todavía ahora, para muchos musulmanes suicidarse matando infieles es un acto altamente positivo, que llena de orgullo a los familiares del suicida. Simplificando, se puede decir que para el creyente el bien es hacer lo que manda su religión y el mal no cumplir con sus mandamientos.

La famosa actriz y directora de cine estadounidense **Jodie Foster** (1962), ganadora de dos Globos de Oro y dos Oscar, es también atea. Lo dice abiertamente, dirigiéndose a un supuesto interlocutor que no comparte sus convicciones: *No hay evidencia directa, así que ¿cómo puedes pedirme que crea en Dios cuando no existe absolutamente* *ninguna prueba que yo pueda ver? Yo sí creo en la belleza y en el misterio imponente de la ciencia que hay allí afuera, que no hemos descubierto todavía, y que hay explicaciones científicas para los fenómenos que llamamos misterios porque aún los desconocemos.* ob.cit

Siento no poder compartir la afirmación restrictiva de Jodie de que no hay evidencia directa de la existencia de Dios, porque la verdad es que tampoco se han hallado nunca evidencias indirectas... De hecho, en materia de religión las palabras "prueba", "evidencia" y "demostración" no tienen mucho sentido. La palabra "fe", sí.

Ayaan Hirsi Ali (1969), aunque nacida en Somalia, es una política y escritora feminista holandesa. Es miembro de la Cámara de los Representantes de los Países Bajos y fue diputada del Parlamento holandés durante tres años. Fue nominada en 2006 para el premio Nobel de la paz, y en 2008 obtuvo el premio literario Simone de Beauvoir. Su colega Theo Van Gogh (un nieto del pintor de mismo nombre) fue asesinado por haber hecho una sátira sobre la sumisión al hombre de la mujer musulmana. Y ella, por haber renegado de la religión y por sus acerbas críticas al Islam, ha recibido amenazas de muerte. Para sobrevivir debe ocultarse y ser protegida.

Ayaan recordó en una ocasión que *la tolerancia es para todos, excepto para los intolerantes.* Además de este corto y muy difundido adagio, Se le atribuyen las siguientes sensatas palabras: *El ateísmo es la única posición que me permite vivir sin disonancias intelectuales. no es un credo. La muerte es segura y reemplaza los cantos de sirena del paraíso, pero también el terror al infierno. La vida en nuestra Tierra, con todo su misterio, belleza y dolor, debe entonces ser vivida con aún más intensidad.* ob.cit.

Thandie Newton (1972) es una actriz británica, de madre zimbabwense y de padre inglés, quien estudió antropología en Cambridge. Es ganadora de un premio "Bafta", por su papel en la película "Crash", que también obtuvo un Oscar en 2006.

Como yo Thandie empezó muy, muy temprano a sacudirse de encima la molesta fe que trataron de inculcarle sus familiares al colocarla en una escuela religiosa. Nos lo revela ella en unas pocas líneas y con humor, como si fuera un hecho de poca relevancia: *Alrededor de los cinco años me di cuenta de que algo no encajaba. Yo era la niña negra atea en una escuela católica de monjas y niños blancos. Yo era una rareza.* ob.cit.

La realidad es que esto lo dijo en una charla para "TER". Es de lamentar que no haya sido más diserta en cuanto a su paso al ateísmo. En cualquier caso, me parece una divertida coincidencia que yo también empezara a dudar en torno a los cinco años, como lo cuento en la primera sección del presente ensayo.

Para las personas que no hayan visto nunca una buena fotografía de Thandie Newton, debo insistir en que no pudo ser a los cinco años "una niña negra", puesto que es ahora una mujer guapísima, de tez no más oscura que la de cualquier veraneante europeo a finales de agosto.

120 - ¡Enhorabuena! Islandia

Y ahora, antes de poner punto final a este ensayo con un reducido epílogo, viene un poco de aire fresco y saludable. Nos lo trae desde Islandia **Björk Guômundsdóttir** (1965) junto con una buena noticia: *Islandia tiene un récord mundial. Las Naciones Unidas les preguntaron diferentes cosas a personas de todo el mundo. Islandia resaltó en una cosa. Cuando nos preguntaron en qué creemos, el 90% dijo: "en nosotros mismos". Creo que estoy en ese grupo. Si me meto en problemas, no hay Dios ni Alá que me ayude. Tengo que ayudarme a mí misma* (ateísmoparacristianos ob. cit.).

Cuando a Björk le preguntaron; *Si te dan la oportunidad, ¿cómo cambiarías el mundo?* ella respondió: *Es una buena pregunta. Deshacerse de la religión sería un buen comienzo, ¿no? Parece que está causando muchos estragos.* ob. cit.

Björk es una cantautora, multiinstrumentista y compositora islandesa, con un apellido de nueve consonante y cinco vocales, que no tengo la intención de volver a escribir...

Antes de salir de Islandia, me parece oportuno señalar que ese país es también el que tiene la tasa de homicidios más baja del mundo. *Apareció en varias ediciones del Libro Guinness ostentando un asombroso récord: El último asesinato se produjo en los años 80* (koo-kingideas.es/paz-global).

Todo parece muy claro: donde se desmorona la religión, tienden a instalarse poco a poco en su lugar la concordia, la serenidad y la paz. Bueno, esto es una regla general: habrá seguramente unas pocas excepciones. Por otro lado, *Una encuesta realizada recientemente en Islandia arrojó un dato único en el mundo: el 100% de los ciudadanos menores de 25 años son ateos, lo que convierte el país en el primero con una generación completa no creyente.* (ateismoparacristianos. blogspot.com.es/2016/01/islandia-primer-pais)

Desde luego, esto es demasiado bonito para ser creíble, y no lo bastante claro para ser exacto, porque al parecer no se estableció un límite inferior en el rango de edad de los encuestados. Además, la mayoría de los ciudadanos y de las ciudadanas islandeses tienen mucho más de 25 años, y cuanto mayor es una persona, más penoso le resulta despegarse de sus creencias. También el hecho de que la esperanza de vida esté en constante aumento es un peso más que el descreimiento de los jóvenes islandeses no podrá compensar en los próximos años, para que Islandia llegue a ser realmente el país menos religioso del mundo. En Europa pelean por el título la Republica Checa, Suecia y Estonia. Los siguen Francia, luego Holanda y algunos más, entre los cuales se encuentra Islandia.

Queda claro que muchos islandeses rechazan con razón el malhumorado, cruel e ignorante Dios del Antiguo Testamento. Tampoco se tragan el nacimiento milagroso y el papel de macho cabrío expiatorio de su pretendido y problemático hijo. Pero no odian ni rechazan a los duendes, los cuales, aunque no sean más reales que los dioses, al menos no tienen sacerdotes que odian y matan a los que no creen en ellos. Se dice incluso que algunos son amables, Por eso y para el disfrute de los turistas, bien se merecen que se preserven los lugares donde se supone que se esconden.

Los duendes fueron citados por primera vez en Islandia alrededor del año 1000 d. C., durante la era de los poemas vikingos, pero en los siguientes nueve siglos y medio este remoto país insular que emerge en mitad del Atlántico Norte, justo debajo del círculo Ártico, se mantuvo desconectado del resto del mundo. William Ecenbarger, Selecciones del Rider'digest, diciembre de 2016.

A unos 15 kilómetros de Reykjavik, la capital, se encuentra una curiosa roca donde se supone que tiene su residencia un simpático duende. En 1974, esta peña ha sido declarada monumento nacional y está protegida. En otro pueblo, se desviaron dos calles para rodear un montículo rocoso y así no tener que desalojar a los duendes que, según los habitantes del lugar, viven ahí. Desde luego nadie ha visto nunca realmente, ni tampoco fotografiado, un duende... Es que, por desgracia, los duendes de los islandeses y el Dios de los cristianos carecen de la facultad de ser visibles. Pero los duendes, y únicamente ellos, son inofensivos y pueden incluso ser amistosos.

EPÍLOGO

Fue en los años cincuenta cuando me llegaron a los oídos estas horripilantes palabras: *En España uno es católico o no es nada.*

Quedaron sepultadas —sin llegar a borrarse jamás— entre los numerosos dichos y frases hechas que pude recoger durante mi primera estancia en España peninsular, entonces bajo el régimen de Franco. Recuerdo también que algunas personas me dijeron, cuando supieron que yo era librepensador: *Tiene usted mucha suerte de vivir en un país donde cada uno puede opinar y decir lo que le da la gana…*

Pasaron unos sesenta y cinco años y, ahora, se puede ver en Madrid, Barcelona y otras grandes ciudades, autobuses exhibiendo este reconfortante eslogan: *Probablemente Dios no existe. Deja de preocuparte y disfruta de tu vida.*

La réplica no se hizo esperar: otros autobuses lucen: *Cuando todos te abandonan, Dios permanece contigo,* y otras inocuas fantasías por el estilo. El hecho de que Dios nunca se acerca a la gente para hacerle compañía y que, por ende, no puede de ningún modo ni permanecer contigo ni abandonarte no parece preocupar a nadie.

Esto es tolerancia… Por fin.

España se ha vuelto, en materia religiosa, uno de los países más abiertos de todo el mundo. Un país en el que voy a seguir viviendo mientras pueda, y en el que moriré cuando se me acabe el carburante. Luego me pasará lo mismo que a toda aquella pobre gente que fue asada viva por culpa de la dichosa fe religiosa, con la diferencia de que yo estaré muerto cuando me incinerarán. Y entonces sí que voy a subir al "cielo", en forma de cuatro gases nobles y un poco de humo. Quedarán las cenizas, que según mi voluntad expresada por testamento irán a parar al mar. Y así nadie podrá gastarme la fea broma de colocarme una odiosa cruz a la cabecera.

BIBLIOGRAFÍA BÁSICA

Selección de obras en español, originales o traducidas

ANDRADE, GABRIEL. *La inmortalidad ¡vaya timo!* Editorial Laetoli 2011.

ARSUAGA, JUAN LUIS. *La especie elegida.* Temas de hoy, Madrid 2001.

BARKER, DAN. (antiguo evangelista ahora librepensador) *Perder la fe en la fe.* (descarga inmediata en PDF)

BEAR, MANUEL. *Las brujas ¡vaya timo!* Editorial Laetoli 2010.

BRIONES, CARLOS; FERNÁNDEZ SOTO, ALBERTO; BERMÚDEZ DE CASTRO, JOSÉ MARÍA.
Orígenes: El universo, la vida, los humanos. Editorial Crítica 2015.

CARMENA, ERNESTO. *El creacionismo ¡vaya timo!.* Laetoli, Pamplona 2006.

CHANDELLE, RENÉ. *La historia maldita de los papas.* Barcelona 2006.

DARWIN, CHARLES. *La evolución de las especies.* Crítica, Barcelona 2006.

DAWKINS, RICHARD. *El relojero ciego*. RBA, Barcelona 1993.
—*Escalando el monte improbable*. Tusquets, Barcelona 2008.
—*El espejismo de Dios*. Espasa, Barcelona 2014.

FINKELSTEIN, ISRAEL; ASHER SILBERMAN, NEIL, *La Biblia desenterrada*. Madrid 2003.

FO, JACOPO; TOMAT, SERGIO; MANUCELLI, LAURA. *El libro prohibido del cristianismo*.
Ediciones Robinbook 2002.

FRATTINI, ERIC. *Los papas y el sexo*. Espasa, Madrid 2010.

GARCÍA BLANCO, JAVIER. *Historia oculta de los papas*, Akásico libros 2010.

GRAYLING, A. C. *Contra todos los dioses*. Editorial Ariel 2011.

HARARI, YUVAL NOAH. *Homo Deus*. Editorial Debate 2016.

HARRIS, SAM. *El fin de la fe*. Paradigma, Madrid 2007.

HITCHENS, CHRISTOPHER. *Dios no es bueno*. Debate, 2007.

HURMENCE GREEN, RUTH, *La guía bíblica del escéptico*. Freedom from Religion foundation Inc. 1999. (Descarga gratuita en PDF).

KIRSCH, JONATHAN. *Dios contra los dioses*. Ediciones B, 2004.

KONNER, JOHN. *La Bíblia del ateo*. Seix Barral, Barcelona 2008.

KRAMER, HEINRICH Y SPRENGER, JACOB. *Malleus Maleficarum (Martillo de las brujas)* (fecha de la primera publicación. 1487).

LLORENTE, JUAN ANTONIO. *Historia crítica de le Inquisición en España*. Hiperión, Madrid 2001.

Paris, Edmond. *La historia secreta de los jesuitas*, (con introducción del Dr. Alberto Rivera). Google libros.

Partridge, Burgo. *Historia de las orgías*. Edición B, Barcelona 2009.

Piñero, Antonio. *Jesus y las mujeres* . Aguilar, Madrid 2009.

Puente Ojea, Gonzalo. *La religión ¡vaya timo!* Laetoli bolsillo, 2012.

Rodríguez, Pepe. *Los pésimos ejemplos de Dios según la Biblia*. Temas de hoy, Madrid 2008.

Vallejo, Fernando. *La puta de Babilonia*. Seix Barral, Barcelona.

Weinberg, Steven. *Explicar el mundo*. Taurus 2015.

Yallop, Daniel. *En nombre de Dios*. (Relato de las investigaciones del autor sobre la muerte del papa Juan Pablo I). Editorial Planeta 2008.

ÍNDICE

Este libro se imprimió en Madrid
en junio del año 2017